A Historical Guide to Britain

ヒストリカル・ガイド

イギリス【改訂新版】

今井 宏

山川出版社

Britain

ハドリアヌスの城壁

「アーサー王伝説」を描いた15世紀のミニアチュール(パリ国立図書館蔵)

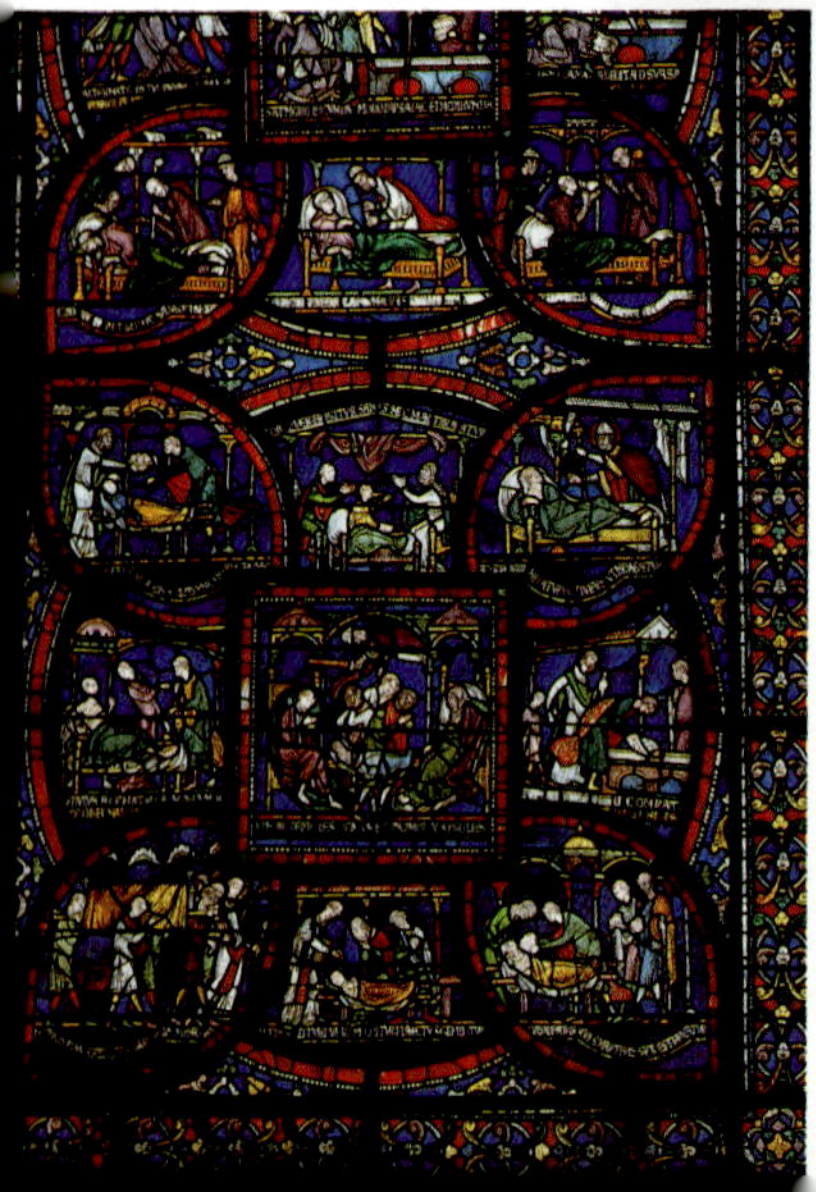

カンタベリー大聖堂（上）と内部北側廊のステンドグラス
「奇蹟の窓」（左）

17世紀初め，東インド会社所属船の出帆光景（アダム・ウィラーツ画，国立海事博物館蔵）

第一次選挙法改正後，最初に開かれた1833年の議会（ロンドン・ナショナル・ポートレート・ギャラリー蔵）

2000年をむかえたロンドン

もくじ

●イギリス文化史の十人

ヒストリカル・ガイド

イギリス

〔改訂新版〕

序章　イギリス史のキー・ワード

これからイギリスという国の歴史をたどる旅をはじめることにしたい。その旅の道中でつぎつぎに姿をみせる風景のなかで、これこそはイギリスのものであり、イギリス以外ではあまりお目にかかれないという特徴的なものがみられるはずである。できればそのようなイギリスならではのものは、みおとすことのないようにしたいものである。あるいはこれまでこれこそがイギリスに独自なものであると考えられていたものが、かならずしもそうではなかったり、誤ってそのように思いこまれていたものがあるかもしれない。そこでまず最初に、イギリスの歴史をみるためのキー・ワードとなるものをひろいだして、これからの旅の準備にとりかかることにしよう。

「イギリス」という呼称

ところで今まで何度か「イギリス」といってきたが、この「イギリス」がまぎれもない日本語であるというきわめて単純な事実は、とかく忘れられがちである。

この国の正式の国名は「グレート・ブリテンおよび北アイルランド連合王国」である。わが国においてこの国は、十七世紀初頭にはじめて接触して以来、「ぶりたにあ」ないし「あんぐりあ」などとよばれ、「貌利太尼亜」とか「諳厄利亜」といった漢字があてられていた。ところがしだいにグレート・ブリテン島の一部にすぎないイングランドに住む人をさす、ポルトガル語の「イングレス」およびオランダ語の「エンゲルス」からなまって、「イギリス」や「エゲレス」という呼称が一般化して、「英吉利」の漢字があてられ、「英国」という通称がうまれたのである。

このように「イギリス」という非公式の呼称は、がんらいはグレート・ブリテン島の一部にすぎない「イングランド」に由来するものでありながら、その「イングランド」だけにも、また「イングランドとウェールズ」にも、さらには一七〇七年にスコットランドと合同して成立した「グレート・ブリテン」にも、ついでいっそう地域をひろげてアイルランドをもふくめても用いられることになった。しかもこの国が支配下においた海外の植民地を包含する「大英帝国」という呼称すら慣用化しているのである。

いってみれば、われわれは歴史におけるイングランドの外にむかっての膨張・発展の過程を十分に考慮にいれることなしに、その歴史のすべての段階に無差別にこの「イギリス」という言葉を使っている。そのためこの国の歴史を理解するにあたって、いくつかの重大な欠落がうまれているとさえいえるのである。以下本書においても、イングランド、スコットランドなどを特定する必要のないかぎり、「イギリス」という慣用語を叙述に用いることにするが、「イギリス」の歴史を考察するにあたっては、この「イギリス」が日本語であるという事実を、つねに念頭におかなければなるまい。

イギリスは「島国」か

日本人のイギリスにたいする親近感をはぐくんできたものとして、この国がわが国と同様に「島国」であり、しかもユーラシア大陸のちょうど反対側に位置しているという事実がある。

たしかに地理的にみればイギリスは「島国」である。幕末・開国期に本格的に交渉がうまれると、わが国の本州にほぼ面積が同じであるこの小さな「島国」が、当時において地球上のほぼ四分の一を支配する大帝国を築くことができた秘密をさぐろうというのが、われわれの祖先たちのイギリスにたいする関心の大きな部分を占めていた。しかしながらこの国は、その歴史をみるかぎり、けっしてつねに閉ざされた「島国」ではなかった。結論を先取りしていえば、この国が海外に領土をもたない「島国」のなかに閉じこもったのは、十六世紀の後半、かのエリザベス女王の治世の半世紀ほどの期間にすぎなかった。それ以前もまた以後も、この国は、海にむかって開いており、外部との密接な関係をつうじて、その歴史を形成してきたのである。

この国には、ユーラシア大陸からわずかにはなれた沖合に位置するという地理的な条件があったため、数次にわたって大陸からの異民族の侵入をうけた。紀元前六世紀ころに大陸からケルト系の民族が渡来し、紀元前一世紀にはヨーロッパ中にその領土をひろげようとしていたローマ帝国の属領となり、ローマが衰えをみせはじめた四世紀以降には、ゲルマン民族の大移動がこの島におしよせてきた。「アングロ＝サクソン人」というのは、これらのゲルマン系民族の総称である。これらの諸民族の抗争のなかから、アングロ＝サクソン民族の統一王国が形成されたが、この統一にはキリスト教の布教が一役かっていて、この島がローマ・カトリック教会のキリスト教文明圏に組みいれられることになったことをみのがすことはできない。さらに十一世紀のはじめには、デンマークの王子カヌートがイングランドの王位につき、イングランドは彼の「北海帝国」の一部となり、ついで一〇六六年には、有名な「ノルマン人の征服」があった。これをきっかけにして、この島に本格的な封建制社会が成立するとともに、以後この島は大陸で展開したヨーロッパ文明圏に完全にとりこまれ、渡来したフランス系の民族が支配階級の中核となって、言語・制度・風習などに消すことのできない痕跡《こんせき》をのこすことになったのである。

「民族複合国家」イギリス

このような経過をみても、イギリスはまさに数多くの民族の複合国家としてその歴史を形成してきたことがわかる。イギリス中世史は、アングロ＝サクソン人とあらたな征服者との融合の過程であるとともに、この島国がヨーロッパ大陸と一体になり、その文明圏に吸収された時代でもあったのである。ことに十二世紀のプランタジネット朝の成立によってイギリスは、フランスに広大な領地を有した「アンジュー帝国」の属領であるかのような観を呈した。このフランスの支配からの解放の動きが、百年戦争として展開し、それをとおしてイギリスの国家的な統合の動きが進み、十六世紀のテューダー朝のもとで絶対主義の時代をむかえて、独特なかたちで遂行された宗教改革をつうじて、ローマ・カトリック教会からの自立をかちとることになる。

イギリスが海外に領土をもたず、純然たる「島国」のなかにとどまったのは、前述したように、テューダー朝の最後の君主であるエリザベス女王の治世の半世紀ほどの期間にすぎなかった。十六世紀の後半に、エリザベス女王は、まさに閉鎖的な「島国」のなかで、世界史に大きな転換をせまった大航海時代に遭遇《そうぐう》することになる。この女王の治世には、すでに周辺に張りめぐらされたポルトガル・スペインの封鎖網を突破しようとする「女王陛下の海賊」たちが活躍し、またアイルランドの植民地化にも拍車がかかって、「島国」から脱却していく第一歩をしるすこととなった。

そしてつぎの十七世紀以降にイギリスはしだいにヨーロッパ離れの傾向を強め、アメリカ大陸に植民地を開拓して、大西洋をまたいだ大植民地帝国を建設した。そしてこの帝国がアメリカ合衆国の独立によって十八世紀の末に崩壊《ほうかい》すると、今度は膨張の方向を中東、アジア、アフリカに求めて、ヴィクトリア女王のもとで「太陽の没するところを知らない」大帝国を築きあげた。

以上の「島国」の歴史からもうかがわれるように、この国はけっして「アングロ゠サクソン」一民族だけが住む、閉鎖的な「島国」ではなかったのである。

イギリスは現在世界にのこっている数少ない君主制の国であるが、その王室をみても国際的な性格がいちじるしい。近世以降をみてもテューダー朝は元来はウェールズの出身であったし、その最後の君主で独身のままで死去したエリザベス女王のあとは、スコットランド国王ジェイムズ一世がついでステュアート朝をはじめた。そしてステュアート朝は、一七〇一年の「王位継承法」の規定によって、アン女王の没後にドイツのハノーファからきたハノーヴァ朝によって継承された。しかしハノーヴァ朝は、ヴィクトリア女王の即位とともに配偶者アルバート公の出身家系のサックス・コバーク・ゴータ家を名乗るようになり、第一次世界大戦中にこのドイツ系の名称を嫌ってウィンザ家と改めて、現在にいたっている。そして国王をはじめとする王室構成員の結婚は、現在のエリザベス二世の夫君エディンバラ公がギリシア出身であることからも知られるように国際結婚がめずらしくなく、ヴィクトリア女王のごときは、四人の王子と五人の王女をすべてヨーロッパ諸国の王室と縁組みをさせ、婚姻の網を張りめぐらせていた。このようにイギリスの国制の「尊厳的な部分」の中心をなす王室においても、多民族的な性格が強くみられるのである。

この間、中世においてはユダヤ人が移住して金融面で活躍し、さらに十六世紀の宗教戦争の時期にはネーデルラントやフランスで迫害されて亡命してきた新教徒が、産業面において開拓者的な役割をはたした。さらに近代にはいってからはさまざまな理由の政治的な亡命者をもむかえいれたイギリス社会は、資本主義の最先進国としての地位をかためる過程で、アイルランドをはじめとする植民地から大量の異民族労働者を流入させて、底辺の労働力として利用した。この傾向は植民地は喪失《そうしつ》したものの、第二次世界大戦後においてもかわることなく、カリブ海地域、インド、パキスタン、バングラデシュなどからの異民族労働者の流入傾向はとどまるところを知らず、イギリスはその多民族複合国家という性格をますます強めている。

「議会政治」の母国

日本人のイギリスについてのイメージを問えば、まずまっさきに浮びあがってくるのは、ビッグ・ベンと称する時計台のある、テムズ河畔にそびえたつ国会議事堂であろう。「議会政治の母国イギリス」は、この国を語る場合には逸することのできないテーマのひとつである。だがその議会政治は、なによりもその歴史の産物であったことを忘れるわけにはいかない。

イギリスが国家的な統合を進め、近代国家としての諸制度を整備し、ヨーロッパの列強のなかでやっと認知された地位を獲得したのは、テューダー朝においてであった。しかし、近代的な諸制度の整備といっても、イギリスの場合、変化した時代環境のもとで、古くから存在していたものにあらたな機能をつけ加えるといったかたちで手直しがおこなわれ、そこには過去との連続性が強くみられたことが特徴的である。たとえば議会にしても、国王の側近の重臣たちの合議体にはじまったものであったが、大陸諸国のような身分制議会というかたちをとることなく、貴族院と下院からなる二院制という独自の形態をとるようになり、最初は国制における王権への協賛機関としての存在であったものからしだいに実力をたくわえて、十七世紀のステュアート朝の時代に主権の座をねらうようになった。

この過程でイギリスの国家と社会のありかたに決定的な影響をおよぼしたのは、テューダー朝二代目の国王ヘンリ八世のもとで遂行された宗教改革であった。それは国王の離婚というきわめて世俗的な動機に発しながら、結果においてイングランドの教会を、ローマ・カトリック教会から独立した、国王を首長とする「国教会」に編成しなおして、まさに世俗国家と教会の一体化を達成した。しかしこの国家と教会の一体化は、つぎのステュアート朝のもとで、激しい批判の対象となり、抵抗の焦点としての地位をかためた議会を中心にして、一六四〇年から「ピューリタン革命」が戦われることになる。そこで国王チャールズ一世は処刑され、イギリスはその歴史においてただ一度、国王のいない共和国の時期をむかえたが、革命陣営の分裂によって、王政復古がおこなわれ、処刑された国王の息子のチャールズ二世が王位に復帰した。だがこの王政復古は革命前の旧体制の復活を意味しはしなかった。国王による権力の濫用《らんよう》にいっそうの歯止めをかけるために、一六八八年、二度目の革命である「名誉革命」が遂行され、「権利章典」はイギリス人の歴史において保障されていた諸権利を「真の、古来から伝えられた、疑う余地のない」ものとして主張し、立憲君主制の基礎をかためた。ところがこうして議会は主権の座につくことができたものの、その構成にはいっさい手がつけられなかった。聖俗の貴族を構成員とする貴族院はもとより、下院においてもその議員となることができたのは、「土地をもつもの」だけであった。

この「改革されなかった議会」に、選挙法改正のメスがはいるのは、一八三二年のことであった。そののち産業革命の成果をうけて、全国に鉄道網が張りめぐらされ、情報の伝達が容易になり、中世以来、地方社会にしっかり根をおろしていた、後述する「ジェントリ」層を担い手とする名望家支配の体制もゆらぎをみせるようなった。一方、数次の改革をとおして、選挙権の拡大はつづき、十九世紀の末には、伝統を誇った議会政治にも新しい波が押し寄せることになり、さまざまな試行錯誤をへて、ここに議会制民主主義が定着するのである。この点からみても、たしかにイギリスの議会の歴史は古いが、議会制民主主義の歴史は、それほどの年齢をかさねていないことに留意すべきであろう。

「近代化の典型」としてのイギリス

これまで世界史のうえでイギリスは、経済・政治を中心に近代化の先頭を切って歩んできた最先進国というイメージでとらえられるのがつねであった。しかしのちに明らかになるように、このような把握が妥当するのは、十七世紀後半以降から二十世紀初頭までのきわめてかぎられた時期のことにすぎないのである。

それ以前のイギリスは、どうみてもヨーロッパの周縁部に位置する二流国であって、近世初頭のヨーロッパの二大強国、スペインとフランスの鼻息を戦々恐々とうかがう存在であった。そのようなイギリスの地位に転換点がおとずれるのは、十七世紀のことである。この世紀に戦われた二つの革命――ピューリタン革命と名誉革命――を転機として、イギリスと大陸諸国の関係は逆転の徴候をみせはじめた。かつては大陸の先進諸国に「学ぶ」存在にすぎなかったイギリスが、今度は産業革命の遂行、植民地帝国の形成、議会政治の確立など、「学ばれる」模範としての存在へと変貌《へんぼう》をとげた。

このようなイギリスの世界史において占める地位の変化のもっとも大きな原因が、世界で最初の産業革命にあったことはいうまでもない。奴隷貿易の中心港リヴァプールの背後に綿工業の中心都市マンチェスタが怪物のような巨大な姿をあらわし、やがて最新の技術に支えられて「世界の工場」としての地位を築きあげたイギリスは、これまた世界で最初の近代的な都市文明の時代に突入することになる。こうして十九世紀の中葉におけるイギリスは、工業生産、貿易、海運、金融、さらに植民地の領有と海外投資のいずれにおいても、絶対的な覇権《はけん》を掌握して、まさに世界の資本主義体制の中核に位置したのであった。

しかしそのようなイギリスの覇権もけっして長いあいだ栄光を謳歌《おうか》することはできなかった。十九世紀末、帝国主義時代への突入とともに、イギリスの凋落《ちょうらく》ははじまったとみることができる。そして今世紀の二度の世界大戦は、この凋落に歯止めをかけるどころか、むしろそれを決定づけた。

二十世紀に戦われた二度の世界大戦においてイギリスは、多くの被害をこうむったとはいえ、いずれにおいても戦勝国であった。しかし逆説的にいえば、イギリスはそのいずれにおいても敗戦の憂き目をみなかったがゆえに、徹底的な変革をうけることがなく、その社会構成の古い要素は温存されて、新しい環境に柔軟に対応するのが遅れ、「衰退する老帝国」という傾向をおしとどめることはできなかったといえる。第二次世界大戦後のイギリスは、経済の低成長率になやまされることになり、「イギリス病」を批判する声が高まった。

「ジェントルマンの国」イギリス

もちろんこの「イギリス病」の原因を究明することは、重要であるが、きわめて困難な課題である。

しかしここに忘れることのできない、もう一つのイギリスのイメージが存在する。それはこの国が「ジェントルマンの国」として、世界に知られている事実である。

ところで「ジェントルマン」とはいったい何なのか。それはそもそもは「生まれのよい人」に由来する言葉である。その主体をなしているのは、「ジェントリ」という社会層であって、中世において封建貴族の最下層に位置した騎士が、軍役代納金を支払うことによって、軍役奉仕の負担から解放されて、地方に土着して土地の経営にあたった、中小の地主たちがそれである。しかし広義の「ジェントルマン」には、ジェントリのほかに爵位をもつ貴族もふくまれていた。そしてイギリスにおいて決定的であったのは、この「ジェントルマン」とそうではないもののあいだに引かれた一線であった。あえて非難されるのを恐れずにいえば、ごく最近にいたるまで、イギリスの歴史は「ジェントルマンの歴史」として書かれてきたとさえいいうる。「ジェントルマン」の生活様式、価値基準が、歴史のうえに濃い影をおとしているからである。

ジェントルマンは基本的には地代収入によってその生活を維持したが、中世も末になると治安判事として広範な地方行政の職務を無給で奉仕するようになり、また彼らの代表が下院におくられるなど、「高い身分に生まれたものは、義務を負う《ノブレス・オブリージ》」を生活信条として、地域社会において名望家支配体制を築きあげた。宗教改革以後の一世紀間を「ジェントリの勃興《ぼっこう》」の世紀であったとする把握もおこなわれている。十七世紀の革命も、究極的には「土地をもつもの」の自由を確保することにとどまり、ジェントルマンによる支配体制そのものの、根幹にふれるような変革はおこなわれなかった。そしてつぎの十八世紀においては、大地主たるジェントルマンと大商人による「地主寡頭《かとう》支配体制」が成立した。しかしこの体制のもとでの支配階層たるジェントルマンは、フランスなどの貴族とは異なり、特権をもたず、また長子相続制がとられていたため社会的な流動性も高く、閉鎖的なカーストを形成することはなかった。

イギリスがそのもっとも繁栄した地位を誇ることができたのは、その歴史上最長であったヴィクトリア女王の治世（一八三七〜一九〇一年）においてであった。しかしながらこの時代のイギリスは、産業革命をうけて「世界の工場」としての地位を誇示していたにもかかわらず、この世界に最初にうまれた工業社会をほんとうの意味で支配していたのは、ブルジョワジーではなかった。そこにおいては貴族と地主、すなわち土地をもつジェントルマンが依然として支配の座を掌握していた。「工業化」の傾向が圧倒的な進行をみせたにもかかわらず、この「ジェントルマンの支配」というイギリスの社会構成そのものは柔軟に持続していくことができた。たしかに工業化の進展によってジェントルマンの経済的な基盤としての土地のもつ意味は小さくなった。しかし欧米の後進諸国の猛烈な追いあげによってイギリス産業にもかげりがみえはじめると、彼らは国債をはじめとする国内ならびに海外、とりわけ植民地の証券や株式に投資し、そこからの金利所得によって従来の生活様式を維持したため、社会構成と政治権力の点でのジェントルマンの支配的な地位は、ゆらぐことなくまもられつづけたのであった。

イギリスには「お互いになんらの交渉も親愛の情もなく、お互いに思想、習慣、感情を異にする、二つの国民」が存在する、と十九世紀なかごろに書いたのは、のちに首相になるディズレーリであったが、いうまでもなく、この「二つの国民」とは、「富めるもの」と「貧しきもの」にほかならない。ディズレーリは工業化の進展した「大英帝国」の中核部分であるイギリス本国において、階級的な格差が決定的に広がりをみせ、それが国民の分裂を招いている現実にたいして、深刻な危機感を表明したのであった。

しかしヴィクトリア女王のもとで空前の繁栄を謳歌していた当時においては、労働者階級はその繁栄のおこぼれの分け前にあずかることで満足して、みずからの生活条件の改善や選挙権の獲得による政治参加といった問題については、ジェントルマン側の意向にほぼ柔順に従って、体制そのものを根本的に否定する姿勢はみせなかった。彼らがその姿勢の限界を知って、「労働党」という独自の政党をもつ必要を認識するようになるのは、十九世紀末になってからのことである。

第二次世界大戦後においてイギリスの国際的な地位が低下するのにともない、ようやく「ジェントルマンの支配」するこの社会体制にたいする批判の声がいちだんと高まりをみせるようなった。しかしながら「ジェントルマンの支配」の頂点にたって、その支配を保障する仕組みの複合体としての「エスタブリッシュメント」は、改革が企てられているとはいえ、いまだに存在しつづけている。この「エスタブリッシュメント」とは、王室、国教会、貴族など、ならびにそれらの再生産を可能にする学校などの仕組みをふくめて、イギリスの上流階級を象徴するものの複合体である、といちおうの定義をくだすことができるが、イギリスの将来は、この「エスタブリッシュメント」をいかにして民主主義的な統制のもとにおくことができるかという点に、かかっているとさえいえるであろう。

「島国」「多民族複合国家」「議会政治の母国」「近代化の典型」「ジェントルマンの支配」。これでイギリスの歴史をみるためのキー・ワードはほぼでそろった。いま簡単な説明を加えたように、なかにはそれが実像であったのではなく、虚像にすぎないものもふくまれている。それではいったい、これらのキー・ワードは、イギリスの歴史においてどのような役割をはたしたのであろうか。これらのキー・ワードを旅の道しるべとして、出発することにしよう。

第1章　古代から中世へ

ケルト系民族の渡来

グレート・ブリテン島は、今から約一万年以上も前の旧石器時代には大陸と地つづきで、テムズ川以北は氷におおわれていたが、氷河の後退にともない、大陸から分離して島になった。前四〇〇〇年ころの新石器時代に、地中海人種（イベリア人が主体であったが、一部にアルプス人がふくまれていた）が渡来した。彼らは半定住の生活をおくっていたらしい。このころ巨石文化が出現している。巨石文化の代表的なものが、今日ソールズベリ近郊にみられるストーンヘンジの遺跡である。それがだれによってつくられ、また何であったかについては諸説があるが、おそらくは太陽崇拝の神殿といった儀式的な用途に使われたものと考えられている。

イギリスに鉄器をもたらしたのは、前五〇〇年ころから侵入してきたケルト人であった。ケルト人の起源についてはわからないことが多いが、長頭人種の北方系の民族で、アルプス以北の中欧、東欧

ストーンヘンジ　イングランドの巨石文化遺跡としてもっとも有名である。ソールズベリ平原の南部に位置する。

にかけてひろく分布していたといわれている。彼らが紀元前七世紀ころから民族移動を開始して、ガリア、イベリア、イタリア、バルカンに侵入し、その一部がブリテン島に渡ってきた。侵入の最後の波をかたちづくったベルガエ人が、ローマ人によってブリタニ（ブリトン人）とよばれたので、それがブリタニアとして、この島の名称になった。ケルト人の征服は海をこえたアイルランドにまでおよび、先住民を完全に圧倒した。こうして前一世紀にはブリテン島はほぼ完全にケルトの世界になった。ケルト人は文字をもたなかったため、その社会はギリシア人やローマ人の書いたものや、考古学の研究成果によって再現する以外に方法がない。彼らは「丘の戦士」と表現されていたように、丘陵に砦《とりで》をかまえて、三十ほどの部族国家に分裂しており、全体の統一はみられなかった。

やがてブリテン島は、そこで産出する鉱産物と奴隷の供給地として、対岸まで進出してきたローマの注目を集めるようになった。

ローマ時代のブリテン

前一世紀にローマの侵入をうけたブリテン島は、約三五〇年間ローマの属領となった。ローマのガリア知事であったカエサルが、紀元前五五年と五四年の二回にわたってドーヴァの近郊に上陸して攻撃を加えてきたのである。しかし、彼にはブリテン島を全面的に占領しようとする意図はなく、抵抗をうけるとひきあげてしまった。占領の意図が本格化したのは、紀元後四三年にクラウディウス帝（在位四一～五四）が四～五万の大軍をおくってきて以来のことである。クラウディウス自身はブリテン島にきわめて短期間しか滞在しなかったが、その間にブリトン人の拠点の一つコルチェスタを占領し、ブリトン人は降服した。しかしその後もブリトン人の抵抗はかなり激しく、なかでも東南部でたちあがったボアディケア女王の反乱はローマ人をたじろがせるのに十分なほどであった。しかし一世紀末には北部をのぞくこの島の大半は、ローマの軍隊によって占領され、正式にローマの属領ブリタニアとなった。

ローマの支配に最後まで抵抗し、ローマの支配下にはいらなかったのが、カレドニア（スコットランド）の山岳地帯に住むピクト人であった。一二二年にときのハドリアヌス帝（在位一一七～一三八、五賢帝の三代目）が西方の諸属領を視察するためにブリテン島をおとずれ、北方警備の必要を痛感して、その辺境線の確定を命じた。そこで建設されたのが、現在のニューカースルからボウネスまでを結ぶ全長一二〇キロメートルの「ハドリアヌスの壁」であって、その一部は今日ものこっている。しかしこの壁は戦闘準備の砦としては長すぎて、ローマ軍を全面的に展開させるわけにはいかなかった。

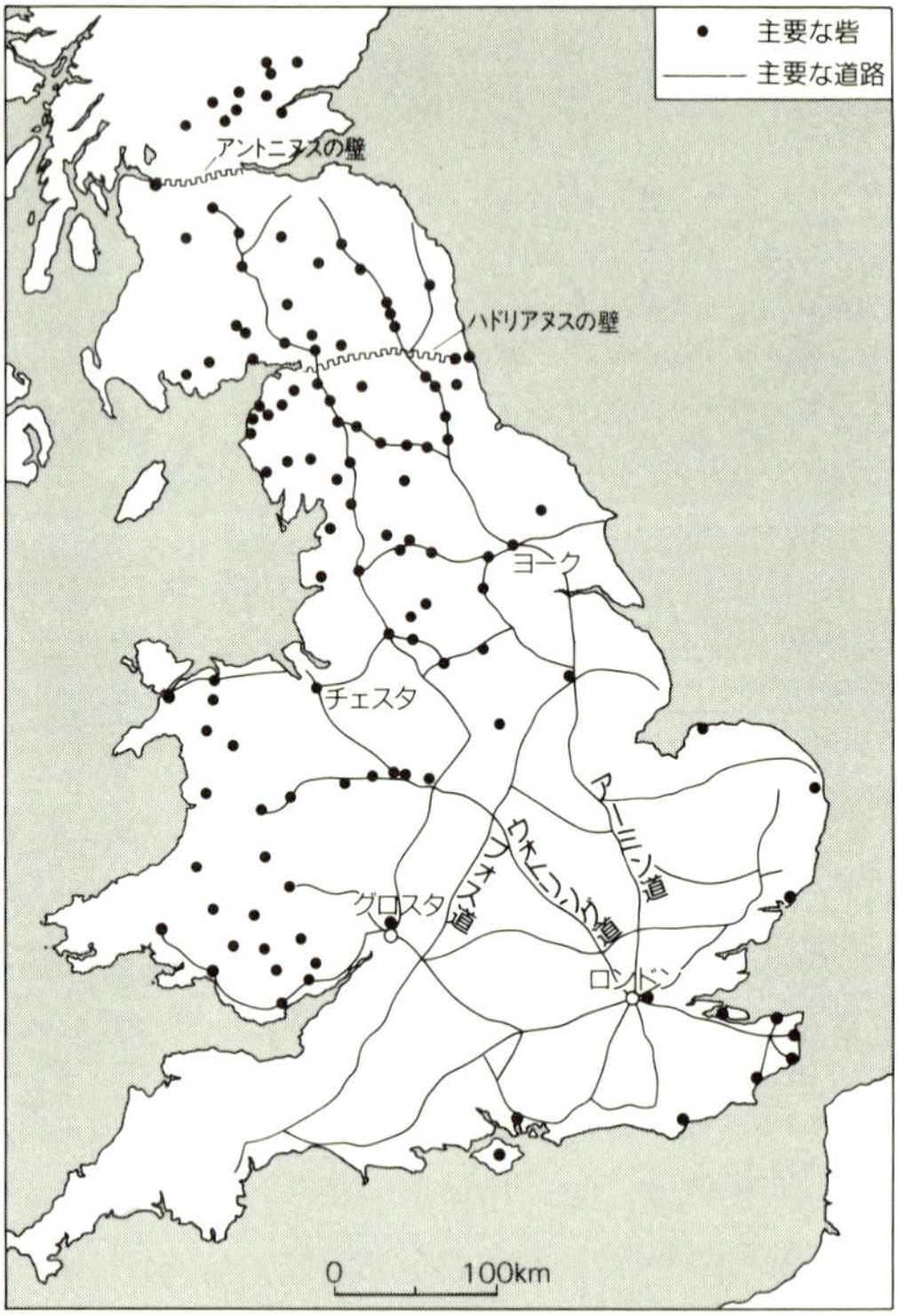

ローマ時代のブリテン島　都市名は現在のもの。

ついで五賢帝の四代目でハドリアヌスの養子であったアントニヌス・ピウス（在位一三八〜一六一）が帝位につくと、ブリタニア北部辺境の再調査が命じられ、新任の総督はスコットランドの南部を再征服し、フォース湾からクライド湾を結ぶ新しい壁の建設にとりかかった。この壁の全長は約六十キロメートルでハドリアヌスの壁の半分の長さであったが、両方の壁をまもるにはローマの兵力は不足しており、そのためハドリアヌスの壁がローマの海外属領の最北端になった。ブリタニアには、四つ（のちには三つ）のローマの軍団と多数の補助兵力が配置されており、最高位の執政官である総督に任じられた人物には行政・軍事の経験豊かな人材が多かったところからみても、ブリタニアがローマ帝国の属領のなかで重要視されていたことが知られる。

ローマの総督はできるだけケルト人の伝統的な社会制度を活用して統治にあたった。すなわちケルト人の部族国家を「キヴィタス」として行政の単位とし、かなりの自治を認め、そのうえでもっぱら貢税による収奪をはかった。だがローマの支配の本質はやはり軍事支配にあった。ロンドンを中心に四本の主要な軍事道路が建設され、その全長は一万一九〇〇キロメートルに達した。この軍道にそって八十以上もの、公共施設や浴場などをそなえたローマ式の都市が建設された。現在のイギリスの地名で語尾に「――セスタ」「――カスタ」「――チェスタ」をもつ場所は、軍団駐屯《ちゅうとん》地を意味するラテン語の「カストルム」に由来するものであって、そこにはローマ軍団の分隊が駐屯していた。

一方、都市以外の田園には、ローマの高官やブリトン人の有力者の大農場の経営の中心であるヴィラがみられ、そこではローマ文化の恩恵を存分にうけた、当時としては先進的な生活がくりひろげら

ローマ時代のモザイク　床に描かれたこのモザイクにみられるＸＰは，キリストをあらわすギリシア語の最初の２字をとったものである。

れた。これらの都市とヴィラをのぞけばケルト人はこれまでどおりの生活をおくっていたのであって、その点からみても、ローマの支配はいわば点を線でつなぐ表層をおおったものにすぎず、深部には浸透しない弱点をもっていた。しかしながら紀元一世紀に、ブリテン島がローマ帝国の支配のなかにしっかりと組みいれられることになった事実をみのがしてはならない。

紀元二、三世紀においては「ローマの平和」は保たれており、ブリテン島はその豊富な鉱産物を海路はるばるローマにおくりだしていた。古代人の行動半径の広さは、しばしば現代のわれわれを驚かせるにたりるものがあった。一例をあげれば、あのキリスト教の公認（三一三年）によって世界史にその名をのこしているコンスタンティヌス帝（在位三二四〜三三七）は、帝国を四分割して統治することを決めたディオクレティアヌス帝（在位二八四〜三〇五）のもとでガリア・ブリタニアの副帝にあげられた父親が没すると、ブリタニア北部の都市ヨーク（当時の地名ではエブラクム）で軍隊に推されて戴冠している。こののちしだいに統一国家として体裁をととのえてくるスコットランド王国に、コンスタンティンを名乗る国王が何人も出現したのは、この皇帝にちなんだものであった。

ゲルマン民族の移動

三九五年、ローマ帝国は東西に分裂し、大陸でゲルマン系の諸民族が移動を開始すると、その混乱に対処するために、ブリテン島にいたローマの全軍団は急いで大陸に派遣されたが、そこで壊滅的な打撃をうけてしまった。ここにローマ支配の弱体化をみてとったピクト人、スコット人などのケルト系の民族が、ローマ軍のいなくなったすきをついて北方から侵入してきた。それに呼応してこれまでローマの収奪にあえいでいたブリトン人の農民も反乱にたちあがった。このような情勢をみた西ローマ皇帝ホノリウスは、四一〇年、諸都市に自衛を命じ、みずからの手によるブリテン島防衛の任務を放棄してしまった。これが「ローマ時代のブリテン」の終わりであった。

しかしながら将来のイングランドにとって決定的であったのは、たちあがったケルト系の民族よりも、ゲルマン系の諸民族の動向であった。彼らが数次にわたってこの島に侵入を開始したからである。それはアングル人、サクソン人、ジュート人などの混成部隊であり、アングロ＝サクソン人と総称されることになるが、西北ドイツ地方を原住地として、古代英語を話す民族であった。ここで侵入してきたアングロ＝サクソン人と先住のブリトン人のあいだに激烈な闘争が展開することになったが、その過程で形成されたのが、ブリトン人の英雄「アーサー王」の伝説である。

アングロ＝サクソン人が徐々に西方に征服を進めるにつれて、土着のブリトン人は新来者に土地をゆずったり、服従を誓うようになった。こうして六世紀の末までにはアングロ＝サクソン人は西部のウェールズをのぞいてイングランドの大部分を制圧した。ここにアングロ＝サクソン人の支配するイングランドが出現し、その外側に「ケルト系の人びとの周縁部分」が存在するという構図ができあがっていった。西へ西へと圧迫をうけて、コンウォールやデヴォンまでたどりついたブリトン人は、ついには海をわたってフランスのブルターニュ地方に住みつくようになった。このブルターニュ地方との面積の対比から、ブリテン島をさして「グレート・ブリテン」とする呼称がうまれてきた。

侵入し定着するようになったアングロ＝サクソン人は、最初はケルト系民族と同様に数多くの部族国家にわかれていたが、しだいに統合が進み、やがて六世紀後半ころから「七王国」が出現するにいたった。現在ではこの部族国家を七つに限定することには疑問が提出されており、「七王国」という語句をさける研究動向もあるが、この七王国を構成した王国は、ノーサンブリア、イースト・アングリア、エセックス、ケント、マーシア、サセックス、ウェセックスであった。

アングロ＝サクソン人の社会には、貴族、自由民、半自由民、奴隷という身分が存在したとみられている。貴族はエアドルマンとよばれたが、この時代には王から地方の行政、司法、軍事等の権限をゆだねられていた。これがのちの「伯《アール》」の語源である。さらにこの名称は「アルダーマン」として、州や都市の参事会員、都市の助役、ギルドの長などの呼称の語源として残存することになる。貴族の指導的地位にいたものが王であるキニング（キング）であって、貴族や聖職者などで構成されている「賢人会議《ウィテナイエモート》」の意見をいれて裁判や政治をおこなった。

アングロ＝サクソン統一王国の形成とキリスト教

このようないくつかの部族国家の並立状態のなかから、やがてウェセックスが頭角をあらわすようになり、八二九年、その王エグバート（在位八〇二〜八三九）のもとで、一つの統一国家がつくられた。これがアングロ＝サクソン王国である。

この統一が進められる背景にあったものとしてみのがすことができないのは、この王国がキリスト教に改宗したことであった。すなわち六世紀末、ときのローマ教皇グレゴリウス一世は、ベネディクト会の修道士アウグスティヌスを布教のため派遣した。ケントの王エゼルベルフトにていちょうにむかえられた彼は、この国王の改宗をかちえて、カンタベリ（ケントの都市の意）に最初の教会堂をたてた。それ以後あいついで伝道士がイングランドをおとずれるようになり、アングロ＝サクソン人の世界にキリスト教は徐々にひろまっていった。

しかしながらローマ・カトリック教会には、その布教の過程において、異教徒であったアングロ＝サクソン人以外に、対決しなければならない競争相手がいた。それはアウグスティヌスの布教以前に、北の方からはいってきたアイルランド系のキリスト教であった。ゲルマン系民族の侵入をうけて、北西部にのがれたケルト人のあいだにはこの系統のキリスト教がひろまっており、とりわけ六世紀にスコット人の修道士コルンバヌスがでて、アイオナ修道院を中心にして精力的な活動をおこない、北からイングランドにむかって布教を進めていたのである。

このケルト世界に根づいていたキリスト教は、長いあいだ大陸、すなわちローマ教会との接触を断たれていたため、修道院を中心とした隠遁《いんとん》生活を強調するなど、教義のうえでもローマのカトリックとはかなりちがったものになっており、同じキリスト教でありながら、そこには多分に敵対感情も存在していた。六六四年にウィットビで開かれた教会会議は、激しい議論の末、南から伝来したローマ・カトリック教会に軍配をあげたため、それが公認されることになった。

このような経過で、イングランドはローマのカトリック世界に組みいれられた。そしてイングランドがローマから遠くはなれた辺境に位置していたために、かえってそこで育成された宗教的な情熱は、本拠のローマをしのぐものがあり、やがてイングランドは西ヨーロッパにおける正統的な信仰の一つの中心地とみなされるようになった。そして数多くのすぐれた宗教人をうみだして、大陸への布教活動をおこなうものもでた。ドイツの奥地まで布教してついには殉教《じゅんきょう》した「ドイツ人の使徒」ボニファティウスはその代表的な存在である。

一方、教会会議でやぶれたアイルランド系のキリスト教は北部の都市ヨークを中心にして独自の神学を発展させた。イングランドへのキリスト教の布教過程だけでなく、アングロ＝サクソン世界についても最良の史料を提供してくれる『イングランド人の教会史』（七三一年ころ）の著者ベーダや、フランク王国のカール大帝の宮廷に招かれて名声をあげたアルクィンも、この系統の出身である。七世紀から八世紀にかけて司教座制度の拡充が進められ、南部にはカンタベリを中心に十二の司教区が、そして北部にはヨークを中心に四つの司教区がおかれた。こうした教会の制度的な整備が、アングロ＝サクソン王国の統一を側面から促進したのであった。

キリスト教への改宗はたんに王国の政治的な統一の助けとなっただけではなかった。アングロ＝サクソン世界は本来はゲルマン的で、数多くの系譜を異にする異教の支配する世界であった。そのアングロ＝サクソン世界が、キリスト教に改宗することをつうじて、あらためてローマのラテン文化圏に組みいれられたのである。アングロ＝サクソン人はブリテン島に侵入してきたころには、文字を知らなかったのに、キリスト教への改宗によって、ラテン語の使い方を知り、これまで口伝でのこされていた法、慣習、伝承などを文章化することができるようになった。なかでも注目すべきは、英文学最古の長編叙事詩『ベオウルフ』が、七世紀末以降に書かれたことであった。それは民族移動期とそれ以後のアングロ＝サクソン世界の戦士たちの生活ぶりや行動様式、思想を伝える第一級の史料の役割をはたしてくれている。

ヴァイキングの襲来

ところでウェセックス王のエグバートによってアングロ＝サクソン王国の統一がなった時点は、不幸なことに、ヨーロッパにおける第二次民族移動の時期にあたっていた。今度の主役はスカンディナヴィア半島を拠点とする北方ゲルマン系ノルマン人の一派、デーン人であった。「ヴァイキング」として知られている彼らは、八世紀のなかばころから舟をかってしばしばブリテン島に来襲し、各地で略奪《りゃくだつ》にふけった。しかしつぎの世紀にはいると定住を意図するようになり、海岸地方から河川づたいに内陸部まで攻めいり、九世紀後半にはイングランドの東北部はおおむね彼らの手におちた。

ヴァイキングの船　32人が漕《こ》ぐオールをもち，海と河川の両用に耐える工夫がみられる。

　このデーン人の侵入にたいして、分立していたアングロ＝サクソン勢力を結集して英雄的な抗戦にたちあがったのが、エグバートの孫のアルフレッド大王（在位八七一～八九九）であった。彼の激しい抗戦によってデーン人に大打撃を与えることはできたが、彼らを全面的に追いはらうことはできなかった。そこでアルフレッド大王は、デーン人の首長をキリスト教に改宗させるとともに、平和共存の道を選ぶことにした。すなわちローマの街道の一つで、ドーヴァからロンドンをとおってチェスタにいたるウォトリング街道の東側の地域をデーン人の支配地として認め、そこでは彼らの法や慣習がおこなわれるのを許した。これを「デーンロー」地域という。それは、テムズ川の河口とチェスタを結んだ線の北東側にあたり、面積のうえでもイングランドのほぼ二分の一を占めていた。この地域でアングロ＝サクソンとは異質な言語、風習が長くおこなわれることになり、のちのイングランドにみられる複合的な性格の一要素となった。

　ともあれこのデーン人との平和共存策によって、イングランドにはしばしの平穏がおとずれた。そしてその間にウェセックス王権のもとでの全イングランドの政治的統合にもいっそうのはずみがついた。十世紀後半のことであった。

カヌートの「北海帝国」

しかしこの世紀の末にはヴァイキングの攻撃が再開された。これに応じてイングランド内部に住む

ヴァイキングの活動

デーン人も動きはじめたため、国王エゼルレッド二世（在位九七八～一〇一六）は、「デーンゲルド」とよばれる宥和金《ゆうわ》をはらって事態の収拾をはかった。この「デーンゲルド」はきわめて巨額なものであって、ヴァイキングの収奪のきびしさを示していた。

一〇一六年デンマークの王子カヌートがイングランドを征服し、賢人会議に認められて、全イングランドの合法的な王として即位した（在位一〇一六～三五）。これ以後二十年間、イングランドはこのデンマークの王朝に支配されることになった。カヌートはデンマークばかりか一時はノルウェー王もかね、スウェーデンの一部にも領土をひろげていたので、イングランドはまさに彼の「北海帝国」の一部に組みいれられたのである。ここにイングランドの歴史にはまた新しい北欧的な要素がつけ加わることになった。

征服王朝はみずからの「北海帝国」維持のために、富める国イングランドを絶好の収奪の対象とした。だが彼らは略奪にふけっただけではなかった。北欧の北海、バルト海から地中海を舞台に広範な商業活動を展開していた彼らの刺激をうけて、イングランドの経済にもめざましい躍進がみられた。中世後期にイングランドが他のヨーロッパ諸国にもまして商業活動で有利な地位を築く遠因は、このデーン人の影響に帰することができる。

もう一つ注目に値するのは、デーン人の征服によってイングランド社会の封建化が促進されたことである。戦士であった貴族層と一般農民とのあいだに階層的な分化が進み、また精神的な支配層となった聖職者の地位も向上した。「戦うひと」と「祈るひと」が「耕すひと」のうえに立って支配する封建制社会の骨組みは、この時点でほぼ形成されていたとみることができよう。

しかしカヌートの「北海帝国」は彼の死とともにあっけなく崩壊《ほうかい》した。そしていったんはウェセックス王朝が、ノルマンディに亡命していたエドワードの帰国によって復活した。エドワード懺悔《ざんげ》王（証聖王、在位一〇四二〜六六）とよばれる人物である。彼はウェストミンスタ修道院の創建者として知られているように宗教心はあつかったが、政治的には無能であり、しかも嗣子《しし》がなかったため、その死後王位をめぐる混乱は不可避となった。

第2章　大陸国家イギリス

ノルマン人の征服

イングランドの中世史において、大きな画期となったのは、「ノルマン人の征服」であった。ここでいうノルマン人とは、さきにも登場したヴァイキングの一派である。そのうちのデンマーク系が中心になって、九世紀ころから大陸のライン川の河口地帯に住みつき、さらにイングランドから渡来したヴァイキングをも吸収してしだいに勢力をのばした。そして九一一年、彼らの首領ロロが西フランクの王シャルル一世（単純王）と家臣になる契約を結び、その結果、セーヌ川の下流地帯がノルマンディ（ノルマン人の国）とよばれるようになり、ロロの後継者たちはノルマンディ公を称した。元来は「北方の人」を意味した「ノルマン人」は、ここにいたってノルマンディ地方の住民をさすようになったのであるが、その主体は北欧出身の騎士であった。ロロからかぞえて六代目のノルマンディ公がギョームという人物であり、彼がイングランドにたいする「ノルマン人の征服」の主役となったのである。

ところでエドワード懺悔《ざんげ》王の死後の王位をめぐる争いにおいて、王位継承の候補者となったのは、王の義弟ウェセックス伯ハロルド、ノルウェー王ハーラル、それにこのノルマンディ公ギョーム（ウィリアム）の三人であった。一〇六六年、懺悔王の死去の知らせをうけて、ただちにハロルドが即位したため、ここに王位継承をめぐる争いに火がつけられた。それは、北欧のヴァイキングたちと、そもそもはヴァイキングに起源をもちながらも、すでに西欧化・ラテン化していたノルマンの騎士たちの、イングランドをめぐる争奪戦にほかならなかった。

ノルマンディ公ギョームは、ノルマンディ公ロベール一世の庶子《しょし》としてうまれたが、若くして公位をつぎ、ノルマンディ公国の整備につとめた。軍事的な才能に恵まれていた彼は、とりわけその重装騎士軍を精強をもって知られる軍隊に育てあげた。彼は、懺悔王の遠縁にあたっていたため、王からイングランド王位を継承する約束をえていたと主張していた。しかもこれは確証がない史実であるが、イングランド王位継承候補者のひとりハロルドがノルマンディにやってきて、ギョームにたいして服従する誓いをしたため、彼は競争相手がひとりいなくなったと理解したらしい。帰国したハロルドがこのことを国王エドワードに報告したと伝えられたので、ギョームにしてみれば、これによってみずからの王位継承の条件はととのったとみて、ハロルドの即位の知らせを聞いてイングランドに進攻する準備にかかった。

ハロルドがイングランドの王位についた数カ月後の一〇六六年四月の末、天空にハレー彗星《すいせい》があらわれ、人びとは異変がおこるのではないかと恐れおののいたと、『アングロ＝サクソン年代記』は記している。ギョームは艦船の建造を急がすとともに、全ヨーロッパに檄《げき》をとばして、イングランドに進攻するための騎士を集めた。ギョームの名声にひかれ、また多額の報酬を期待して、多くの騎士が集まってきて、夏までには進攻の準備は終わった。そのうえギョームは教皇からも支持をえて、自分の進攻を正当化することができたが、気象条件が悪かったために、一時、出帆をみあわせざるをえなかった。

最初に行動をおこしたのは、ノルウェー王ハーラルであった。彼がヴァイキングを率いて上陸し、イングランド北部の中心都市ヨークを占領すると、むかえ撃ったハロルドは、ヨークの近くのスタムフォード・ブリッジにおいてノルウェー軍を撃滅することができた。

この戦闘の二日後に風向きがかわり、ギョームにとって待望の進攻の好機が到来した。ただちに出港したノルマンディ軍は九月二十八日、イングランド南部のペヴェンジに上陸した。ギョームの軍勢は七～八〇〇〇人であったと伝えられている。ヨークでこの知らせをうけたハロルドは、ただちに兵を南下させ、十月十三日、ヘースティングズ近郊の「センラックの丘」に陣をかまえた。ノルマンの騎士軍にたいして、ハロルドの歩兵隊は密集戦法をとって善戦したが、ギョームは敗走するとみせかけて、密集をといて追撃してきた敵軍を各個撃破した。その間にハロルド自身も眼に流れ矢があたり、戦死してしまった。丸一日にわたった激戦の勝者はノルマンの騎士軍であった。

こののち、ギョームはイングランドの南東部を制圧してロンドンにはいり、その年のクリスマスに

バイユーのタペストリ（部分）　「ヘースティングズの戦い」として知られた合戦の模様が描かれている。

ウェストミンスタ寺院でウィリアム一世（征服王、在位一〇六六〜八七）として戴冠《たいかん》し、ここにノルマン朝を開いた。これが「ノルマン人の征服」として知られている事件である。

しかしこの「ノルマン人の征服」は、史料にとぼしく、その細部は知りえないことが多い。その欠陥を補ってあまりあるのが、ノルマンディのバイユーのノートル・ダム大聖堂に保存されているタペストリである。これは「ノルマン人の征服」後に、バイユーの司教であったオド（ウィリアムの異父弟）の命令によってイングランド人の職人がつくったものとされており、タペストリ（つづれ織）とよばれているが、実際は白のリンネルの生地に八色の毛糸で刺《し》繡《しゅう》したものである。その長さは約七十メートル、幅五十センチで、「ノルマン人の征服」の経過を物語る長大絵巻物である。そこには征服にいたる時間を追った経過だけでなく、当時の服装、武器、軍船、築城法、戦術などがはっきり描写されており、「ノルマン人の征服」を知ることのできる、第一級の史料といえる。

「ノルマン人の征服」がもたらしたもの

この「ノルマン人の征服」は、イングランドの歴史の一大転換点であった。それはノルマンディをはじめとしてはじめとしてフランスの各地から集まってきた騎士たちによる、イングランドの征服であったからである。

イングランドは大陸に本拠をもつ外来の封建貴族によって占領され、アングロ＝サクソンの貴族は少数の例外をのぞいて一掃されてしまった。ウィリアム征服王はイングランドの五分の一にもおよぶ広大な王領地を確保し、のこりの半分は、十人ほどの信任のあつかった聖俗の大貴族にわかち与え、彼らを反乱の予想される辺境地方に配置し、のこりの土地を約一七〇人のノルマン人貴族に与えたが、彼らが共謀して王権に対抗することを恐れて、その所領を分散させ、権力の国王への集中をはかった。騎士だけではなく、アングロ＝サクソンの国家統一を側面から援助した教会においても、その上級の聖職者は、大陸系の人たちにとってかわられた。

支配社会層がこれほど完全に交替したことは、こののちのイギリス史においてもみられないところであって、まさにこのような大きな社会的な変動をもたらしたがゆえに、歴史の一大転換点なのであった。だがアングロ＝サクソン人にしてみれば、この「ノルマン人の征服」によって、自分たちの首に「軛《くびき》」がかけられたと理解するようになるのも当然であった。この「ノルマンの軛《ノルマン・ヨーク》」という意識は、支配体制を批判するイデオロギーとして、イギリス史のうえにしばしば登場することになる。

こうしてこの島国は、完全にノルマンディを基盤とする北フランスの文化圏に包含されることになった。流入してきた貴族の中心になったのは、もともとは北方系のノルマン人であったが、彼らはすでに生活慣習、言語、さらには法制などの点でフランス化していたので、以後フランス語を話す貴族がアングロ＝サクソン語を話すイングランドの人たちを支配することになった。そしてノルマンディの方言を中心とする北フランスの言語が、これまでのゲルマン系の古英語にかわって支配者の言語になった。ここに言語だけでなくすべての面において、在来のゲルマン・北欧系の文化と新参のフランス・ノルマン系の文化が融合して、独自のイングランド文化が、時間をかけて形成されてくることになるのである。

しかし短期的にみた場合、重要であったのは、征服者とその貴族たちは、ノルマンディを放棄してイングランドにやってきたのではなかったという事実である。彼らは依然としてその地に土地と権益を保有しており、フランスにおける封建制社会の展開と国家の形成に強い関心をいだいていた。ウィリアムはイングランド王になったとはいうものの、依然としてノルマンディ公であり、この資格においてはフランス王の臣下であって、事実、その晩年の十五年間はノルマンディで暮らし、王権拡張をくわだてるフランス王フィリップ一世との交戦中に死去するのである。その意味で「ノルマンの征服者」たちにとってあくまでも本拠はノルマンディであり、イングランドはその「属領」としての地位におかれることになった事実をみのがしてはなるまい。

国王となったものの、アングロ＝サクソン人の抵抗が強かったため、ウィリアムがイングランドを征服するにはかなりの時間がかかった。一〇七二年ころまでに北部までを制圧したウィリアムは、アングロ＝サクソン貴族の土地を没収して、前述のように、それを自分の部下のノルマン人の有力貴族や高位聖職者に与えていった。そのさい、土地を与える代償として、王が要請した場合には、平時には年に四十日、戦時には年六十日、一定数の騎士を率いて戦場にはせ参じることを約束させた。征服前のイングランドにおいてもかなりの封建化が進んでいたけれども、このような軍役奉仕はおこなわれていなかった。この軍役奉仕が導入された点からみて、「ノルマン人の征服」はイングランドにおける封建制社会の成立を告げる事件であったと考えられている。この過程で、国王から直接土地を授けられたものを直接受封者《テナント・イン・チーフ》、そして彼らのうちの有力者を諸侯《バロン》とよぶ。

集権的封建国家の出現

しかしながらここで強調しておかなければならないのは、イングランドの封建制社会、ならびにそれを基礎として築きあげられた封建制国家は、大陸においてみられたものとははっきり異なる特徴をもっていたことである。そのことは、つぎの二つの事件にきわめて象徴的に示されていた。

第一は『ドゥームズデイ・ブック』の作成である。一〇八五年ウィリアムは全国の土地の調査を指示し実行に移した。各州ごとに、征服前と現在の領主の名前と保有面積、犂《すき》の数、自由農民・非自由農民の数、共同地（森林、牧草地、放牧地）の面積、各土地の評価額、その潜在的な経済的価値などを詳細に調べあげて記録し、二巻にまとめたものが、『ドゥームズデイ・ブック』である。その作成の目的は、徴税とヴァイキング（デーン人）の侵入にそなえることにあったが、注目すべきは、その調査が、国王からの直接受封者の土地だけでなく、彼らの陪臣の土地もふくめたイングランドの全土におよんでいることであって、それはすでにこの時点において国王権力が国土のすみずみにまで浸透していたことを物語っている。

つぎの第二は、「ソールズベリの誓い」とよばれる事件である。翌八六年に、ウィリアムはソールズベリ平原に直接受封者だけでなく「だれの家臣であれ、イングランドにおいて地位のあるすべての土地保有者」を集めて、直接国王である自分への忠誠の誓いをさせた。自分の直接の臣下をこえて陪臣にたいしてまで忠誠の義務を課すことは、本来の封建制社会の基本原理に反することであった。これは外国からの侵入の危機にそなえる目的があったにせよ、まさしく征服王朝ならではのことであり、成立したイングランドの封建制社会が、きわめて集権的な性格の強いものであったことを明示したできごとであった。

このような集権的な性格は、教会との関係においても、示されている。ウィリアムはイングランドへの侵入にあたって、教皇の承認をえていたにもかかわらず、教権が俗権にたいして優越することに警戒する姿勢をとった。教会の上層部の人事を広範にわたって差しかえたことは、前述したところであるが、王はみずから教会会議に臨席しただけでなく、司教の叙任権を掌握しつづけた。そしてこれまで同じ地位にあった二つの大司教座のうち、カンタベリのそれがヨークのそれよりも優位に立つものであることを明確にした。ちょうどこの「ノルマン人の征服」の数年後に、グレゴリウス七世がローマ教皇となり、「カノッサの屈辱」事件にみられるように、教権の俗権にたいする優越を主張して、教会の大改革にのりだし、ヨーロッパ史に大きな波紋をまきおこすのであるが、イングランドにおいては教権と俗権の一体化、いな、王権による教会支配の傾向が、この「ノルマン人の征服」を原点としてしだいに強化されていくのである。

ノルマン朝の最後

ウィリアムは、長子のロベールにノルマンディ公領を、三男のウィリアムにイングランド王位を、そして末子のヘンリには多額の金銭をのこして死去した。長男にノルマンディが与えられているところに、イングランドの地位が象徴的に示されている。しかし当時ははっきりした王位継承規定がなかったため、征服王の死後、王位継承をめぐる争いが生じた。しかもノルマンディをめぐってはフランス王権との紛争もあり、王位はきわめて不安定であった。即位したウィリアム二世（在位一〇八七〜一一〇〇）は、兄のロベールが十字軍に参加するにあたって一時ノルマンディを託されたため、父王と同様にイングランドとノルマンディをあわせて統治することができたが、ロベールが帰国する以前に不慮の死をとげた。そこで末子のヘンリ（一世、在位一一〇〇〜三五）が一種のクーデタをおこし、戴冠式をあげて、王位についた。

しかしこの王位継承にはロベールをはじめとして反対が強かった。そこでヘンリは、即位にあたって「戴冠憲章」を発布して、過去の法慣習、とりわけエドワード懺悔王の伝統を尊重して、貴族との協調を保つことを約束した。ヘンリは名君のほまれ高く、アングロ＝サクソン人ならびに教会とも良好な関係をうちたて、有力な諸侯をおさえるために、ノルマン系の下級官僚を登用し、中央統治機構の整備につとめ、過去の法の伝統を明らかにするために法典の編纂《へんさん》事業にも手をつけた。中心的な官庁として、財務府《エクスチェカー》が出現してきたのも、彼の治世においてである。このような改革は、ノルマン朝の国王たちがイングランドを留守にすることが多かったために、国王がいなくても統治がとどこおりなくおこなわれる必要があったためであった、と考えられている。

しかしヘンリは嗣子《しし》ウィリアムを船の難破で失うという不幸にみまわれた。また神聖ローマ帝国皇帝ハインリヒ五世にとつがせた娘のマティルダが、夫を失ったため、ヘンリはいそいで彼女をフランスの有力貴族のひとりアンジュー伯にとつがせ、ふたりのあいだに息子がうまれたのを知って、安心して世を去った。ところがヘンリの甥《おい》のスティーヴンが、前王の意向を無視して、部の諸侯とロンドン市の支持をえて即位した。男まさりであったマティルダはこれを認めず、イングランドは貴族を二分する内乱状態になった。この間にマティルダの夫は死に、一一五三年スティーヴンとマティルダの息子のアンジュー伯アンリとのあいだに協約ができて、前者の死後アンリがイングランドの王位をつぐことになった。しかしこの内乱の過程で、両陣営が味方をふやすために貴族にさまざまな特権や領地を与えたことが、有力な諸侯の台頭と無法行為を許すことになり、将来にわざわいの種をのこすことになった。

「アンジュー帝国」の成立

一一五四年アンジュー伯アンリはヘンリ二世（在位一一五四〜八九）として即位し、ここにプランタジネット朝（一一五四〜一三九九）がはじまった。新王朝の名称は、アンジュー家の紋章がプランタ・ジェニスタ（えにしだ）であったことに由来する。

即位する以前にヘンリは、父親からノルマンディをゆずりうけ、しかもフランス王ルイ七世がアキテーヌ公の女相続人であったアリエノール（イリナ）を離婚すると、すぐさま彼女と結婚して、フランス西南部の広大なアキテーヌ公領を獲得していた。こうして彼はイングランド王位だけでなく、相続と結婚をとおして大陸において広大な領地を獲得したのであった。ここにフランスの西半分に、ノルマンディからピレネ山脈にいたる巨大な複合国家（「アンジュー帝国」）が出現し、イングランドはその一部に組みいれられたのである。

この「アンジュー帝国」の領地はかの神聖ローマ帝国に匹敵するほどの広さであり、これにくらべると当時のフランス王はパリを中心とする地域とブルゴーニュ地方を支配しているにすぎなかった。ところが封建法のうえでは、ヘンリはあくまでもアンジュー伯であって、自分よりもはるかに狭い面積の領地をおさえていたフランス王家（カペー朝）のひとりの封建家臣にすぎなかった。ここにこれから数世紀にわたって展開することになる複雑な英仏関係の起点があった。

「アンジュー帝国」といっても、ヘンリにはこの帝国を一体として統治する意志も余裕もなかった。彼は自分の統治下におかれた諸地域の慣行や伝統を尊重して、それぞれの地域の秩序を確保しようとした。したがってイングランド王になったとはいうものの、ヘンリの生活と統治の中心はあくまでも大陸、とりわけ本拠であるアンジュー伯領におかれていた。イングランド王としての在位三十五年間に彼がイングランドにいたのは、のべにしてわずかに十三年間にすぎず、しかも一年以上にわたって滞在したことはなかった、とみられている。

ところが彼の治世において前代の無政府状態は克服され、ますます集権化の度合いを強める改革が進められるのである。そのおもなものをあげれば、まず軍制の改革がある。これまでの信頼性に欠ける封建騎士軍に頼ることをやめて、かわりに軍役代納金制度を精力的に施行し、その資金で国王直属の傭兵隊を編成した。さらに一一八一年の「武装勅令《ちょくれい》」をだして自由民による一種の国民皆兵制度を採用した。これによって国王の支配は自由農民にまでおよぶことになり、封建制社会の花形であった

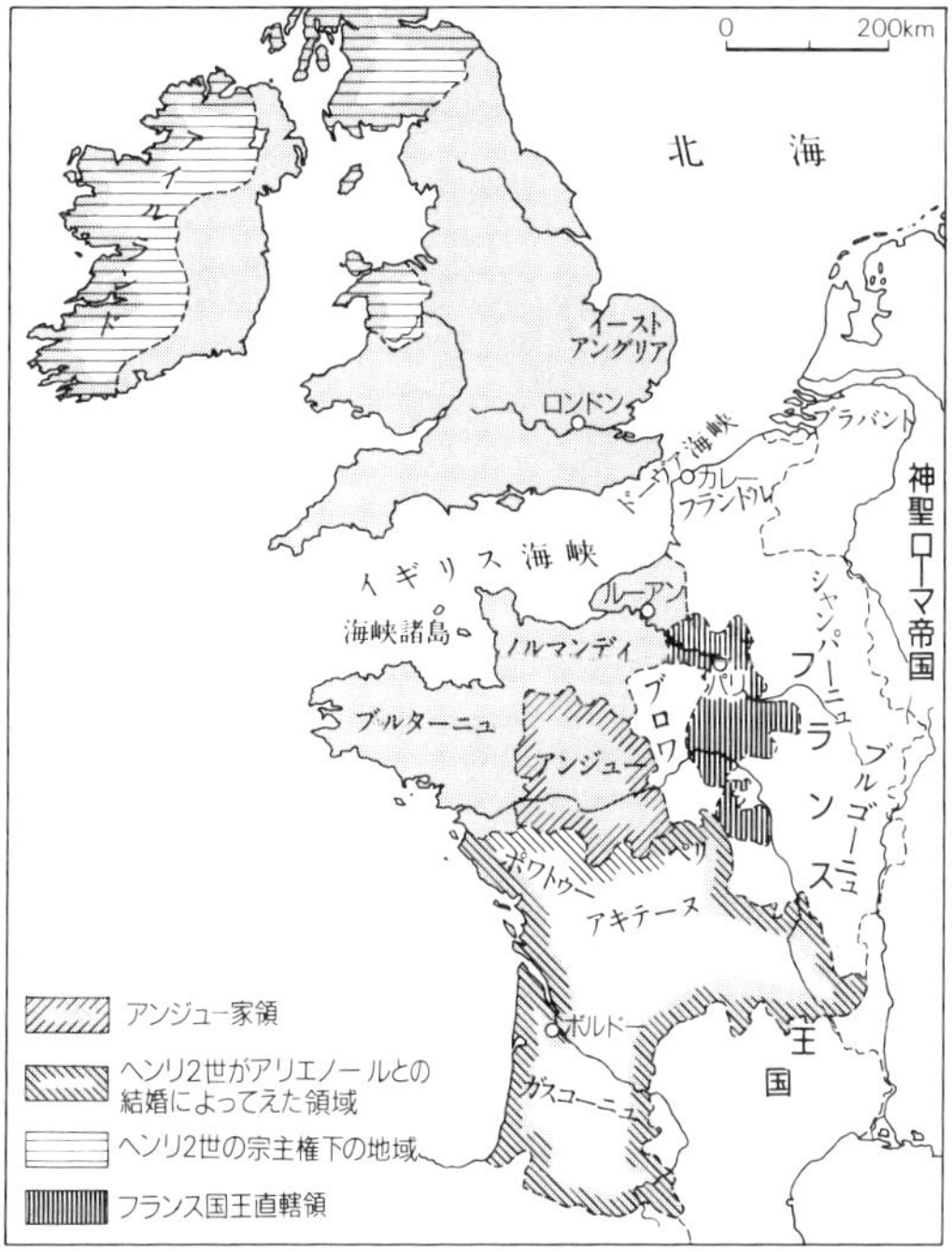

アンジュー帝国

騎士はその軍事的な機能をいちじるしく弱められることになった。

またヘンリの統治の関心は地方社会にもむけられ、州長官《シェリフ》やその他のおもだった役人にたいする審問がおこなわれて、公私の混同にたいしてきびしい追及の手がのびた。この結果、それまでの有力諸侯出身の州長官などは交替させられ、かわって国王の宮廷役人が任じられて、集権化はいっそうの進展をみせた。しかしながら集権化という面で一番効果のあったのは、司法制度の改革であった。国王裁判官が地方を巡回して裁判をおこなう制度は、すでにノルマン朝の時代にもみられたが、ヘンリはそれをさらに徹底させた。そのうえその事件がおこった場所の住民の事実認定を重んじるために、住民代表による陪審制度を採用した。こうした改革によって領主裁判権にたいする国王裁判権の優位は決定的になり、国王裁判所の地位は向上し、また判決の地方的な差異を解消するために、全国土に共通の法としての「コモン・ロー」が成立してきた。このようにして司法のもつ重要性は増大し、それにともなって業務もふえたが、その処理を助けるためにヘンリは、軍役奉仕の義務から解放されて地方に土着した騎士であるジェントリ層に協力をあおいで、彼らを動員する体制をとった。

このようにみてくると、プランタジネット朝の成立とともに、イングランド王は大陸に広大な領土をもつようになった、とする通説の理解は、実状を伝えていないというべきであろう。イングランドは「アンジュー帝国」のなかに組みいれられたのであった。実際、国王とはいってもヘンリがイングランドに滞在したのは、前述のとおりごく短期間にかぎられ、治世の大部分は彼はその広大な国土を、宮廷をひきつれて巡回していた。ところがこのヘンリの治世においてイングランドでは国制の改革がおおいに進み、近代に継承される制度の多くがととのえられた。それはヘンリにとって、フランス王に対抗するには、豊かな植民地ともいうべきイングランドが不可欠であったためであり、また一種の植民地行政であったがゆえに、逆に改革が比較的容易に実現したのではないかと考えられる。

ヘンリの改革が実現できなかった唯一の領域は、教会の問題であった。彼は教会にたいしても刑事裁判権を拡張しようとして、以前は親友であったカンタベリ大司教ベケットと争う羽目におちいり、一一七〇年刺客をおくってカンタベリ大聖堂の内部でベケットを殺害してしまった。これは彼の生涯のぬぐいきれない汚点となった。

このようにその統治においてめざましい成果をあげたヘンリではあったが、私生活における彼はきわめて孤独であった。夫婦、親子、兄弟のあいだでいさかいが絶えず、陰謀と背信行為がその宮廷を支配した。とりわけ成人した息子に自由になる収入を彼が保障しなかったことが、息子たちを謀反にはしらせた。反乱をおこした息子と屈辱的なかたちで和議を結ばねばならなくなった二日後に、ヘンリはこの世を去った。

ヘンリの後をついだのは父にそむいたリチャード一世（獅子心王《しししん》、在位一一八九〜九九）であった。彼は父親以上にイングランドにいることは少なく（十年の在位中にわずか六カ月）、みずから「キリスト教的騎士」であることを誇りにして、一一八九年第三回十字軍に参加し、その帰国の途中、ドイツ皇帝の捕虜となり、長い囚《とら》われの生活をおくった。そして最後はノルマンディの奪還をねらったフランス王フィリップ二世との交戦中に戦死した。これらの遠征と戦争の費用、そのうえ捕虜の身から釈放されるための身代金は、すべてイングランドに重い負担をしいることになり、つぎの弟ジョンの治世における諸侯の反抗の原因となった。

第3章 「マグナ・カルタ」と議会の登場

「マグナ・カルタ」の制定事情

リチャードのあとは、末弟のジョン（在位一一九九〜一二一六）がついだ。彼が即位してまもなくアンジュー家の本拠であるアキテーヌ地方の豪族が反抗をおこし、王権の拡張をくわだてていたフランス王フィリップ二世が、その後おしをしてそこに介入してきた。このフランス王の攻勢にジョンは対抗することができず、ついにフランスにおけるアンジュー家とカペー家の勢力関係は逆転してしまい、ジョンはフランス王フィリップ二世から大陸における所領の没収を宣告された。その結果、アンジュー家は、大陸とイングランドに足場をもっていた一大複合国家の肝心の中枢部というべきノルマンディを失い、イングランドと、大陸においてはロワール川以南のアキテーヌ南部、ガスコーニュのみがのこされるだけとなった。こうしてヘンリ二世が築きあげた「アンジュー帝国」は、あっけなく崩壊《ほうかい》した。

そのうえジョンはカンタベリ大司教の選任をめぐって対立したローマ教皇から、一二〇八年イングランドの教会の聖務停止の処分をうけ、さらに翌年には彼自身も破門されてしまった。このようなローマ教会との対立は、国内で動揺をうんだため、ジョンは和解の道をさぐらねばならなくなり、多額の賠償金のほかにイングランドの国土全部を献上して許しをこい、あらためてそれを封土としてうけるという失態を演じた。さきのフランスにおける所領の喪失《そうしつ》にかさなるこの失態のゆえに、彼は「失地王《ザ・ラックランド》」とよばれたとされることがあるが、それは間違いである。末子としてうまれたジョンは、父親ヘンリ二世が息子たちに領地をわけ与えたとき、なにも与えられなかった。したがって「失地王」ではなくて、すでに即位の時点において「欠地王」であったのである。

このジョンの治世において締結されたのが、有名な「マグナ・カルタ」(大憲章)である。成文憲法をもたないイギリスにおいては、「マグナ・カルタ」は「権利請願」(一六二八年)と「権利章典」(一六八九年)とならんで「イギリス国制の基本法典」という高い評価が与えられている。しかしこのように重要視されるようになったのは、はるかに時代ものちの十七世紀以降のことであって、「マグナ・カルタ」の内容は、けっして後世において理解されたようなイギリス国民の権利証書といった性格のものではなく、しかも最初の「マグナ・カルタ」じたい、制定直後に無効とされた程度の文書であった。そしてこれがジョンのつぎのヘンリ三世の治世の一二一七年に、第三次の修正をうけて再交付されたときに、その内容から狩猟林にかんする条項だけが独立して「御料林憲章」という別の勅許状《ちょっきょじょう》(カルタ)となり、のこされた部分のほうが大きかったために、「大」(マグナ)を冠するようになったのである。この点からみても、「大憲章」という訳語から連想されるようなこの憲章にたいする評価は、制定当時のものとはちがうものであることに留意しなければならない。

「マグナ・カルタ」が調印されたのは、一二一五年六月十五日のことであったが、前述のジョンの失政が直接の契機をなした。すなわちジョンは父と兄からうけついだノランス内の領地を失い、おまけにたびかさなる戦争によって支出をよぎなくされた財政の悪化に対応するために重税を課して、ひろく国民の不満をかっていた。それにもかかわらずジョンは無謀にも失われた領地の回復をめざして対フランス戦争を再開し、一二一四年フランドル地方のブーヴィーヌの戦いで壊滅的な敗戦をこうむってしまった。この敗戦の知らせに諸侯の不満が最高潮に達して、反国王勢力の結集がはかられ、諸侯の一部は「ジョンを国王と認めず、またみずからを彼の臣下とは認めない」むねの宣言をだして、公然と反抗的な態度にでたが、これにロンドン市も同調して、五月十七日不満をいだいた諸侯にたいしてその城門を開いた。しかしながらまだこの段階では、「マグナ・カルタ」のような文書は用意されてはいなかったようである。王権の側の代理人との会談をかさねて協議の内容がに

「マグナ・カルタ」　1215年6月15日に調印された「諸侯たちの要求事項」とジョン王の印章。

つまってくるとともに、種々の要求がつけ加えられて、最終的に六月十五日、ウィンザ宮殿に近いテムズ河畔のラニーミードにおいて、諸侯の代表とジョンが会見して、「マグナ・カルタ」は調印・発布されたのであった。

「マグナ・カルタ」の性格

今日みる「マグナ・カルタ」は、全体が六十三条に分類されているが、それは後世の学者のしたことであって、最初はただざまざまな要求が羅列された文書にすぎなかった。そこには原理的な要求もあれば、個別具体的な不満もみられる。大別すると、教会の自由にかんするもの、ロンドン市の特権、民事・刑事の裁判にかんする事項、役人の職権乱用にたいする批判、度量衡の統一の要求、狩猟林について、などが、その内容をなしている。しかしながら後世、「マグナ・カルタ」が重要視されるようになったときに注目を集めたのは、特定の条項であって、けっしてその全体ではなかった。

まずその一つは第十二条であるが、「いっさいの楯金（軍役代納金）もしくは援助金は、朕《ちん》の王国の一般評議会によるのでなければ、朕の王国においてはこれを課さない」というこの条項は、課税にたいする議会の同意権を認めたものと解釈された。しかし、ここにある「一般評議会」というのは、第十四条にその招集方法が明示されているところから明らかなように、国王の直接受封者《テナント・イン・チーフ》である諸侯をメンバーとする会議をさしていた。なにしろ肝心の議会はこの時期には、まだ出現していないのである。

つぎに問題になったのは第三十九条であって、「自由人は、その同輩の合法的裁判によるか、または国法によるのでなければ、逮捕、監禁、差し押さえ、法外放置、もしくは追放をうけたり、またはその他の方法によって侵害されることはない」というのは、人権保護のための規定であるとするのが、後世の解釈であった。じじつこうした解釈は、近代にはいってからはイギリスの「権利請願」「権利章典」をはじめとして、多くの国の人権宣言などにうけつがれた。しかしここで対象とされているのは、あくまでも自由人だけであって、人口の九割以上を占める不自由人＝農奴は対象外なのである。したがってこの条項は、むしろ貴族は貴族以下の身分のものによっては裁かれないとする、同位者裁判の復活を要求することに、そのねらいがあった。

　このようにみてくると、「マグナ・カルタ」において重きをなしていたのは、貴族たちに課されていた「封建的な付随負担」を軽減してほしいという要求であったとみることができる。「封建的な付随負担」とは、所領の相続・譲渡にかんして、国王が上級の土地所有者として臣下にたいして行使する権利、土地の没収権、結婚権、後見権などにともなう負担をさす。財政の窮乏状態におちいったジョンは、この権利を以前よりも厳格に行使しようとしたため、諸侯はそれを自分たちの既得権にたいする侵害とうけとめ、この「マグナ・カルタ」をとおして既得権を回復しようとしたのであった。それはそのタイトルが示していたように、「諸侯たちの要求事項《アーティクルズ・オブ・バロンズ》」であったのである。しかしながら、だからといって「マグナ・カルタ」のもつ意義を過小評価するのも誤りであろう。というのも、たとえ意図的ではなかったにせよ、主君の名に値しない国王にたいして、一つの契約文書を締結して、被治者の側から国王の大権の行使に制限を加えようとしたこと、さらにそのよりどころとして既得権＝慣習が強調されたことは、後世における立憲主義のいしずえを築くのに貢献したという解釈をうむことになるからである。

ジョンは「マグナ・カルタ」に調印し、発布はしたものの、それを遵守《じゅんしゅ》する意志はもっていなかった。脅迫によって調印をしいられたと主張して、発布の直後に教皇インノケンティウス三世にその無効宣言をだしてもらった。しかし翌年の十月にジョンが病没したため、諸侯の反抗もその目標を失うことになった。一二一七年には、前述のように、御料林にかんする条項が切りはなされて、独立の「御料林憲章」とされたので、のこりの部分が「マグナ・カルタ」という通称でよばれるようになった。さらに二二五年の再発布をへて、その後もしばしば再確認がおこなわれた。その代表的なものが、九七年のエドワード一世による「憲章確認のための制定法」であり、これによってはじめて「マグナ・カルタ」は制定法記録簿に収められることになったが、それだけにとどまった。しかしこの古い「憲章」は、十七世紀以降の国王と議会の対立において、忘却の淵から思いおこされることになり、そこに新しい生命が与えられることになる。

議会の登場

ジョンの治世は、この「マグナ・カルタ」の制定以外にも、イングランドの歴史にとって一つの転機をなしたようにみえる。それは、前述したようにアンジュー家の所領であったノルマンディを失ったことと深くかかわっている。というのも「アンジュー帝国」の中核ともいえる部分が失われたために、支配層であった貴族はここに重大な選択をよぎなくされたからである。これまで「ノルマン人の征服」でイングランドにやってきた彼らは、イングランド以外に大陸にも所領を保有していた。ノルマンディを失った彼らは、あらためてイングランド王に忠誠を誓ってイングランド貴族にとどまるか、それとも大陸に帰ってフランス王に帰順してその貴族になるか、選択の岐路に立たされたのである。

ここで大陸へ帰ることを選んだ貴族のほうが数のうえでは多かったようであるが、イングランドにのこった貴族は、これ以後国王を中心にしてイングランドの統治に専念する傾向をみせはじめることになる。もっともだからといって、彼らが最初から大陸における所領の回復とその支配を断念してしまったわけではない。しかし大陸においてフランス王への抵抗が挫折するたびごとに、逆にイングランドの国内の政治体制の整備が進み、そこに大陸の法体系から切りはなされた、イングランドの「共通の法」である、「コモン・ロー」による一体化が進行することになって、明らかに独自性をそなえた国家がうまれてくることになるのである。

そのような変化の過程において、十三世紀後半には、国制に注目すべき一つの変化があらわれた。議会の出現がそれである。議会の成立事情は、つぎのようなものであった。「征服王」ウィリアムは、アングロ゠サクソン時代に国王の諮問機関であった「賢人会議」にかえて、「クリア・レギス」という、直接受封者を構成員とする合議体を設けた。それが時代を追うにつれて肥大化してきたため、全体会議である大会議と複数の小会議に分化した。後者の小会議は、しだいにそのメンバーが固定されて、「国王の評議会」とよばれるものにかわっていき、またそこから多くの裁判所やさらには行政機関が派生してくることになる。ところで一方の大会議こそは、「マグナ・カルタ」に規定のあった「王国の一般評議会」にほかならなかった。この会議の主要な機能は、国王からの諮問《しもん》に応じて「話し合い」をすることにあり、けっしてみずから意志を決定する合議体ではなかったが、この一般評議会の特定の会合に、フランス語の「話す《パルル》」に由来するパーラメントというよび名が使われるようになったのは、十三世紀なかばのことであった。

このように、初期のパーラメントは、あくまでも国王から直接に土地を授封していた封建的な貴族たちの会合である封臣会議にすぎず、後世にみられたような代議制の機関とは無縁な存在であった。この封臣会議に、なんらかのかたちで国民の代表といえるものが加わることによって、議会が成立してくるのである。

イングランドにおいて議会の成立を可能にした歴史的な条件としては、「ノルマン人の征服」以降、イングランドの地方制度が整備されたことに求められる。ウィリアムはその集権的な封建制をいっそうかためるためにアングロ＝サクソンの地方制度の遺制を極力利用することにつとめた。ついでプランタジネット朝の開祖ヘンリ二世の治世には、前述のように司法・行政の組織化がいちだんと進み、国王の裁判官による巡回裁判がおこなわれるようになった。また一一六六年の「クラレンドン勅令《ちょくれい》」などによって、それぞれの州において騎士による陪審員の制度が刑事と民事の訴訟において機能しはじめた。

このような地方統治の変化の背後にあった社会的な条件としてあげねばならないのは、「ジェントリ」とよばれた社会層が成立したことである。前述したように、封建社会における下層の貴族であった騎士が土地を授けられたのは、一定期間の軍役奉仕にたいする代償としてであった。ところがイングランドで羊毛の生産が伸長し、その輸出国としての地位が高まるにつれて、ヨーロッパの他のどこよりも早く貨幣経済が浸透してきた。それに応じて、軍役代納金の制度が導入されると、騎士たちはそれを支払うことによって本来の土地保有条件であった軍役奉仕の義務から解放されて、地方に土着して土地の経営にあたるようになった。それが「ジェントリ」である。

「マグナ・カルタ」に象徴されるような諸侯の反抗に手を焼いた王権は、この地方に根をおろしたジェントリ層と積極的に手を握るのが得策であると考え、彼らに地方統治の担い手としての役割を期待した。そこで彼らの代表が、治安維持官（のちの治安判事）に任命され、また巡回裁判における陪審員となって、ここに無給のアマチュア行政官による「名望家支配」の体制が、地方統治において成立した。

陪審員に選ばれた騎士は、ただ裁判に関与するだけでなく、州長官を助けて、自分の州と中央との連絡役をもつとめた。その背景には、アングロ＝サクソン時代からの遺制である、州の住民たちの集会としての州裁判所があった。そして住民たちの代表がこの裁判所でおこなわれたことを報告するために、中央の宮廷にやってくるようになったのは、十二世紀末以降のことであった。最初は個々に中央に派遣されることが多かったが、一二一三年、はじめてジョン王が「朕の王国の政務について話し

議会に臨席するエドワード１世　聖俗の貴族と地域共同体の代表のほかに下級聖職者の代表も出席していたので，「モデル・パーラメント」とされた。

合う」目的で、各州からそれぞれ四人ずつの騎士をウェストミンスタ宮殿に招集したといわれている。

　このような前例がつみかさねられ、それがしだいに慣習となって、州を代表する騎士と、この過程で特許状を与えられて自治体として州から独立した都市《バラ》を代表する市民が、前述の「パーラメント」に加えられた。しかしながら騎士も市民も、彼らが代表したのはそれぞれの州ないし都市という地域共同体であって、そこに住む住民ひとりびとりを代表するものではなかった。「中世的な代表制」というのは、このことをさしている。

　このようにして成立してきた議会は、後世の議会のような立法機能をはたすことはなかったので、まだこの時期の議会を立法府とみることはできない。国王が議会に期待したのは、あくまでも臨時の課税要求に協賛・同意をしてもらうことにあった。さきの「マグナ・カルタ」の制定以来、国王と諸侯の対立は、ヘンリ三世の専制的な政治にたいする貴族を中心にした批判もあって、きびしさの一途をたどった。貴族のなかには改革委員会をつくって、国王の政治を監視する動きもでてきた。こうした情勢のなかで国王も、またそれに対抗した諸侯も、州騎士ないしはその後身である「ジェントリ」層を味方につける必要があったため、議会の招集回数もふえた。

その意味で貴族党の首領であったシモン・ド・モンフォールが、各州から四人の州騎士、各都市から二人の市民を加えて招集した、一二六五年と翌年の議会も、議会の歴史のうえでかならずしも画期的なものとはいえず、以上に述べた先例に従っただけであって、これからのちにも、地域代表を欠いたもとの封臣会議のほうが多く開かれた。地域共同体の代表が完全に議会の成員とみなされるようになるのは、エドワード三世の治世（一三二七〜七七年）からであるとみられている。

ところでこれよりもさきの一二九五年にエドワード一世（在位一二七二〜一三〇七）が招集した「模範議会《モデル・パーラメント》」も、その「模範」という訳語は誤解を招きやすい。というのは、この議会には、これまでの議会の構成員であった聖俗の貴族（聖職貴族とは、大司教、司教、修道院長などの高位聖職者をさす）と地域共同体の代表（州騎士と市民）のほかに、下級聖職者の代表も加えられていた。下級聖職者の代表が加わっていたために、この議会は当時のイングランドの身分制的な社会構成の「モデル」とみられたがゆえに、「モデル」議会であったのであり、けっして後世の議会の「模範」ではなかったのである。

二院制の成立

イングランドで議会が徐々にかたちをととのえていったのとほぼ同じ時期に、ヨーロッパ大陸の諸国でも議会が姿をあらわしている。それらの議会は、フランスの「全国三部会」が典型的に示しているように、聖職者、貴族、庶民という身分別の構成をとるのがつねであった。ところがイングランドではその議会は身分別の構成をとることはなく、二院制の議会へと発展していった。

その原因としてあげられるのは、つぎの二つである。まず第一は、下級聖職者が議会から脱退したことである。下級聖職者の代表は、議会に招集されるようになったものの、課税負担の審議に俗人といっしょに関与するのをいさぎよしとせず、十四世紀にはいると議会への出席をことわるようになり、カンタベリとヨークの二つの大司教管区を単位として、それぞれ「聖職者議会《コンヴォケーション》」をつくった。この下級聖職者の議会からの脱退によって、イングランドでは聖職者身分が議会において一つのまとまった身分として行動する途《みち》は閉ざされてしまったのである。

第二の原因は、州を代表する騎士と都市を代表する市民とのあいだに一体化が進んだことである。騎士が軍役代納金によって土着してジェントリとなり、地方行政の直接の担当者になったしだいは、前に述べた。一方、都市は国王から特許状を授けられて、州から独立した自治の単位として認められたが、その市民と周辺のジェントリとのあいだには婚姻関係や市民の土地購入をつうじてしだいに交渉が深まり、両者のあいだに融合が進んだ。そのうえイングランドが長子相続制をとる国であったことも、この傾向に拍車をかけた。

またイングランドの基幹産業である羊毛と毛織物の取引きの増大に目をつけた王権側の課税要求が、議会における討議の主要な問題となったことも、ジェントリと市民のあいだに共通の利害を育てた。

このような事情がかさなって、いずれも地域代表であった州騎士と市民がしだいに行動をともにするようになって、聖俗両貴族との分離が決定的になり、イングランド議会は「貴族院《ハウス・オブ・ローヅ》」と「庶民《ハウス・オブ・》院《コモンズ》」の両院で構成されることになった。ただし「庶民院」という訳語は、かならずしも実態には即さない。というのもたしかにその議員たちは、貴族ではなかったが、けっして一般の「庶民」ではなく、ジェントリと法的な資格をそなえた上層の市民にかぎられていた。「庶民院」の原語にある「コモンズ」とは、彼らが州と都市という地域共同体の代表であったことを示す言葉であった。このような理由から、以後この「庶民院」を「下院」とよぶことにしよう。

第4章　島国への回帰

ウェールズ・アイルランドへの勢力拡張

これまでみてきたように、「アンジュー帝国」の一部に組みこまれたイングランドは、大陸において野心と利益を追求するアンジュー家にとっては、その植民地にして補給基地といった性格をもっていた。ところが前述のとおりジョンの治世に、アンジュー家が北西部フランスにおける領地を失ってしまったことは、イングランドの歴史に新しい転機をもたらした。「帝国」の北と南をつなぐ中心地帯がフランス王権の手に落ちたため、イングランド王は、海峡をこえた「帝国」を支配するのを断念して、あらためてイングランドのみの統治に専念するのをよぎなくされたからである。言葉をかえれば、島国へ復帰して、それをとおしてグレート・ブリテン島の国家的な統合を推進するという課題が、国王をはじめとするイングランド支配階級の当面の追求目標になった。しかしながら他方において、大陸における失われた所領を回復したいとする要求も、なかなか完全には消え去らない。このことが

十四、五世紀の二百年ほどのイングランドの対フランス政策を規定していったのである。

ところで時代はややさかのぼるが、十一世紀以降のヨーロッパは、その中心部における封建制社会の成熟とともに、三つの方向にむかっての膨張を開始していた。その一つは周知の十字軍運動であり、つぎはイベリア半島を舞台とするイスラム勢力からの「国土回復運動《レコンキスタ》」、そして最後がエルベ川のかなたへのドイツ騎士団による東方植民である。そのなかにあって、ユーラシア大陸の沖合に位置したイングランドは、前述したようにヘンリ二世の子のリチャード獅子《しし》心《しん》王などが十字軍に参加したことがあったとはいえ、そのおもな発展の方向を西にとり、ウェールズ、アイルランドにその膨張の対象を求めたことが特徴的であった。

ウェールズの場合、ヘンリ一世の治世に、ウェールズをイングランド王国の一部に組みいれる政策が積極的に開始されることになった。すなわち国王は統治の拠点としての直轄領をウェールズに設けるとともに、それまでにはいりこんでいたイングランド系の領主を王権に帰順させ、またあらたに多くの腹心の臣下をおくりこんだ。そのうえ勇猛な抵抗を試みたウェールズ人領主にたいしては、既得権を認めながらも封建家臣として従わせる方針をとった。しかし北西部のスノウドニア山系にはケルト系民族の勢力がなお根強く残存しており、豪族ルウェリン・アプ・グリフィズのもとに結集した。そしてルウェリンは「ウェールズ大公」を名乗って、イングランドにたいするケルト系民族の独立を求める戦いの象徴的な位置についた。ヘンリ一世がいったんは彼の地位を認めたために、あたかもウェールズは独立国であるかのごとき観を呈していた。

このウェールズにたいして、本格的な征服戦争が開始されたのは、エドワード一世（在位一二七二～一三〇七）の治世においてであった。ルウェリンにたいして宗主権を要求して、チェスタから北ウェールズ海岸にそって大軍を進めたエドワード一世は、頑強な抵抗に苦しみながらも、ついにルウェリンを屈服させることに成功し、のこされたウェールズ豪族の抗戦も平定して、ウェールズの宗主権を獲得し、属領とすることができた。

なおこの戦闘中に、国王は攻撃用に構築したカーナーヴォン城でうまれた皇太子に「ウェールズ太子」の称号を与えたのが、以後皇太子を「プリンス・オブ・ウェールズ」とよぶことになる起源であるとされている。しかしその後もウェールズ人の抵抗は、根絶されたわけではなく、十五世紀のはじめにも大反乱が生じている。そして一五三六年、テューダー朝のもとで、ウェールズはイングランドに完全に統合されることになるのである。

つぎにアイルランドの場合はどうであったろうか。海をこえてアイルランドにイングランドの勢力がおよんだのは、プランタジネット朝の始祖ヘンリ二世の治世のことであった。ときの教皇ハドリアヌス四世からアイルランド支配権を承認されたヘンリ二世は、一一七一年みずから兵を率いて遠征し、土着のケルト系民族の帰順をかちえた。

しかしアイルランドへのイングランド勢力の浸透が本格化したのは、ジョンによる遠征後のことであって、ダブリンにイングランドの出先機関がもうけられ、イングランド人の入植者がしだいに数をました。そしてダブリンを中心にする東南部には、十四世紀に「ペイル」とよばれた地帯がつくられて、ケルト系の勢力はそこから完全に排除されて、イングランド支配の拠点となった。しかしイングランド系の入植者にもしだいにケルト化するものもでたり、またいったん土地を手にいれても帰国して不在地主となるものも多く、中世におけるイングランドのアイルランド支配は、まだ本格的な植民地化を実現したものとはいえなかった。アイルランドの植民地化政策が、急ピッチで遂行されるようになるのは、やはりテューダー朝にはいってからのことである。

スコットランドの抵抗

グレート・ブリテン島の統一という課題の追求にとって最大の障壁として立ちはだかったのは、島の北に位置したスコットランドであった。グレート・ブリテン島の周縁部に追いやられたケルト系民族のなかでは、スコットランドがもっとも政治的に統合が進んでおり、「部族《クラン》」に結集した地方的な豪族は存在したものの、その国王の威信は比較的すみずみまで浸透していた。「ノルマン人の征服」後、この地方にもノルマン勢力と封建制の移植が進められるとともに、イングランド王権はスコットランド王にたいして宗主権を要求しつづけ、スコットランド国王は表面的にはイングランド国王に臣従するかたちをとらざるをえない状況におかれた。

一二九〇年、スコットランドでそれまでのケルト系の王室が断絶したのを期にして、イングランドの介入がいっそう強まった。すなわちエドワード一世はあらためて宗主権の確認を求め、みずからの推す国王をおしつけたので、スコットランド側の反発が強まった。スコットランド人の抵抗は激しく、ウェールズやアイルランドとはちがって、イングランドの支配が国境をこえて内部に到達するまでにはいたらなかった。以後スコットランドはイングランドからの独立を強く要求して、フランスのカペー王家と提携する姿勢をとったため、そのことが逆にイングランド側に武力による征服行動をおこさせる要因となった。やがて勃発することになる百年戦争の背景には、このようなスコットランドの対フランス接近があったことをみのがすことができない。

このスコットランドの一種の独立戦争の過程で、イングランドにたいする徹底的な抗戦によって武名をあげたのが、ロバート・ブルース（ロバート一世）である。彼は一三二八年、イングランドとのあいだに恒久的な平和を約束する条約を結んで、ここにいちおうの独立を達成することができた。彼の血統をひいたのが、ステュアート王家であって、それは十七世紀にはスコットランドだけでなくイングランドの王位をかねるようになり、さらには現在のイギリス王家の祖ともなり、イギリスの歴史に大きな足跡をのこすことになる。

しかしいちおうの独立は達成したものの、スコットランドの国力は強大なイングランドに張りあっていくには、不十分であった。そのためフランスの助けを借りねばならず、そのことがこれからのイングランドとスコットランドの関係にも影を落とすことになった。

「百年戦争」の意味するもの

このようにイングランドがグレート・ブリテン島とさらにアイルランドまで、その勢力をのばそうとしたのは、大陸の領地を失ったことと深くかかわっていたのであって、いわば失われたものをつぐなうための行為であったとみることができる。したがってその過程であらためて清算をせまられたのが、大陸におけるフランス王権との関係であった。ノルマンディを失ったとはいえ、依然としてガスコーニュなどの領主であったアンジュー家は、封建法のうえではフランス王の臣下であったために、両者の抗争はつづき、十四世紀のエドワード三世（在位一三二七〜七七）の治世には、百年戦争が開始されることになる。

百年戦争の直接の原因は、エドワード三世の即位した翌年にフランス王シャルル四世が没してカペー朝が断絶してヴァロワ朝となったのにたいして、血統のうえでシャルルにもっとも近かったエドワードが一三三七年フランス王位を要求して兵をおくったことにあった。したがってこの戦争は王位継承をめぐる争いを発端とはしたものの、大陸において失ってしまったアンジュー家の所領の回復をめざすことが、イングランド側の動機において大きな比重を占めていた。そのうえ経済的にみれば、それは毛織物とぶどう酒をめぐる争いでもあった。すなわち、イングランドにとって羊毛の主要な輸出先であったフランドル地方と、ぶどう酒のおもな生産地であった南フランスのアキテーヌ地方の領有権の確保が争点となったからである。

しかし百年戦争とはいうものの、戦端が開かれた時点から一四五三年にいたるまでのほぼ百年間、絶え間なく戦闘がつづいたわけではなかった。中途で数回の和平交渉がおこなわれ、長い休戦の時期をはさんで、戦われたのが実状であった。

百年戦争　クレシーの戦い(1346年8月13日)においてエドワード3世の長弓隊は完勝をおさめた。

一三六〇年のブレティニの和議までの初期の段階は、戦闘はイングランド側に有利に展開し、「黒太子」エドワードの率いる長弓隊の活躍などによってフランス軍を圧倒した。しかし再開された戦闘においては、今度はフランス側が優勢で、イングランドはそれまで獲得した領土を失うことになった。そしてやがて戦費のための重税とペストの流行が、イングランド社会に深刻な影響を与えはじめ、後述するように一三八一年には農民一揆《いっき》が勃発し、九〇年代に専制化の傾向を強めたリチャード二世（在位一三七七〜九九）が廃位され、エドワード三世の第四子のランカスタ公がヘンリ四世（在位一三九九〜一四一三）として王位につき、ランカスタ朝（一三九九〜一四六一）に王朝は交替した。

つぎのヘンリ五世（在位一四一三〜二二）は、百年戦争にたいして積極的な姿勢をとり、アザンクールで勝利をおさめるなど、ふたたび戦局はイングランドが優勢を取りもどしたかにみえた。しかしヘンリ六世（在位一四二二〜六一、七〇〜七一）の治世になると、かの「オルレアンの聖処女」ジャンヌ・ダルクの出現によってイングランド軍は敗退をつづけ、ついに戦争は終局をむかえた。そして一四五三年のぶどう酒の輸出港ボルドーの解放によって、イングランド勢力は大陸から追いはらわれてしまい、わずかにのこされた領土は北端の港町カレーだけとなった。

一三八一年の農民一揆

ここで百年戦争が戦われている最中に、イングランドで勃発した農民一揆に目を転じることにしよう。まずその背景になったものとして、黒死病の流行による人口の大幅な減少を契機とする労働力事情の変化があったことをみのがすわけにはいかない。一三四八年ころに流行のきざしをみせはじめた黒死病（腺ペスト）は、そのあともしばしば流行をくりかえし、全人口の三分の一近くを奪ったとみつもられている。その結果、労働力が不足するようになり、生きのこった農民・労働者には有利な条件がうまれたが、政府はこれにたいして労働者規制法をだして最高賃金を定めて対抗した。

ところで百年戦争におけるイングランド側の代表的な戦士であった「黒太子」エドワードは、父王エドワード三世よりもさきに病没してしまったために、黒太子の長男で当時わずかに十歳であったリチャード二世が即位した。しかし摂政はおかれず、政府はきわめて弱体であったが、そこに戦費のための財政という困難な課題が課せられた。八〇年末、第三回目の人頭税の徴収が決まると、それが以前にもましてはるかに重いものであったため、ロンドンの周辺で不穏な空気が高まり、ついにエセックス州を中心にして農民一揆がはじまり、やがて一揆はケント州にひろがり、ここでこの一揆の中心

説教するジョン・ボール　左側最前列が，1381年の農民一揆の指導者ワット・タイラである。

人物となるワット・タイラが登場した。そして一揆の思想的な指導者として放浪の聖職者ジョン・ボールもあらわれて、「アダムが耕し、イヴが紡いでいたときに、いったいだれがジェントルマンであったのか」というスローガンをかかげて、支配者層にたいする攻撃をはじめ、農民に決起を訴えた。

ロンドンにはいった農民たちは、悪政の張本人とみなした政府高官の邸宅を焼いた。六月十四日ロンドンの東のマイルズエンドで農民たちと会見した国王リチャードは、農奴制の廃止、自由な売買、地代の固定などの農民側の要求をすべてうけいれたが、農民たちはカンタベリ大司教など政府高官数名を市内で処刑したばかりか、さらに徹底した改革の実現をせまった。国王に再度の会見を要求したタイラは、スミスフィールドで実現した会見の席で挑発にのって殺害され、指導者を失った農民たちは離散して、一揆は終わりを告げた。

この一揆でみられた農民たちの要求も、その大半は農民層の地位の向上に応じた既成事実の確認を求めたものにとどまり、あらたな改革を要求するものではなかったが、この一揆はイングランドの政治史に農民大衆が登場した最初の事件として、特筆に値するものであっただけでなく、イングランド社会の変質が確実に進行していることを明らかに示していた。

そのような変質の一つのあらわれは、イングランドがそれまでの羊毛生産国から毛織物生産国へ転換したことにも認められる。イングランド産の羊毛は、良質であるとの評判が高く、当時最良の毛織物生産地帯であった対岸のフランドル地方に輸出されて、原料として利用されており、羊毛輸出の増大に目をつけた王権は、関税を設定して、おおいに財政をうるおした。現在もなお、議会の貴族院の議長（大法官）席におかれている、羊毛をつめた巨大なクッション（「ウールサック」）は、イングランドの財政がいかに羊毛の輸出におうところが大きかったかを示す歴史的な遺物である。

ところが商権をめぐってフランドルとのあいだでしばしば紛争が生じたため、国の内外に指定市場《ステイプル》制度がつくられたが、百年戦争の敗北によって大陸との関係が希薄になると、大陸のそれはのこされた唯一の拠点カレーに移され、そこを足場にして「輸出羊毛指定市場商人組合《マーチャント・ステイプラーズ》」が独占団体として活躍した。

しかし十四世紀になると、イングランドにおいても輸出むけの毛織物生産が、最初は都市で、ついで都市ギルドの規制の網の目をのがれた農村において、めざましい発展をみせるようになり、しだいにフランドル産の毛織物の有力な競争相手になった。そして十五世紀の三〇年代には、毛織物輸出が羊毛輸出を量的にも上まわるようになり、イングランドは毛織物生産国としての地位をかためた。そしてこの毛織物輸出を担当するものとして「冒険商人組合《マーチャント・アドヴェンチュラーズ》」の活躍がはじまった。

イングランド社会の変質

百年戦争の敗北は、十一世紀の「ノルマン人の征服」以来、大陸国家としての性格をもってその歴史を展開させてきたイングランドにとって、ジョンの治世におけるフランス北西部の喪失《そうしつ》にもまして、大きな転換を意味することになった。大陸国家としてのイングランドはここに完全に終わりを告げたのである。しかし逆説的ではあるが、大陸から足を洗って、島国にもどり、そこに閉じこもる傾向をとったころから、イングランドは国家統合のテンポをはやめることになった。

百年戦争の経過はイングランドの軍制にも大きな変化を与えた。すなわちその後期においてイングランド軍の主力をなしたのは、もはや封建騎士の軍役奉仕の義務にもとづいて編成された騎士軍ではなく、軍役代納金を財源として募集された傭兵隊であった。ここにみられる封建制の変質をさして、「新封建制」ないしは「疑似封建制」の成立、という表現がとられることがある。すなわち十四世紀の後半以来、イングランドの有力な貴族は、その財産を利用して多数の私兵をかかえたほか、契約によって多数の騎士、ジェントリを家臣団に加えるようになった。ここで成立した保護と従属の関係は、外見上は古い封建制に似ていたが、ちがう点は、「新封建制」においては与えられるものが土地ではなく、金銭の給与であったことにある。

しかしながらこのような「新封建制」の成立は、軍備の面だけにみられたものではなかった。いなむしろこのような軍隊の変質の背景には、社会そのもの、とりわけそこでとり結ばれる人間関係に大きな変化があったのである。十四世紀以降のイングランドの歴史においては、有力な諸侯がしばしば国王権力のライバルとして出現して、国政批判をとなえて争うことがしばしばみられたし、それどころか寵臣《ちょうしん》政治の弊害が混乱をひきおこし、エドワード二世をはじめとして、リチャード二世、ヘンリ六世と、国王が廃位されるほどであった。このような有力な諸侯のまわりには、官職、年金、土地、称号といったなんらかの利益を求めた人びとが集まるようになった。そしてこれらの徒党をさして「アフィニティ」(私党)という言葉がもちいられるようになる。

しかしたとえ国王批判を展開したとはいえ、有力諸侯は、かならずしも王権からの独立をはかることを目的にしたのではなく、むしろこの「アフィニティ」関係を利用して、宮廷などの既存の制度に寄生し、公の名を借りて私の利益をはかったところに、この「アフィニティ」の特徴がみられる。なんといってもさまざまな形態をとった「恩恵《パトロネジ》」の源泉は、国王の宮廷にあったからである。諸侯が与えることのできる、官職や年金、報奨金などの「恩恵」が大きければ大きいほど、集まってくる人も多く、それだけその貴族の勢力が強くなった。しかし彼が、政争にやぶれて、いったん宮廷における影響力を失えば、当然、恩恵の配分も期待できなくなるから、人びとは彼からはなれていき、新しく登場してきた有力な諸侯のもとに集まることになる。

さてこれまでもしばしば指摘したように、「諸侯」というのは、国王から直接土地をうけていた「直接受封者《テナント・イン・チーフ》」のなかでも、有力なものをさしてもちいられる言葉であるが、エドワード一世のころからしだいに有力な諸侯のあいだで、自分の家産の分割や他家への流出をふせぐために、男子相続人に限定して相続させる習慣が定着してきた。そしてこれまで有力な諸侯に与えられていた「伯《アール》」という称号のほかに、十四世紀になると「公《デューク》」、「侯《マーキス》」、「子《ヴァイカウント》」、「男《バロン》」といった爵位が定められて授与されるようになり、イギリスの貴族社会はその位階制的な秩序をととのえてきた。

バラ戦争から絶対王政へ

こうして有力な貴族を中心にしてくりかえされた離合集散が、十四、五世紀のイングランドの政治史をきわめてわかりにくいものにした。さらにそこには飢饉《ききん》や疫病といった社会不安をかきたてるものがあり、また人口の減少にともなう労働力不足からしだいに農業経営にも困難が加わったという事情も、この「アフィニティ」の形成をうながした。このようにして成立した保護者（パトロン）と被保護者（クライアント）の関係は、この中世末期だけではなく、これからのちも十九世紀の中葉にいたるまで、さまざまにかたちと性格をかえながらも残存しつづけ、有力な貴族を中心にした派閥が政党の展開をうながすなど、イギリスの政治に大きな影響力をもつことになる。その意味で、中世末期にみられた政治の混乱は、これからのちのイギリス政治の体質を決定づけるのに、あずかって大きかった。

「アフィニティ」の中心に位置した有力者は、その一味徒党に揃いの制服を着用させ、さらに暴力沙汰《ざた》によって司法にも不当な干渉を加えたので、「アフィニティ」が横行するようになると、社会の不安はいっそう強まった。下院に地域の代表として選出された騎士、ジェントリ、市民などは、本来の封建的な身分に属する貴族とは異なり、社会の不安を嫌い、なによりも自分の地域社会の平和と秩序を尊重する人たちであった。しかし実際には、国制の中心で勢力をのばした大貴族からの利益の配分を期待したり、あるいは彼らから恐喝《きょうかつ》をうけたりして、やむをえずその家臣団に加わるものが多く、議会においても有力貴族の利害に従わざるをえなかったことが、混乱をさらに助長した。

このような社会の変化こそが、一三七七年に没したエドワード三世以降のイングランドの社会と政治の極度の混乱の究極的な原因になったのである。この混乱の最後にいきついたものが、バラ戦争（一四五五〜八五年）であった。この戦争は、百年戦争終結後のイングランドにおいて、有力な貴族がランカスタ家とヨーク家に代表される二派にわかれて戦った内乱であり、その過程で王朝はヨーク朝（一四六一〜八五）に移った。しかしこの戦争の遠因をなす二つの党派の形成は、百年戦争中の一三九九年にプランタジネット朝からランカスタ朝への王朝の交替がおこなわれたときにさかのぼるものであって、有力な貴族たちが百年戦争を遂行するために戦闘などの暴力行為を職業にする封建家臣団をかかえていたのに、百年戦争が終結したことによって、略奪《りゃくだつ》や身代金などからの収益が期待できなくなったばかりか、戦士たちの精力のはけ口がなくなったことも、紛争を激化させた。しかしながらこのバラ戦争の結果、貴族層は深刻な打撃をこうむり、歴史上、イングランドの中世は終わりを告げ、テューダー朝の絶対王政に移行することになる。

こうして大陸国家として出発した中世のイングランドは、大陸との関係を清算することをとおして、しだいに国家としての意識に目覚め、また国家としてのまとまりを獲得して、変容をとげていった。新しいテューダー朝のもとで、その国家的な統合にも、いちだんとはずみがつくことになる。

第5章　国家的統合の進展

テューダー朝のはじまり

テューダー朝の成立（一四八五年）からピューリタン革命の勃発（一六四〇年）までの時期が、イギリスにおける「絶対主義」の時代であると考えられている。ただし絶対主義といっても、大陸諸国、とりわけイギリスよりも一世紀遅れて成立したフランスの絶対主義時代にみられたような官僚制と強大な常備軍によって支えられた強力な王権のもとにある中央集権国家が、この時点でイギリスに成立したと考えるのは、事実に反する。地方行政においては地方に土着したジェントリ層に治安判事などの職権を委任して、無給で協力をあおぐ態勢がとられており、軍備の点でもイギリスが島国であったために、海軍の整備には力がいれられたものの、陸軍は州の自衛組織である民兵隊が主力であったからである。しかも一七〇七年に「合同」するまで、イングランドとスコットランドは別の国であり、まだこの段階のイングランドは、ハプスブルクとヴァロワという二大王家の争覇戦がくりひろげられていたヨーロッパにおいて、その大陸の沖合の辺境に位置していた二流国の域をでなかった。父と子と三人の異母孫の五人のテューダー朝（一四八五〜一六〇三）の国王のもとで、イギリスはヨーロッパ諸国の織りなす複雑な国際関係の修羅場《しゅらば》を生きぬき、みずからの国家的な統合を推進するという難事業にとりくまねばならなかった。

バラ戦争の最後に戦われたボズワースの戦場で、リチャード三世をやぶって王冠を手にいれ、テューダー朝の開祖となったヘンリ七世（在位一四八五〜一五〇九）は、ランカスタ家の傍流《ぼうりゅう》に属し、しかもウェールズの出身であるという、イングランド国王としての資格にかなりのハンディキャップをもっていた。しかし彼は前代から伝えられた政治機構に新しい生命をふきこむことをとおして、バラ戦争によって失墜した国王の権威の回復に全力をあげた。ヘンリ七世はその王位継承に疑問をはさみ、王権の強大化をはばもうとして反乱に訴えた貴族の勢力をそぐために、貴族たちの勢力基盤であった封建家臣団に解散を命じ、王位転覆の陰謀や暴動に対処するために星室裁判所を設置するなどの処置をとった。とりわけのちに北部評議会として制度的に確立することになる統治機関をヨークにおいたのは、有力貴族の基盤であった北部に王権を浸透させてイングランド全体を統合しようとしたものであった。

これらの処置はこの国王の治世だけではかならずしも実効をあげることはできなかったが、ヘンリ七世は王権の財政基盤の強化につとめ、基幹産業であった羊毛業・毛織物工業を保護し、毛織物の輸出独占団体である冒険商人組合に特権を与えたばかりか、ネーデルラントとのあいだに通商条約を結んだ。このようにヘンリ七世の治世は、イングランドが一つの国家に統合されていく第一歩をしるしたものとして、重要性をもっていたということができよう。

イングランド宗教改革

二代目のヘンリ八世（在位一五〇九～四七）の治世における最大のできごとは、イングランドで宗教改革が遂行されたことであった。この宗教改革は、同時期にヨーロッパ大陸で進展した宗教改革とは異なり、国王の離婚問題という個人的・政治的動機が先行して、政治的な配慮が一貫してその過程を支配し、しかもその過程に、国民のあいだに根強く存在していた反聖職者感情が支持を与えたところに最大の特徴が認められる。ここでいう「政治」とは、イングランドの主権国家としての地位を明確にし、その国家的統合をはかることに最優先課題を設定するものであった。

宗教改革の直接の原因となったのは、ヘンリ八世が、スペインの王女で若くして死んだ兄アーサーの妻であった王妃のキャサリンを離婚して、宮廷の女官アン・ブーリンと結婚しようとした問題であった。兄嫁との結婚は、教皇からの特別な許可をもらって実現したものであったことが、問題を紛糾させた。一方では離婚を禁止するカトリック教会の教義があり、他方では強大国スペインとの政略結婚による同盟のもつ意味が、一五一九年にカール五世が神聖ローマ帝国皇帝に即位したことによってかえって危険なものになったという国際政治の変化が、この国王の離婚問題の背後に存在した。皇帝の叔母の名誉をそこなうことを恐れた、ときの教皇クレメンス七世が、兄嫁との結婚についての特別の赦免《しゃめん》を取り消さなかったために、交渉の当事者であった大法官ウルジは解任された。かつてはおりから大陸で進行していた宗教改革の立役者ルターを批判して「信仰の擁護者」という称号をうけたほどのカトリック信者であった国王も、ついには決断をせまられるようになった。

この段階できわめて重要であったのは、一五二九年に招集された議会が、のちに「宗教改革議会」とよばれたほど、決定的な役割を演じることになったことである。その招集を進言し、国王ヘンリの片腕として宗教改革の事実上の推進者になったのは、ウルジにかわって登用されたトマス・クロムウェルであった。以後イングランドの宗教改革は、この議会が制定した議会制定法をとおして遂行されることになったのであり、それが他の諸国における宗教改革とイングランドのそれを決定的に異なる性格のものにした。

ヘンリ8世（ホルバイン筆）

まず高級聖職者があらたな聖職につくときに課せられていた「初収入税」のローマへの支払いを禁止する法がだされた。依然として前の結婚が特別に許されたものであることに固執《こしゅう》する教皇の態度を無視して、ヘンリは一五三三年一月、アンとひそかに結婚し、秋には将来の王位継承者（のちのエリザベス一世）の誕生が予定される事態となった。この年の三月に議会を通過した「上告禁止法」は、国内の紛争を直接ローマの裁判所に上告することを禁止して、離婚承認の判決を国内で獲得しようとしたものであるが、注目に値するのは、その上告禁止の根拠である。その前文には、イングランドが、歴史において「エンパイア」（帝国）であると認められてきた、という言葉があり、そこに「帝国」という理念がもちだされているからである。ここでいう「帝国」とは、もちろん近代的な意味のそれではなく、ローマ教会の普遍的支配に対抗してイングランドが一つの主権国家であることを宣言して、一方ではローマ教会からの独立をはかり、他方ではイングランドの国内において教会にたいする国王の支配を主張することによって、国家的な統合を進めることをねらったものであった。したがってこの「上告禁止法」こそは、イングランド宗教改革の本質を明確に表現したものであり、これをうけて有名な「国王至上法」（一五三四年）がだされることになった。

この「国王至上法」は、国王を「イングランド国教会の地上における唯一最高の首長」とするものであったが、それによって新しい国家と教会の体制を一挙につくりだそうとしたというよりは、これまで進行してきた事態の当然の帰結としてだされたものであった。しかもヘンリとその片腕であったクロムウェルの考えの中心にあったのは、あくまでもローマ教会への対抗とそれからの独立であったがゆえに、肝心の宗教改革の本質をなすべき教義と教会組織の改革は問われなかった。「信仰の擁護者」ヘンリは、自分は依然としてカトリックの教義に忠実であると信じていた。このことがこののちイングランドの歴史に多くの難題をうむことになる。

しかしながらこのようにイングランドの宗教改革が、比較的に抵抗も摩擦も少なく、達成された背景にあったものとして、イングランドがローマから遠くはなれた「辺境」に位置していたという地理的な条件をも考慮にいれなければならないであろう。「辺境」なればこそ、ローマ・カトリック教会の「普遍的な」支配から国をあげて離脱をはかることが、中心に近い地域にくらべると、はるかに容易であったのであり、しかもイングランドはこの「辺境」に位置しながらもその中核として、みずからの「周縁」にあたるウェールズやアイルランドに統合の手をさしのべることができるという、幸運に恵まれることができたのであった。

そのうえ宗教改革による国教会の成立は、教会の説教壇を政府の意志を伝達する機関として利用することを可能にしたばかりか、一五三八年には、教区聖職者に教区の住民の洗礼、結婚、埋葬を記録した「教区簿冊」を作成して保存することが命じられた。このような処置によって、まさにすべての次元で人びとが王権による統合の求心力をひしひしと感じるようになった事実こそは、国家統合のあらわれであった。このような政治文化の変質があってはじめて、イングランドにおける国民意識の誕生を語ることができるようになる。またそのさいに官僚制を欠いていた地方行政の独持な構造が、治安判事などを中心にして、「職権委任《コミッション》」というこれまた独持な形式をつうじて、ジェントリを主体とする地方の政治エリートを国家的な統合の推進主体として積極的に組みいれていったこともみのがすことはできまい。国家としてのイングランドの統治が効率よく実施されるかどうかは、彼らジェントリ層の協力いかんに依存していたのである。

宗教改革が絶頂にさしかかった一五三四年から三六年にかけて、司法権の中央集権化が促進され、ウェールズもそこに残存していた地域的特権や行政上の独立性を否定されて、完全にイングランドに統合されることになった。国家統合はここでも着実に進められていた。

修道院の解散

この宗教改革、国教会体制の樹立に並行して強行されたのが、修道院の解散であった。もしも新しい国教会体制にたいする反対がおこるならば、その根拠地として利用されるのが教会組織の外側に位置した修道院であろうし、また修道院には戦費や宮廷の浪費によって財政難に苦しんでいた王室が、欲してやまない膨大な富が蓄積されていたからである。

まず一五三六年に「小修道院解散法」がだされて、修道士十二人以下の小修道院の全施設の閉鎖と全財産の没収、隠匿《いんとく》財産の探索、修道士の追放などの処置がとられ、没収された土地・財産の処理にあたるための王室増加収入裁判所が設置された。のこされた大修道院にたいしては、まず説得による自発的な解散が進められたのちに、「大修道院解散法」がとどめをさした。解散された修道院は大小合わせて四〇〇以上とみられ、八〇〇〇人以上もの修道士が職を失い、議会から大修道院長の姿が消えた。今なおイングランドの各地にのこる修道院の廃墟《はいきょ》は、この解散がいかに徹底的なものであったかを、雄弁に物語っている。

この修道院解散の影響がもっとも強くみられたのは、イングランドの北部であって、そこにはカトリックの信仰がなおまもられており、しかも大貴族の支配も強固であったために、「恩寵《おんちょう》の巡礼」とよばれる反乱が生じた。しかしこの反乱の鎮圧に成功したクロムウェルは、北部評議会を改組して中央からの支配を強めた。こうしてイングランドにおける国家統合は、南の王権の北にたいする浸透というかたちをとって、いっそう促進された。

没収された修道院の財産は、当初の意図とは異なり、王権の財政的な基盤の強化には役立たなかった。それを手元にとどめて長期的な展望のもとに有効に利用するだけの余裕が、王権にはのこされていなかったからである。その結果、大量の土地が市場に放出され、かつての「ノルマン人の征服」以来はじめてといわれるほどの大規模な土地所有者の変動が生じた。この土地売却は複雑な過程をたどったが、その最終的な取得者は、下院議員としてまた地方行政を担当する治安判事として、王権に協力をおしまなかったジェントリ層を中心とする社会層であった。おりからイングランドにおいては、トマス・モアによって「羊が人間を食い殺す」と表現されたエンクロジャ（囲い込み）が進行中であったが、それはかならずしも、羊毛価格の高騰《こうとう》にうながされ

破壊された修道院　ヨークシァにあるウィットビ修道院の遺構。イングランドの各地にはこのような遺構が数多くみられる。

た、耕作地の牧羊地への転換だけをねらったものではなく、いっそうの生産性の向上を願ったジェントリなどの中流の土地所有者による農業革命という性格をもっていた。

ちょうどこの時期に断行された修道院解散は、その結果において彼らジェントリの勃興をうながし、従来の貴族にかわって彼らがこれからの近代イギリスの主要な担い手となる契機を与えたのであった。そして長期的な展望にたてば、この宗教改革は王権にとって将来もっとも恐るべき敵となる社会層であるジェントリと彼らの基盤である議会の地位の向上にも力を貸してしまったのである。これこそが王権にとってイングランド宗教改革がもたらした最大のパラドクスであったといえよう。

国教会の動揺

しかしながらこの宗教改革においては、つねに政治が先行したために、教義上の改革はきわめて不徹底であった。ルターを嫌ったヘンリではあったが、その治世の晩年になると大陸からプロテスタントの影響が浸透してくるのをさけることができなくなり、国際政局の変動もイングランドの動向に影を落としたため、ヘンリはその宗教政策において動揺をよぎなくされた。その晩年に制定された「六カ条法」も、基本的教義としてプロテスタント路線をとったはずの国教会であったにもかかわらず、ミサにおいてパンとぶどう酒がキリストの肉と血にかわるという「化体説《かたいせつ》」を認めるなど、カトリック的色彩の濃いものであった。

このようなヘンリの動揺は、宗教上の分裂を回避して国内世論を統一し、それを基盤にして複雑な国際政局に対処しなければならないという、国家統合過程における政治的配慮がうんだものであった。その意味でヘンリは、信仰上の苦悩の解決を求めた宗教家であるよりは、まずもって現実的な政治家であらねばならなかった。彼はようやくヨーロッパ国際政局において認知されるようになったイングランドを率いる絶対君主であったのである。しかしその晩年においてカトリックへの再傾斜がみられたとはいえ、イングランドにおいてローマ教皇権が否定されたことによって、必然的にプロテスタント勢力が伸長することになったことをみおとしてはなるまい。

ヘンリ八世の死後、王位をついだのは、三番目の妻ジェーン・シーモアとのあいだにうまれたエドワード六世（在位一五四七〜五三）であった。十一歳で即位したエドワードの治世の当初においては、伯父のサマセット公が摂政となって実権を握り、政治改革としては成功した宗教改革に内実を与えることをねらいにして、国教会のプロテスタント化をはかる政策を積極的に推進した。「六カ条法」を廃止し、英語の「共通祈禱書《きとうしょ》」を作成し、その使用を「礼拝統一法」によって強制することが、その主要なものであった。サマセット公によって重用されて礼拝式の改革にとりくんだのは、かつてヘンリ八世の離婚訴訟にさいして、大陸の神学者からの意見の聴取を進言して、宗教改革に一つの転機をもたらした神学者クランマであった。民衆にとっては難解で近づきにくかったカトリック教会の礼拝を、できるだけ簡素化して、しかもラテン語にかわって英語を使用し、積極的に参加できるようにすることに、改革の目標が定められた。それによって国教会ははじめて民衆のなかにしっかり根をおろすことになるだけでなく、それをとおして国家的な統合にも寄与しうることになる。こうした改革が推進される過程で大陸から多数のプロテスタントの神学者が渡来して、イングランドの東南部ではプロテスタントがいちじるしく増加した。

しかしこのような急激なプロテスタント化、とりわけ「礼拝統一法」をとおしての国家権力による新しい宗教体制への信従の強制には、反発が強まるのをさけることはできなかった。即位後二年目には後進地帯である西部で、「六カ条法」の復活を要求し、「共通祈禱書」に反対する一揆《いっき》がおこった。そのうえ先進地帯でも、エンクロジャに反対し、農奴の解放を要求する一揆が勃発した。このころになると、エンクロジャによって土地を追われた農民や、封建家臣団と修道院の解散によって職を失った「頑健で働く意志のない」男たちが、社会不安をかもしだしていた。理想主義的な政治家であったサマセット公は、「共同の福祉」(コモンウェルス)をはかることこそ政治の最高の目標であると考え、社会悪を激しく糾弾《きゅうだん》してやまなかった同志を側近に集めて、エンクロジャの対策を講じるなど困難な社会問題に真剣に対処する姿勢を示したが、それがかえって政敵に乗ずるすきを与え、失脚してロンドン塔に幽閉《ゆうへい》され、処刑されてしまった。

かわって権力の座についたのは、ウォリック伯(のちにノーサンバランド公)であった。彼はカトリックに同情をよせているとみられていたにもかかわらず、サマセット公の政策を継承してプロテスタント化を促進する政策をとった。というのも彼は、病弱で長命を期待できない国王エドワード六世なきあと、正式の王位継承予定者であるヘンリ八世の長女メアリを排除して、ヘンリ七世の血をひくジェーン・グレイを自分の息子と結婚させて、自分が権力をふるおうという野心をいだいており、そのためにはイングランドをプロテスタントの国家としてかためておく必要があったからである。

かくしてウォリック支配下のイングランドは、大陸のプロテスタントの絶好の隠れ家となり、多数のすぐれた神学者が避難してきた。彼らに助言を求めたウォリックは、さきの「共通祈禱書」をいっそうプロテスタント的な内容に改めるとともに、その使用を強制する「第二次礼拝統一法」を制定した。さらに一五五三年に定められた「四十二の信仰箇条」は、ミサを廃止し、化体説を否認し、聖職者の結婚を承認するなど、プロテスタント的な内容をもつものであった。ここにいたってイングランド国教会は、これまでの曖昧《あいまい》さをなくして、ほぼ完全にプロテスタントの陣営に属するものとみなしうるものになった。ウォリックは臨終の床にあった国王エドワードにかねてからの自分の陰謀を承認するようにせまり、それは成功するかにみえたが、土壇場で枢密院がメアリの王位継承を支持したためにあえなく失敗し、ジェーンは「九日間の女王」に終わった。

カトリック反動

ヘンリ八世との離婚が宗教改革の原因となったキャサリン・オブ・アラゴンの娘であるメアリ一世（在位一五五三〜五八）の即位とともに、今度はカトリック反動が開始されることになった。このとき彼女は三十七歳になっていたが、とつぜん王女としての地位を否定された十六歳のときからの二十年間、宗教改革が動揺をくりかえすなかで、苦難にたえて生きてきた。この女王が歴史の歯車をもとにもどそうと考えたのも不思議ではない。即位早々、これまで宗教改革を進めてきた制定法はすべて廃止され、教皇権が再確認されて、イングランド国教会はローマ・カトリック教会に復帰した。プロテスタントの聖職者は解職されてそのあとをカトリック教徒がうめ、「共通祈禱書」にかわってラテン語の礼拝式書が復活した。

しかしメアリは、ヨーロッパのカトリック陣営の中心人物であるスペインの皇太子フェリペ（のちの二世）と結婚するという致命的な失敗をおかした。スペインが反宗教改革の担い手であり、そこにおける異端審問のきびしさは、すでにイングランドにも伝えられていただけに、国民はこの結婚に深刻な脅威を感じた。フェリペはイングランド国王という称号はもつものの、王位継承権は行使しないという条件をつけて、枢密院はこの結婚を認めた。しかしこれまでの宗教改革のいっさいが否定されて、イングランドがカトリック教会へ復帰したことに反対して、ケント州における「ケットの反乱」をはじめとして、各地に暴動がおこった。これをみたメアリはいっそうかたくなになって、プロテスタントにたいするきびしい弾圧を開始した。これまで国教会のプロテスタント化の推進役であったラティマが火刑に処せられたのを皮切りに、プロテスタントへの執拗《しつよう》な迫害がつづけられ、迫害の犠牲者は三〇〇人に達したため、彼女は「流血好きのメアリ」と恐れられた。フォックスの『殉教者の書』に叙述された、犠牲者たちの殉教の最期の光景は、これ以後国民のカトリックへの激しい敵意をはぐくむことになり、はかりしれない影響を与えることになった。

このメアリによる迫害から大陸にのがれた多数のプロテスタントは、大陸のプロテスタンティズムの中心地においてカルヴァンをはじめとするプロテスタント神学者に学んだ。彼ら「メアリ時代の亡命者たち」は、のちに帰国して、イングランド・プロテスタンティズムの発展に大きな寄与をすることになる。一方、メアリとの結婚後スペイン国王となったフェリペは、イングランドを対フランス戦争にまきこみ、その結果イングランドは大陸に唯一のこされていた根拠地カレーを失ってしまった。その結果、メアリをついだエリザベス一世の治世は、のちにみるように西のアイルランドにむかっての進出がはかられたとはいえ、イギリスがその歴史のうえで「島国」のなかに閉じこもるのをよぎなくされた例外的な時期となったのであった。

「中道」の教会体制

一五五八年に即位したエリザベス一世（在位一五五八〜一六〇三）は、宗教改革の原因をつくったアン・ブーリンの娘であったが、異母姉メアリの治世には一時王位継承権を剝奪《はくだつ》され、ロンドン塔に投獄されるなど、身分の激変を経験しなければならなかった。即位したときには、父のヘンリ八世以後の弟と姉の治世において、宗教政策が左に右に大きくゆれ動いたために、国内には深刻な分裂がうまれており、しかも外からはスペイン、フランスの二大強国がイギリスをおさえこむ機会をうかがっていた。そこで即位した女王の最大の関心は、国際的な対立に介入することはできるだけ回避して、いまだに弱小国であったイギリスをまもりぬき、国際的にも認められることにむけられることになる。

「『この女王はこのような時代を治めたので、未婚の処女として死んだ』と大理石に刻んでもらえれば、私にとって思いのこすことはないであろう」といって、彼女が生涯独身をとおしたのも、姉のメアリの結婚がうんだ被害を身にしみて実感していたためであった。

国内におけるプロテスタントとカトリックの対立抗争をさけるために、エリザベスが選んだのは、「中道」政策であり、あらためて「国王至上法」と「礼拝統一法」を制定して、国教会を確立させた。この国教会は、教義のうえではカルヴァン主義に近いものではあったが、「最高統治者」である国王を頂点として主教制度をとり、儀式においてもカトリックを思わせるものをのこしていた。このような「中道」に路線を定めた国教会にたいして、「メアリ時代の亡命者たち」を中心にして、いっそう「清らかな教会」を求める勢力が台頭し、彼らは「ピューリタン」とよばれて、国教会への批判を開始した。だがこのピューリタンは女王の治世においては国教会の枠内での改革を志向するものが多数を占めており、国教会から分離・独立して別の教会をつくろうとするものはまだ少数派にすぎなかった。しかも彼らピューリタンも改革の対象と方法の点でさまざまに意見を異にしていたため、共同戦線を組むことができず、「礼拝統一法」を利用して体制教会たる国教会への信従を強制する政府の弾圧が強まるなかで、模索をくりかえさねばならなかった。

「無敵艦隊」撃滅

しかしこのピューリタンよりもさらに危険な存在であったのは、メアリ治世下における体制教会としての地位を一挙に否定されて反体制の少数派に転落してしまったカトリック教徒であった。彼らはイングランドの後進地帯である北部に、家柄を誇る大貴族を中心にして隠然たる勢力を保っており、しかもその背後には、スペイン、フランスといった強国からなる国際的な連携が存在していた。こうした情勢のなかで、一五六九年に勃発したのが、パーシー家とネヴィル家のふたりの名門貴族を中心にした「北部の反乱」であった。北部には国家的な統合を強力におし進める中央政府への反感、しかもその中央政府でエリザベスの側近として必要な地位を占めたのが、セシルやウォルシンガムなどの中流階層出身の新興官僚であることへの不満、それに毛織物工業の不振から生じた経済的な不況への対策の遅れなどへの批判が渦まいていた。しかしこの反乱は、期待したスペインが支援に動かなかったために、簡単に鎮圧されてしまった。

スペインは慎重であったが、ローマ教皇ピウス五世は強硬であった。翌年教皇勅書《ちょくしょ》を発してエリザベスを破門にし、王位を剝奪すると宣言したのである。イングランドにたいする「十字軍」をよびかける教皇の期待にこたえて、イエズス会の宣教師が潜入してイングランドを再改宗させようとするくわだてもみられた。このようにしてしだいに現実化してきたカトリックとスペインからの脅威を一身に体現し、逆にカトリック陣営から希望の星とみなされるようになったのが、スコットランド女王メアリ・ステュアート（在位一五四二〜六七）であった。エリザベスがローマ教皇から結婚が認められなかったアン・ブーリンの子供であったのにたいし、メアリは、テューダー朝の開祖ヘンリ七世の曾孫にあたっていたため、こと王位継承権にかんしてはエリザベスよりも正統性をもっていると考える人も多かった。そしてメアリ自身も、生涯このイングランド王位継承権を主張してゆずらなかった。情熱のおもむくままに生き、結局はスコットランドの王位をすてた彼女がイングランドに逃亡してき

「無敵艦隊」の来襲　海戦前のスペイン艦隊は，このような偉容を誇っていた。

たのは、北部の反乱が勃発する前年のことであった。エリザベスはこの危険な人物を十九年間幽閉しつづけたが、メアリが何度もエリザベスを打倒しようとする陰謀事件に利用されたのを知って、ついに一五八七年に彼女の処刑にふみきった。

このメアリ・ステュアートの処刑におとらずスペインの怒りをかったのは、「エリザベスの海賊たち」がスペインの封鎖網をつきやぶって進出をくわだて、アメリカ大陸からの「宝船」をしばしば襲ったばかりか、ネーデルラントで展開していたスペインからの独立運動をイングランドが援助したことであった。そこでスペインは、一連のイングランドの行為にたいする報復処置として、一五八八年に、一三〇隻の大艦隊からなる、「無敵艦隊《アルマダ》」を派遣して、イングランドへの上陸・占領をくわだててきた。これをむかえ撃ったイングランド艦隊は、隻数においてはほぼ同数であったものの、よせ集めの小型船団にすぎなかったが、大胆な放火攻撃を実行してスペイン艦隊の戦意を失わせた。しかもイギリス海峡を封鎖したので、スペイン艦隊はスコットランドを迂回《うかい》して退却する途中、嵐にあって撃破されてしまった。

このような未曾有の危機に直面したイングランドでは、戦時態勢をとることを理由にして地方行政に大きな改革がおこなわれた。すなわち従来の地方各州の自衛組織である民兵隊に特別訓練部隊が設置され、それによって民兵隊の訓練と維持の直接の責任者であった各州の統監の権限が拡大し、彼らは中央の枢密院と密接な連携をとるようになり、それまでの州長官にかわって地方行政の中心的な地位を獲得した。一方、治安判事の日常業務もしだいに増加して、これもしだいに州長官の権限に食いこんできて、州長官は名目的な存在にすぎなくなっていった。そして地方行政の単位として教区が積極的に利用されるようになり、前述した「教区簿冊」もエリザベスの治世にさらに徹底して管理されるようになった。この処置は国家権力による国家構成員の具体的な把握を意図したものであって、それによって国家的な統合を促進し、社会の安定をはかろうとするものであったとみることができる。このころになると印刷術の普及もあって、歴史書や地誌が刊行されるようになり、またイングランドや各州の地図の作製がさかんになったことも、国家的な統合の進展と無関係ではない。

このようにみれば、スペインからの外圧が、国家としての統合の進展に多大の寄与をなしたこともいなめない事実である。しかしこうして実現した国家的な統合、社会の安定も、その根本においては、ジェントリなどの地方に土着する名望家層の自発的な協力に依存するところが大きかったことはいうまでもない。彼らの協力がえられない事態が到来するならば、このようにして実現した国家的な統合にも破綻《はたん》がうまれざるをえなくなるであろう。

エリザベス時代の光と影

しかしながら当面においては、超大国スペインに対抗して、その「無敵艦隊」を退却させて、国家の独立をまもりぬいた女王は、「良き女王ベス」「神仙《しんせん》女王」として国民の敬愛を一身に集めることができた。そしてさまざまな構図をとった彼女の肖像画が描かれ、儀式やページェントなどのあらゆる手段を利用して、主権者としての君主の神格化がいちだんと進められ、そのような君主を頂点とする政治的な共同体としての国家にたいする人びとの帰属感はいやおうもなく高められた。この基盤に立って、女王の治世の後半には「楽しいイングランド」を謳歌《おうか》する声が聞かれるようになった。そしてこの土壌のうえにシェイクスピアを代表とするイギリス・ルネサンスが華やかに開花し、エリザベスの治世をさしてイングランドの歴史はじまって以来の輝かしい繁栄の時代であったとする「神話」が形成されることになった。

しかしながら実際には、イングランドは一五九〇年代にはまさに深刻な「危機」にみまわれていた。ヘンリ八世による貨幣の悪鋳の影響があらわれて貨幣価値が暴落し、またネーデルラント独立戦争中にアントワープ市場が崩壊《ほうかい》したために、基幹産業たる毛織物の輸出が深刻な打撃をうけて、不況が到来した。光に満ちあふれていたかにみえたイングランドの現実の社会情勢には、濃い霧が立ちこめていたのである。「女王は貧しく、王国は疲弊しきっている。貴族は落ちぶれ、すぐれた将軍と兵士が不足している。民衆は秩序を失い、正義はおこなわれていない」と当時の人をしてなげかしめたのが、女王即位当時の状況であったが、治世が進むとともに情勢はむしろ悪化していった。

すでにヨーロッパは「大航海時代」に突入していたが、このときイングランドは絶好の地理的な条件を獲得したにもかかわらず、イベリア半島のポルトガル・スペイン両国に大きな遅れをとっていた。しかしエリザベスの治世になると、イングランドにおいてもその「海賊たち」に象徴されるように、海外進出の気運はいちじるしい高まりをみせるようになった。だが東インド会社などに貿易独占権を与えたり、また新興産業の育成につとめたり、徒弟法、救貧法を制定したのは、むしろきびしい社会情勢に対処しようとする現実的な対応の姿勢の産物であった。それとともにアイルランドにたいしては、カトリック教徒の先住民を「清掃」して、かわりに植民者をおくりこむ政策が積極的に推進されたのが、この女王の治世であったこともみのがすことはできない。そしてアイルランドは、十七世紀以降に展開されることになる北アメリカへの植民活動の絶好の演習場を提供することになったのであ

エリザベス1世　イングランドの地図の上に立つ女王の晩年のこの肖像は，数多い彼女の肖像のなかでももっとも有名なものである。

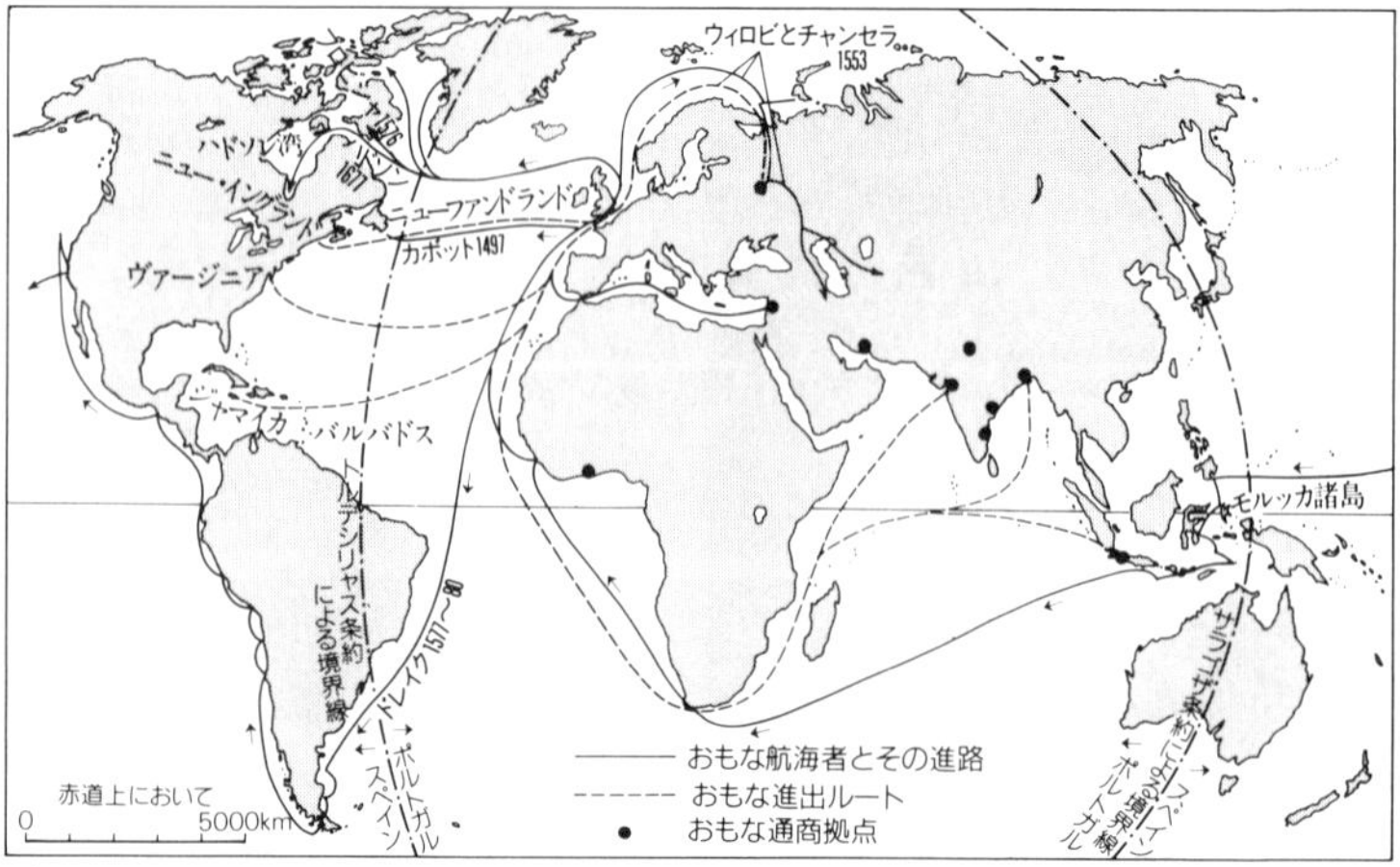

イングランドの海外進出

る。

ところで国内においては、かつては「柔順議会」として王権への協力をおしまなかった議会が、不確定な王位継承、外交政策、独占権の濫発《らんぱつ》といった問題を中心にして批判のトーンを高め、議会における言論の自由も重要な争点となった。女王の父王の蒔《ま》いた種が、娘の治世において予期しない果実を結びはじめていたのである。女王の治世を支えた側近の多くは、九八年にセシルが死去したことにみられるように、ほぼすべて女王よりもさきにこの世を去り、一六〇一年には女王の最後の寵臣《ちょうしん》エセックス伯が反乱のかどで処刑されるなど、世代交替が進むなかで、女王の孤独感は強くなった。同じ年の議会は、これまでにみられない激しい調子で女王の政策を批判した。しかし女王はその持ち前のカリスマ性を最高度に発揮し、国民の忠誠心に訴えて緊迫した事態をなんとかのりきることができた。「過去において皆さんは力のある賢明な君主をもたれたことはあったでしょうが、私ほど皆さんを愛している君主はこれまでいなかったでしょうし、これからもいないでしょう」。有名なエリザベスの「黄金演説」の一節である。

こうして女王の治世にはまだ潜在化していた不満が、つぎのステュアート朝において爆発することになるのである。

◈処刑台に消えたヒューマニスト

トマス・モア

Thomas More
(1477〜1535)

モアの代表的な著作『ユートピア』は、彼が外交使節としてアントワープに滞在しているときに、エラスムスから紹介された博学の航海家ラファエル・ヒュトロダエスから、その旅行の経験談を聞いたという構成になっている。ヒュトロダエスは探検家アメリゴ・ヴェスプッチの航海に参加したのち、旧大陸から隔絶した場所で発見した「ユートピア」島において、私有財産と貨幣の存在を否定した理想的な社会を見聞したという設定である。

ところで「ユートピア」というのは、「どこにもないところ」(ウ・トポス)というギリシア語からモアがつくりだした架空の国名であったが、こののち近現代に数多くあらわれる、社会批判としての「ユートピア」文学の発端に位置したのが、この作品であった。モアはまずその理想国家を語った第二部をさきに書き、ついで、封建家臣団が解体され、エンクロジャが進行したために土地を追われた浮浪者が増大して、社会不安が高まっていたイングランドの現状を批判した第一部を書いて、一五一六年に両者をあわせて出版した。原文は当時の知識人のあいだで共通の国際語であったラテン語で書かれていた。

モアの生涯の転機になったのは、二つのできごとであった。一つはカンタベリ大司教モートンの家に小姓としてつかえ、カトリックの信仰をかためたことである。それよりもいっそう重要であったのは、一四九九年に招かれてイギリスにやってきた「ヒューマニストの王者」エラスムスと、生涯をとおしてかたい友情で結ばれたことであった。モアは『ユートピア』を出版した翌年から国王へンリ八世の宮廷に出仕し、その清廉潔白《せいれんけっぱく》な人柄とひろい学識が評価されて、ウルジが失脚したあと大法官まで昇進した。これはイングランド史上はじめての世俗身分出身の大法官であった。

　ふつうモアは国王の離婚に反対して処刑されたと理解されているが、それはやや正確さを欠く。イングランド教会のローマ教会からの分離独立を決定した「国王至上法」に先立って、「王位継承法」が制定された。それはヘンリとアン・ブーリンの結婚は合法的なものであり、したがってふたりのあいだにうまれる子供は、正当な王位継承者であると宣言したうえで、このことを認める誓約を全国民に課すものであった。国王がつぎの王位継承者を決めるのは当然であると考えていたモアは、最初はこの誓約に応じる気持ちであった。しかしその誓約文にローマ教皇の権威を否定しかねない文言があるのをみた彼は、そのままのかたちで誓約文に署名するのを拒否した。そこでモアは解任され、ロンドン塔におくられた。

　翌一五三五年七月、開始された裁判におけるモアへの起訴状は、被告人が国王とアン・ブーリンとの結婚と「国王至上法」について、みずからの見解を隠して明らかにしなかったこと、また国王は議会制定法によってはイングランド教会の首長になれないと述べたこと、などを罪状としていた。これにたいしていかなる法律も「沈黙」を犯罪として罰することはできない、というのがモアの反論であった。それが起訴状の弱点をするどくついたものであったにもかかわらず、ついに大逆罪の判決をうけたモアは、信念をつらぬいてカトリック教徒として殉教する道を選んだ。断頭台における彼の最期の言葉は、「国王のよきしもべ、されどまず神のよきしもべ」であったといわれる。彼はある同時代人が評したように、まさに「不動《ア・マン・フォア》心の男《・オール・シーズンズ》」であった。

◈テューダー朝擁護の劇作家

シェイクスピア

William Shakespeare (1564〜1616)

世界史の教科書には「エリザベス女王の治世にイギリス絶対主義は最盛期をむかえ、それを背景にしてシェイクスピアを代表とするイギリス・ルネサンスの華が咲いた」といった叙述がよくみられる。しかしここで注意しなければならないのは、シェイクスピアが「宮内大臣一座」の劇作家兼俳優として、ロンドンで名が知られるようになったのは、女王の治世も最末期の一五九〇年代であったことである。彼の作品でもっとも有名なのは、四大悲劇と称されるものであるが、そのうち『ハムレット』をのぞく三つ――『オセロー』『リア王』『マクベス』――はいずれもエリザベス女王が死去して、ステュアート朝になってからのものである。シェイクスピアは、長すぎたエリザベスの治世で、遅れてやってきた世代に属していた。そしてこの「遅れてやってきた世代」に属するひとたちによって、きらびやかなイギリス・ルネサンス文芸の隆盛がもたらされたのであった。

当時のロンドンの劇壇を牛耳っていたのは、「大学出の才人たち《ユニヴァシティ・ウィッツ》」とよばれた連中であった。たいした学歴ももっていなかったシェイクスピアは、最初は「成り上がりのカラス」とあざけられながらも、混沌《こんとん》としたなかにようやく都市文化が形成されつつあったロンドンを活躍の舞台にして、これまで文化の面ではっきり隔絶していた貴族・ジェントリと民衆を一つに結びつけることに成功した。そこにシェイクスピアが獲得した空前絶後の人気の秘密があった。

シェイクスピアが書いたもので、今日まで伝わっているのは、三十六編の戯曲と詩編があるだけで、日記や手紙のたぐいはいっさいのこされていない。そのため彼の私生活はなぞにつつまれている部分が多く、いまでもまことしやかに別人説が主張されたりする。とりわけ八歳年上の妻アン・ハサウェイとの関係についても、不仲説のうわさがたえない。ストラトフォード・アポン・エイヴォンのホーリ・トリニティ教会にある彼の墓碑銘には、「よき友よ、ここにおさめられし塵を掘るのをひかえよ」と刻まれていたため、妻は同じ墓所に葬られることができなかった。しかし彼は故郷をあとにした十年後には故郷に大邸宅を購入して、家族を住まわせ、ときどきロンドンから帰ってきた。さしずめ現在なら、単身赴任といった生活をおくって、首都における劇壇活動に従事していたといえるのではあるまいか。

そのシェイクスピアは、エリザベス女王の没後、十三年の余生をまっとうすることができた。彼ののこされた作品でもっとも古いものと推定されるのは、『ヘンリ六世』と『リチャード三世』などの歴史劇であり、また最後の作品も『ヘンリ八世』であったことは、彼が訴えたかったものを象徴的に示している。それは『リチャード三世』の終幕で語られるように、国際的な対立と内乱によって「満身創痍《まんしんそうい》」のありさまにあったイングランドに平和が回復した喜びを率直に表現し、またその平和を支えるものとしての強力な王権を待望し支持することにあった。

その意味で自分が生をうけたテューダー朝、とりわけ強大国スペインに抗して祖国をまもりぬいたエリザベス女王こそは、彼が敬愛してやまない存在であった。スコットランドからやってきた新しい国王の治世まで生きのびたシェイクスピアは、過去となってしまったテューダー朝の栄光を芝居で訴えつづけた。こうして彼は「エリザベス神話」形成の最大の貢献者となったのである。

第6章　イギリス革命

ステュアート朝の成立

未婚であったために後継者をもたなかったエリザベス一世が一六〇三年に死去すると、テューダー朝は断絶した。そこでエリザベスの生涯のライヴァルであったメアリ・ステュアートの子のスコットランド国王ジェイムズ六世が血縁によって即位し、ジェイムズ一世（在位一六〇三〜二五）としてステュアート朝（一六〇三〜四九、一六六〇〜一七一四）をはじめた。ここでイングランドはスコットランドと同君連合の関係になったが、このステュアート朝にたいして、十七世紀のイギリスにおいて、二つの革命――ピューリタン革命（一六四〇〜六〇年）と名誉革命（一六八八〜八九年）――が戦われ、それをとおして近代化のための条件がととのえられて、イギリスはしだいに世界の一流国の地位にのしあがっていった。本章で「イギリス革命」というのは、この二つの革命をあわせての呼称である。

十七世紀中葉という時点においてイギリスで革命が生じた最大の要因は、「議会における国王」に主権が存在するという、イギリスの国制の曖昧《あいまい》さに起因する、王と議会の対立にあった。しかしその背後にはテューダー朝のもとで社会構成が大きく変質し、ジェントリを中心とする社会層が発言力を高め、それにともなって彼らを代表者とする議会、とりわけその下院の国制における地位が上昇したことがあずかって大きかった。しかもイングランドの王権の側には、前にみたように大陸諸国とは異なり、常備軍と地方官僚をもたないという致命的な弱点があり、そのため国家と社会の安定はジェントリを中心にした名望家階層の協力にかかっていた。

ところがジェイムズ一世とその子チャールズ一世の二人のステュアート朝の国王の行動は、彼ら名望家階層の期待を裏切るばかりであった。ジェイムズ一世はスコットランドにいたとき、王権神授説を内容とする著書を発表していたが、即位するとハンプトン・コート宮殿で会議を開いて、国家における教会のありかたを検討するよう命じ、彼自身も積極的に討議に参加して、「主教なければ国王なし」と称して、国家と教会の一体化を強める姿勢を示した。彼にとっては君主制と国教会体制は車の両輪なのであった。そのうえ『遊びの書』を公刊して、ピューリタンの禁欲的な生活態度に水をさし、彼らにたいする弾圧を強めた。この空気に前途の不安を感じたピューリタンの一部は、オランダに移住し、いったん帰国して、メイフラワー号でプリマスから新天地を求めて北アメリカに船出していった。ピューリタンにとっては、このように亡命するか、たとえ不満足であっても国教会に信従するか、それとも教会の徹底的な改革を求めて戦うか以外に、選択の余地はなくなっていった。

しかしピューリタンよりもはるかに危険な存在は、カトリック教徒であった。議会の開会式にのぞ

火薬陰謀事件　右から３人目が首謀者と目されたガイ・フォークス。

む国王を議員もろとも爆破しようとした、カトリック教徒による「火薬陰謀事件」が一六〇五年十一月五日に発覚して、国民にはかり知れない恐怖を与えた。以後、この日は、首謀者の名前をとって「ガイ・フォークス・デイ」として、カトリックにたいする恐怖と反感を表現する象徴となり、これから毎年記念日として祝われることになる。しかもエリザベスのもとで強大国スペインからの解放の喜びを味わった国民の感情をいたく傷つけたのは、ジェイムズがスペイン、フランスのカトリック教国にたいして、即位翌年の対スペイン和平条約にみられるような従属的な外交を展開したことであった。国王のカトリック接近の姿勢は、皇太子チャールズの嫁選びにもうかがえるところであった。最初はスペインの王女を相手に選びながら断られると、今度はフランスの王女アンリエッタ・マリアが花嫁となった。カトリック教徒であった彼女の存在は、これからのイギリスの歴史に影をおとすことになる。

蘇《よみがえ》る「マグナ・カルタ」

浪費と勝手気ままと悪徳がはびこった、乱れきった宮廷も、地方に根をおろしたジェントリ層を中心とする国民の反感をかうに十分であった。ジェイムズと寵臣《ちょうしん》バッキンガム公の性的な関係は、口さがないロンドン児の嘲《あざけ》りと諷刺《ふうし》の対象であった。これに加えて財政難を臨時課税や強制献金によって補おうとする便宜的な手段に頼ったことも、議会を刺激せずにはおかなかった。こうしてさまざまな特権を享受して腐敗に流れた「宮廷」にたいする、恩恵から除外された「地方」の反感は増大していく。のちの革命が「宮廷」対「地方」という様相をとって展開することになった原因は、このようなステュアート朝の「宮廷」のありかたと深く結びついていた。

慣例を無視するジェイムズ一世の政策にたいする抵抗のよりどころとして、新しい生命をもつようになったのは、コモン・ロー(慣習法)、とりわけその象徴としての「マグナ・カルタ」であった。「マグナ・カルタ」は、十三世紀に調印された当時においては、封建貴族の既得権擁護のための契約文書にすぎなかったが、ここにイギリス人一般の権利と自由を定めた基本法であるとする解釈、「マグナ・カルタの神話」がうまれてきたのである。こうして議会を中心にして、ジェントリ、コモン・ロー専門家、さらに国教会体制を批判するピューリタンの三者のあいだに共同戦線が成立し、国王と宮廷にたいする抵抗の姿勢がかためられた。

ここで興味をひくのは、国王の姿勢と政策がイングランドに新しいものをもちこもうとする「革新」的なものとうけとられ、それを攻撃する議会の側が伝統と慣習をよりどころとする「保守」的な立場をとったことである。およそ革命という情勢から予想されるものとは逆の位置づけがみられるところに、イギリスにおける革命ないしは改革の一つの特徴が認められる。

一六二五年に父王をついだチャールズ一世の治世（一六二五〜四九年）において、緊張はさらに高まり、二八年その第三議会は、代表的なコモン・ロー専門家クックが中心になって「権利請願」を国王に提出した。それは献金の強制、議会の同意しない課税、不法な逮捕・投獄、兵士の無料宿泊、軍法裁判の濫用《らんよう》といった国王の行為は、「マグナ・カルタ」をはじめとするコモン・ローによって保障されてきたイギリス人の歴史的な権利と自由を侵害するものであることを訴えたものであった。いったんこの請願を受理したチャールズは翌年議会を解散し、以後十一年間、議会なしの専制政治にのりだした。

国王は側近の首領にカンタベリ大主教ロードを登用し、星室裁判所と高等宗務官裁判所などの国王大権裁判所を利用して、反体制的な言動をとったピューリタンに耳そぎなどのきびしい刑罰を科した。ロードはプロテスタントでありながら、反カルヴァン主義の立場をとるアルミニウス主義者であり、教会の社会的な機能を回復させようとするその政策は、カトリック教会への復帰をはかるものではないかとする疑惑を招いた。宮廷の中心にカトリック教徒の王妃アンリエッタ・マリアがいたことも、カトリックの影を感じさせた。そのうえ議会の同意を必要としない財源を求めて、関税の強化、騎士強制金の新設、独占権の濫発、罰金のとりたての強化といった応急の手段に頼り、そのうえ海岸線の防衛のために課せられていた船舶税を、従来は課税の対象外であった内陸部にまでひろげて徴収することにするなど、いたずらに反発をかう政策が実行に移された。三七年船舶税を不法として訴えたひとりの地方ジェントリ、ハムデンの支払い拒否を契機にして、反対運動はひろがりをみせ、これまで無給で地方行政に奉仕していたジェントリ層が政府=宮廷から離反しはじめた。

スコットランドの反乱　エディンバラの聖ジャイルズ教会で国教会の祈禱書の強制に反抗してたちあがった教会員。

しかも同年国王がカルヴァン派の流れをくむ長老教会主義を国教としていたスコットランドに、イングランド国教会の祈禱書《きとうしょ》と儀式を強制したことから、エディンバラで暴動がおこり、真の宗教をまもるためにスコットランド国民が団結することを誓う「国民盟約」が結ばれた。みずから兵を率いて鎮圧にむかった国王は激しい抵抗にあって国境をこえて兵を進めることもできず、戦わずして兵をひきあげざるをえなかった。戦費に窮した国王は、四〇年春、十一年ぶりで議会を開いたが、議会は要求に応じなかったので、三週間で解散させられた。「短期議会」とよばれることになったのはそのためである。これをみてスコットランド軍が国境をこえて侵入したため、国王は賠償金の支払いを条件にして和を結んだ。その財源を求めて四〇年十一月招集されたのが、「長期議会」である。こうしてスコットランド問題は革命の引き金を提供したのであった。

議会による改革と内乱の展開

招集されるとただちに改革に着手した長期議会は、まずストラフォード伯ら国王側近の責任を追及し、ついで一連の改革立法をつぎつぎに通過させた。議会なしの専制を不可能にするために三年に一度はかならず議会を開かなければならないことを定めた法、議会の同意なしにはその解散に反対する法、国王大権裁判所（星室裁判所、高等宗務官裁判所）を廃止する法、船舶税を不法と宣言する法などがおもなものである。

絶対王政の専制支配に歯止めをかけて、国王大権の行使を議会制定法の枠内に制限しようとしたこの改革の基本線には、議員のあいだにも大筋では異論がなかったため、これらの改革立法はほぼ満場一致で議会を通過し、しかも国王もそれに同意を与えて正式に議会制定法として成立した。革命が王政復古に終わったあとにも少数の例外をのぞいて継承されることになる、この革命の国制上の改革の主要な成果は、この段階で達成されたとみることができる。「ピューリタン革命」の開始時点を、一六四〇年とするのは、そのためである。

しかし内外の情勢は、改革をここまでで止めることを許さなかった。四一年秋アイルランドでカトリック教徒の反乱がおこり、プロテスタントのイングランド人が多数虐殺されたとの知らせが伝えられると、国民の反カトリック感情に火がつけられた。そして改革をつぶそうとする国王の策動を封ずるために、国王のもっている宗教権、軍事権をも議会が掌握しなければならないとする急進的な勢力が急速に台頭してきた。ここで穏健な改革派は国王支持に転じて、議会には分裂の徴候があらわれた。たとえばのちに王政復古体制の中心人物となるハイドなどは、「立憲的国王派」とよばれた穏健改革派の代表的存在である。そのため国王の悪政を列挙して改革の推進を訴えた「大抗議文」は、わずか十一票差でかろうじて議会を通過するありさまであった。

ところが四二年初頭、国王はみずから兵士を率いて議会にのりこみ、ピムら五人の急進派の指導的議員のひき渡しを求めるという暴挙にでて失敗し、ロンドンをはなれて北のヨークにむかい、戦闘準備にとりかかった。議会も「民兵条例」を採択して軍事権を握り、さらに事実上の議会主権を要求する「十九条提案」をだしたが、国王がそれを拒絶したため和平交渉は決裂し、国王はノッティンガムで八月に挙兵し、ここに第一次内乱がはじまった。

ついに戦火をまじえることになった議会派と国王派の両派（当時の人たちは、それぞれを「円頂党《ラウンド・ヘッヅ》」「騎士党《キャヴァリアーズ》」とよんだ）は、どのような構成をもっていたのであろうか。地域的にみて議会派がロンドンを中心にする先進的な東部・南部、国王派が遅れた西部・北部を勢力基盤にし、宗教的には前者ではピューリタンが主体になり、後者では国教徒が大半を占め一部にカトリック教徒も加わっていた。また社会層の点では、国王派についたのは、貴族およびジェントリの大部分とそれに従った農民であり、議会派を構成したのは、貴族およびジェントリの一部、自営農民、さらには商工業者であったと

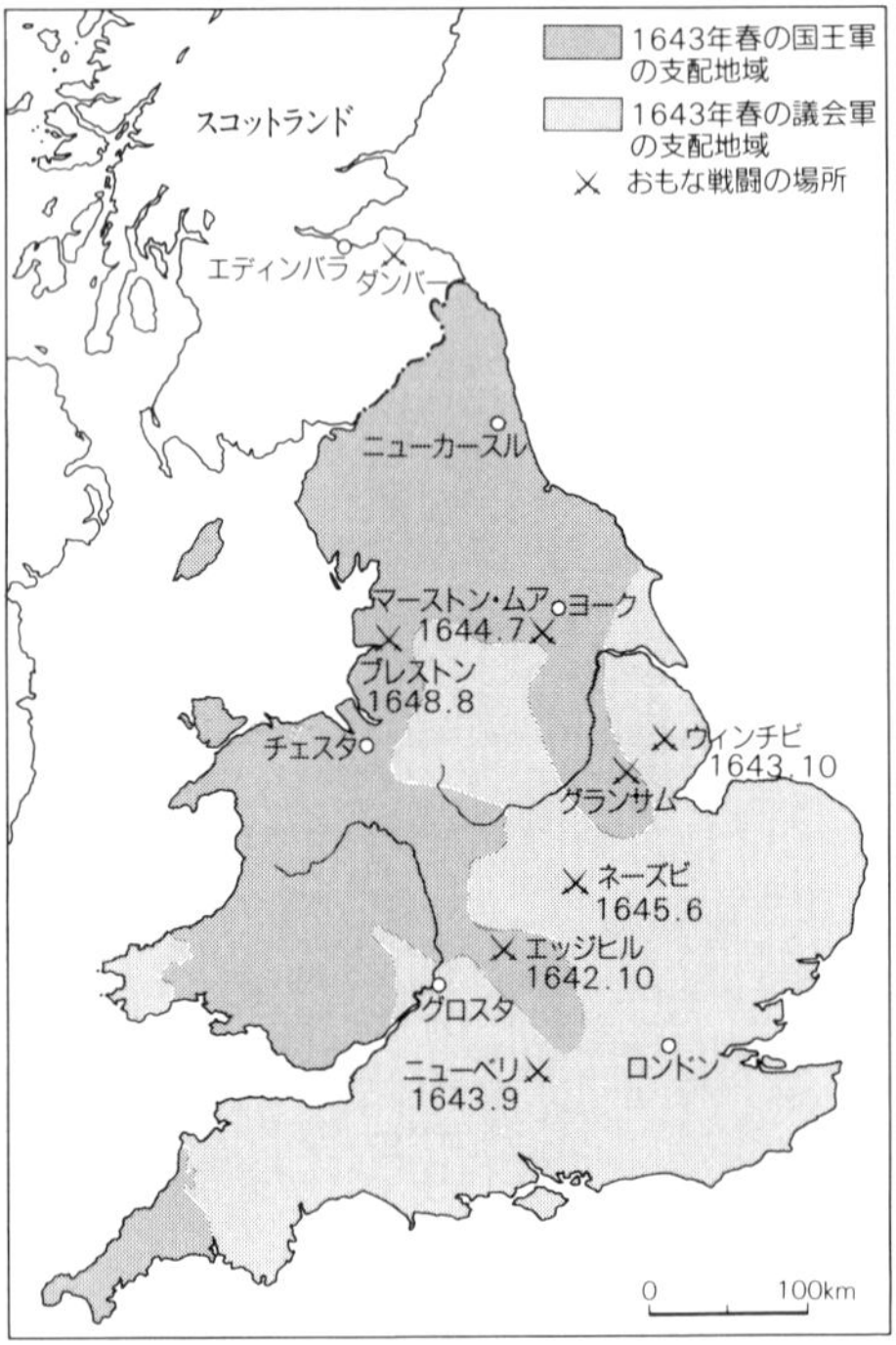

ピューリタン革命

する同時代人の証言もある。しかし動乱による被害の波及を恐れる中立派もかなり存在していて、この革命の陣営構成は簡単な図式的な把握を許さないほど複雑であった。農民や都市の民衆が革命の動向と性格を決定づけるほどの力をもちえず、革命における階級対立がきわめて曖《あい》昧《まい》であり、もっぱらジェントリを中心とする支配階層内部の分裂と抗争というレヴェルで革命が展開した点に、のちのフランス革命とは異なる、この革命の際立った特徴が認められる。

内乱開始後のほぼ二年間は、戦局は国王軍に有利に展開した。そのおもな原因は、軍事的経験を積んだ貴族に率いられた国王軍と、地方の民兵隊、義勇軍を主体にした議会軍の質的な差にあった。とりわけ議会軍の主力をなす民兵隊が、州の自衛軍という性格上、州の境界をこえて戦うことを好まないという欠陥をもっていたことが、戦況を不利にした。このような議会軍の弱点をみぬいて、革命を遂行するためには議会軍の改革が不可欠であると考え、その改革を実行に移したことが、長期議会の招集された時点においてはひとりの無名の「田舎紳士」にすぎなかったオリヴァ・クロムウェルをして、この革命の中心人物たらしめた最大の理由である。クロムウェルは、内乱開始直後に、熱烈なピューリタンからなる騎兵隊を率いて議会軍に参加したが、しだいに革命の中心勢力となった「独立派」の指導者の地位を確保するようになる。

革命陣営の分裂・抗争

革命に一つの重要な転機がもたらされたのは、一六四三年のことであった。この年、戦況で劣勢に立った議会側は、援助を期待してスコットランドと軍事同盟を結ぼうとした。ところがスコットランド側は政治・軍事の同盟にとどまらず、宗教同盟、すなわちスコットランドの国教である長老教会主義体制をイングランドが採用することを求めてきた。これを契機にして議会派の内部に「長老派」と「独立派」の対立があらわれ、以後の革命の過程はそれぞれ議会と軍隊を拠点とする、この両派の対立と抗争、そして「独立派」による権力の掌握というかたちをとることになる。

このように「長老派」と「独立派」のそもそもの起源は、宗教的なものであり、いずれもピューリタンの分派であったが、それぞれの教会組織にたいする姿勢が、革命にたいする姿勢の違いをうんでいることに注目しなければならない。すなわち長老派がとったような、全国的な長老教会主義の組織をつくって個々の教会をその統制下におこうとする姿勢は、これまでの国教会を長老主義教会におきかえるものにすぎず、革命をさらにおし進めて国教会体制を廃止するようなことがあれば、言葉をかえれば、イギリスの社会秩序を根本から否定してしまうようなことがあれば、その意図するような教会組織を打ちたてることはできない。それゆえに長老派は戦闘が開始されたあともつねに国王派にたいしては妥協的であり、機会をとらえては早期の和平の実現をはかったのであった。

ところで一方の「独立派」の立場は、きわめて微妙であった。というのも、彼らは個々の教会の自主性を強調するがゆえに「独立派」を名乗ったのであり、みずからは長老派のような「チャーチ」型の教会組織と、一定の資格をそなえた信者だけの自発的な結社である「セクト」型の会衆組織との中間のかたちをとった教会組織をとると主張していた。そして絶対王政と結びついた国教会機構を批判した「独立派」は、古い社会秩序が温存されることに反対し、革命の推進をはかる立場をとったので、革命を戦いぬくためには諸セクトに集まった民衆のエネルギーを必要とした。そのために「独立派」と諸セクトのあいだには、革命遂行のための共同戦線が成立する可能性が存在した。事実、劣勢の議会軍にあって、厳格な規律をまもって「鉄騎隊」の異名をとったクロムウェルの騎兵隊こそは、幹部としての「独立派」と一般兵士層に支持者の多かった諸セクトとの共同戦線の場であったのである。

四四年七月マーストン・ムアの戦勝によって発言力を高めたクロムウェルは、長老派に属する貴族たちの戦闘指導をきびしく批判して、彼らに指揮官の地位からの辞職をせまり、四五年はじめ議会軍を「ニュー・モデル軍」に改組することに成功した。それはクロムウェルの鉄騎隊を原型とするもので、まさに国王軍を信仰の敵と考える、ピューリタンの「聖者」の軍隊を中核にするものにほかならなかった。この議会軍の再編によって戦局は議会側に有利に傾き、六月のネーズビにおける勝利によって第一次内乱は終結し、国王は捕虜となった。しかし軍隊を追われた長老派は議会においてはまだ多数を占めていたので、内乱終結を理由にして軍隊を解散することによって独立派の弱体化をはかったため、議会の内部対立はいっそう激化した。

この四七年の「軍隊の危機」にさいして、一般兵士層の利害をまもるために登場したのが、リルバーンなどを理論的な指導者とする「レヴェラーズ」(平等派)とよばれた政治党派であった。同年秋レヴェラーズは、独立派軍幹部に批判を加えるとともに、さらに革命を徹底させることを訴えた。クロムウェルは「パトニ討論」を開いて、説得をとおして革命陣営の解体をふせごうとした。軍幹部と一般兵士の代表が、テムズ河畔のパトニの教会堂の机を囲み、革命が終わったあとのイギリスの国家構造のありかたを論じあった、この「パトニ討論」は、世界の民主主義の歴史においても無視することのできない意義をもっている。

クロムウェルの銅像　ロンドンの国会議事堂の傍らに立つこの銅像は，1895年に建てられた。

討論の席上、レヴェラーズは人民主権の共和国の構想をもつ憲法草案「人民協定《アグリーメント・オブ・ピープル》」を提出した。この草案のタイトルには、憲法を社会

国王チャールズ1世の処刑　ホワイトホール宮殿の宴会場に設けられた断頭台をとりかこみ，国王処刑の様子をみる群衆。

契約としてとらえようとする、彼らの意図が明白であった。「生得権を失っていないすべての住民は、選挙においても平等な発言権をもつべきである」として、自然権としての政治参加を要求したレヴェラーズの主張に強硬に立ちむかったのは、独立派のスポークスマン役をつとめた、クロムウェルの娘むこアイアトンであった。彼は「この国に恒久的で固定した利害をもっていない人は、国事の処理や、われわれが統治されるべき法を決定する人びとを選出するのに、関係したり参加したりする権利はもっていない」として、選挙権をあくまでも一定の財産資格をそなえたもの、とくに土地をもつものだけに限定することを主張してゆずらなかった。このアイアトンの発言は、この革命の性格のみならず、将来のイギリスの政治のありかたを規定しつづけたものとして、注目に値する。

　このような軍隊の内部対立をみた反革命勢力の暗躍によって第二次内乱が生じたが、独立派はレヴェラーズと和解してこの内乱を戦いぬき、四八年夏には勝利をおさめることができた。そして同年暮には議会から長老派の議員が追放され（「プライド大佐のパージ」）、議会は独立派だけで構成される「残部議会」となった。このころから諸勢力の対立に便乗して有利な条件をえようとした国王にたいする不信はぬぐいがたいものとなった。それを背景にして設けられた特別法廷は、「専制君主、反逆者、殺人者、国民にたいする公敵」として国王チャールズ一世に死刑を宣告し、四九年一月三十日、ホワイトホール宮殿の宴会場の外に設けられた断頭台上で、群衆のみまもるなかで国王を処刑した。処刑後、国王の遺著というふれこみで『エイコン・バシリケ――孤独と苦難のうちにある国王陛下の肖像』というパンフレットがひそかに売れゆきをのばした。まさに革命の前途の困難が予想された。

共和政から軍事独裁政権へ

国王処刑につづき君主制と貴族院は廃止され、ここに革命はその絶頂をむかえた。しかし独立派は、みずからの手に革命の成果を掌握するためにレヴェラーズとの同盟を解消することを決意し、一六四九年春給料未払いを理由に従軍を拒否したレヴェラーズの反乱を鎮圧した。そしてその後でイギリスは一院制の共和国（コモンウェルス）となるむねの宣言がだされた。ついで議会軍総指揮官となったクロムウェルは、反革命勢力の掃討を理由にして、アイルランドとスコットランドに遠征をくわだて、前者においてはかつてのカトリック教徒によるプロテスタント虐殺の報復として、残虐行為と徹底的な土地の収奪をおこない、「緑の島」アイルランドを荒野にかえ、その植民地化を促進した。この「クロムウェルのもたらしたわざわい」に、現在にまでその痕跡《こんせき》をのこすことになる「アイルランド問題」の原点が認められる。

この間、五一年に議会が「航海法」を制定して、当時の仲介貿易の覇者《はしゃ》たるオランダの地位に挑戦したため、対オランダ戦争が勃発した。この世紀に三回にわたって戦われたこの戦争（一六五二〜五四、六五〜六七、七二〜七四年）をとおして、イギリスはオランダの海上覇権をゆるがせ、植民地帝国建設にむけての第一歩をふみだすことになった。

一方、共和政の成立以降、暫定的に政権を担当していた残部議会は、いたずらに保身をはかって軍を敵視したので、両者の関係は険悪となり、五三年四月、クロムウェルは兵士を率いて議会にのりこみ、それを武力で解散した。その後、推薦《すいせん》議員だけで構成された「指名議会」が開かれたが、社会改革に熱意をみせたため保守派の反発をかい、自発的に解散させられてしまった。

五三年秋クロムウェルは、軍幹部の起草した憲法（「統治章典」）に従って、護国卿という終身の地位についた。議会の存在は否定されなかったとはいえ、護国卿政権は、軍隊士官とピューリタンによる独裁政権であって、その支持基盤がきわめて狭かった。そのため左はかつてのレヴェラーズの残党から、右は国王派にいたるまでの反政府勢力に取り囲まれて、政情はきわめて不安定であった。そこで五五年、国王派による反政府一揆《いっき》が勃発したのを理由に、全国を十二の軍管区にわけて軍政官制度を実施したが、その露骨な「剣による支配」はかえって政権にたいする嫌悪を育てるばかりであった。そこで議会はクロムウェルに王冠を提供して君主制に復帰することによって、政権の安定をはかろうとしたが、軍幹部の強硬な反対にあったクロムウェルは国王になることを断念せざるをえなかった。

混乱をさけるには、革命を戦ってきた軍隊を中心に革命勢力の再結集をはかって共和政をまもりぬくか、あるいは議会に基盤をもつ伝統的な支配層たる土地所有者の意向に従うかのいずれかしか、方法はなかった。ところが前者の可能性は五八年九月、革命のカリスマであったクロムウェルが病没したため消滅した。クロムウェルの死後護国卿となった三男のリチャードは、父親とは異なり政治的な手腕を欠き、議会と軍隊を統御できず、翌年五月辞職してしまい、ここに護国卿政権は崩壊《ほうかい》してしまった。

王政復古後の混乱

国内は無政府状態となったが、スコットランド駐留軍司令官マンクが兵を率いてロンドンにはいり、長期議会を復活させ、亡命中の国王の遺児チャールズをむかえるための仮議会の招集を決議させた。チャールズは「ブレダ宣言」を発表して、王政復古の条件として、革命中の言動の免責、信仰の自由の保障、土地移動の再調査と復帰、兵士の未払い給与の支払いの諸点を約束しただけでなく、王政復古は「国王と貴族院と下院を、正当にして古来から伝えられた基本的な諸権利に回復」させるものであるという立場を明らかにした。仮議会がこれを認めたので、一六六〇年五月チャールズは熱烈な歓迎のなかをロンドンにはいってチャールズ二世として戴冠式をあげ、ここに王政復古がなった。このような王政復古の基本的な路線をチャールズに進言して、実行させたのは、亡命中からの彼の顧問役をつとめたハイドであった。クラレンドン伯に叙せられた彼は、王政復古体制の文字どおりの中心人物となる。

しかしこの王政復古は、ピューリタン革命前の旧体制への完全な復帰を意味するものではなかった。革命が最初の段階で実現した国制改革や「航海法」などの主要な議会制定法は、ほぼ継承された。だがあらたに招集された議会にはかつての国王派＝騎士党が多数を占めたため「騎士議会」とよばれたが、議員たちは革命中に自分たちのこうむった被害を忘れることができず、しかも「ブレダ宣言」はその約束の保障を議会の意向にゆだねていたため、議員たちの復讐心《ふくしゅうしん》を阻止することはできなかった。クロムウェルをはじめとする「国王弑逆者《しいぎゃくしゃ》」の墓があばかれ、生きのこった革命派の残党に追及の手がのび、一連のピューリタン弾圧立法（「クラレンドン法典」）が制定されて、国民にたいして国教会体制への信従と国王にたいする武装抵抗の放棄の誓約が課せられ、それに従わない非国教徒は、聖職はいうまでもなく、中央と地方の官職や大学からしめだされることになった。

ところが王政復古体制の存続にとって最大の危険な要因になったのは、国王チャールズ二世自身の思想と行動であった。いとこのフランス国王ルイ十四世が「フロンドの乱」とよばれた内乱を克服して親政を開始したのに刺激された国王は、クラレンドン法典の一つである「礼拝統一法」を審議していた議会に、カトリック教徒にたいする処遇が不当であると訴え、国王のもつ宗教大権と法律の適用免除権・執行停止権の確認を求めた。

このような国王の行動が疑惑をうんでいた時期に、ペストの大流行（一六六五年）、翌年のロンドン大火、さらにオランダ艦隊の砲撃という不吉なできごとがつづき、チャールズは忠臣クラレンドン伯を「いけにえ」として免職させねばならなかった。おりもおり国王がルイ十四世と、「ドーヴァ条約」を結び、そのなかにはフランスの援助のもとでイギリスにおけるカトリックの復活を約束した秘密条項がふくまれていたことが露見して、物情騒然たるありさまとなった。ところが国王はさらに追い打ちをかけて、「信仰自由宣言」(一六七二年)を発して、カトリック教徒にたいする罰則の適用を国王大権によって停止した。これに対抗して翌年議会は、この宣言を撤回させ、さらに公職につくものを国教徒にかぎるという「審査法」を制定した。

ここにかつてのような国王と議会との対立が再現し、人びとの心のうちに革命の記憶が蘇ってきた。七八年、国王を暗殺してカトリック教徒である王弟ヨーク公ジェイムズを王位につけようとする「教皇支持者の陰謀」が発覚して、疑惑はさらに大きくなった。そこでチャールズなきあとにおこるかもしれない事態にたいする予防策として、ヨーク公ジェイムズにたいする「王位継承排除法案」が翌年議会に提出された。そしてこの法案をめぐる争いのなかで、法案の通過をはかった「排除派」と反対した「嫌悪派」の対立がうまれ、それぞれ「ホイッグ」「トーリ」というあだ名で相手をよぶようになった。これがのちのイギリス二大政党の原型である。

結局この法案は成立せず、予防闘争は失敗に終わり、兄の死去をうけて八五年、問題の人物ヨーク公がジェイムズ二世として即位した。その直後、これに反対して前王の庶子モンマス公が反乱をおこしたが、貴族やジェントリなどの支配階層はそれをたすけようとはしなかったので、あえなく鎮圧されてしまった。国王はこの反乱にたいして「血の巡回裁判」とよばれる極刑をもってのぞみ、議会を休会し、審査法を無視してカトリック教徒を文武の官吏に登用し、大学のカトリック化をはかり、ロンドン周辺には国民の嫌う常備軍を配置し、宗教裁判所を復活させた。さらに前王と同様に八七年と八八年の再度にわたって「信仰自由宣言」を発した。この宣言が、信仰の自由を口実にしてカトリックの復活をめざしたものであることはすでに自明のものとなっており、しかも八八年の宣言は教会におけるその朗読を強制するものであったために、カンタベリ大主教ら七人の国教会高位聖職者は、その朗読をこばんだのを理由に投獄された。

名誉革命への道

しかしながら二度目の革命の直接の契機になったのは、このような専制にたいする反感が高まっていた一六八八年六月、カトリック教徒の王妃が皇太子をうんだことであった。ここで王位は国王の長女でプロテスタントのメアリに継承されるであろうという国民の期待は裏切られ、イギリスが永遠にカトリック教徒の国王によって統治されることになるという恐怖が国民をとらえた。

この皇太子誕生をきっかけとして、これまで対立していたトーリ、ホイッグ両派の指導者は協議のすえ、七人の主教たちが無罪の判決をうけて釈放されたその日に、オランダ総督オラニエ公ウィレムにむけて、武装援助を請う招請状を発送した。ウィレムは王女のメアリの夫であるとともに、当時、ルイ十四世のカトリック的侵略政策に対抗するプロテスタント側の事実上の軍事指導者であった。三カ月後、ウィレムは「プロテスタントの宗教とイングランド王国の法と自由」をまもるために遠征する決意を明らかにし、約一万五〇〇〇の兵を率いて、かの火薬陰謀事件発覚の記念日である十一月五日にイングランド南西部のトーベイに上陸した。まさにウィレムは、カトリックの脅威に立ちむかう象徴なのであり、彼もそのことを十分に意識して行動したのであった。しかし彼がただちにロンドンにむけて進撃せずに、国王軍の自壊を待つ作戦をとると、貴族ら指導的な人びとはあいついでウィレムのもとに集まり、迎撃するはずの軍隊もウィレム側に寝返り、王の次女のアンも義兄についた。戦意を失ったジェイムズ二世は、王妃と皇太子をフランスにのがしたのち、一時とらえられたが、十二月ウィレムがロンドンにはいった直後にフランスへ逃亡した。

八九年一月に開会された仮議会では、この事態の説明をめぐってトーリ、ホイッグ両派間で意見が対立した。トーリはメアリの血統を利用して世襲王制としての連続性に固執《こしゅう》し、一方のホイッグは革命の正統性を明示することを望んだからである。討議のすえ、国王は本来の契約を破って、国家の転覆《てんぷく》につとめ、基本法を侵害し、しかも逃亡して統治を放棄したがゆえに、王位は現在空位となっている、とする共通見解がまとまり、またウィレムとメアリを共同統治者として王位につけることで妥協が成立した。

しかしこの一世紀近くのあいだに国民が国王からこうむった被害はあまりに大きかったので、仮議会は国王の暴政を批判するとともにイギリス人の「古来からの権利と自由」を宣言することになった。この「権利宣言」は、国王が専制の手段として用いた法の適用免除権・執行停止権、宗教裁判所の設置、議会の同意のない課税、平時における常備軍の維持などはすべて違法としてしりぞけ、逆に議会については、その選挙と言論の自由、会期の確保を要求するものであり、しかも「権利宣言のなかで主張され、要求されている権利および自由は、その一つ一つが全部、この王国の人民の、真の、古来から伝えられた、疑う余地のない権利と自由」である、とされていた。

八九年二月ウィレムとメアリはこれを承認して共同統治者（ウィリアム三世とメアリ二世）として王位につき、ここに名誉革命が達成された。仮議会は正式の議会となり、さきの「権利宣言」を「臣民の権利および自由を宣言し、王位継承を定める法」、通称「権利章典」として制定した。この法律の後段の王位継承については、カトリック教徒の国王を排除するという基本的な原則がうたわれていた。「権利章典」についで「寛容法」も制定され、国教会を体制教会の地位におきながらも、その周辺にプロテスタント非国教徒の教会が位置することを認めるかたちで、彼らにも信仰の自由を認めた。

イングランドとは異なりスコットランドにおいては、ジェイムズ二世を支持する「ジャコバイト」の勢力が強く、名誉革命を承認する議会とジャコバイトのあいだで武力抗争がおこなわれた。またアイルランドではジェイムズ二世の逃亡後、プロテスタント支配地域をカトリックの手に取りもどそうとする蜂起があり、それに呼応してジェイムズ二世もフランスの援助のもとに、八九年三月ダブリンにはいった。ウィリアム三世はみずから兵を率いて遠征し、翌九〇年七月ボイン川の戦闘でジェイムズ二世の軍隊をやぶり、ジェイムズはフランスに逃亡した。これ以後、アイルランドにおいてはカトリックにたいする弾圧がピューリタン革命期のクロムウェルの征服にもまして徹底的に推進され、後世に深い傷痕《しょうこん》をのこすことになった。

イギリス革命の打ちたてたもの

名誉革命は十七世紀初頭以来の国王と議会の対立に終止符を打ち、「議会における国王」に主権が存在するという中世以来の伝統的な国制をまもりながらも、議会制定法の優越する議会主権体制の基礎をかためた。外見は連続したかたちをとりながらも、その底に明らかに政治の主体の変革という革命的な変革が秘められていたのである。このような成果がほぼ無血のうちに達成されている点を強調して「名誉」革命と命名し、ピューリタン革命よりも高い評価を与える傾向が、長いあいだイギリスの歴史学界を支配してきたが、逆にこれをたんなる宮廷クーデタにすぎないとする評価もある。

しかし名誉革命の真の意義は、前のピューリタン革命と関連づけて、二つを「イギリス革命」として把握することによって明らかにされる。すなわち王政復古体制がピューリタン革命前の旧制度の全面的な復活を意味しなかったにもかかわらず、後期ステュアート朝のふたりの国王が革命の教訓を忘れて絶対主義の復活をはかったのが、名誉革命の直接の原因となったのであり、したがってピューリタン革命の成果が、王政復古体制をへて名誉革命によってまもりぬかれたばかりか、さらに補強されている点をみのがしてはならないであろう。とりわけピューリタン革命中の一六四六年に後見裁判所が廃止されたことによって、土地にたいする私有財産権が確立し、それをとおしてこれまでさまざまな制約が課せられていた個人の資本主義的な活動にとってふさわしい社会関係がつくりだされたことが、この後のイギリスの近代化にとっては決定的な意味をもった。

イギリス革命を構成した二つの革命は、いずれも議会を中心にして貴族・ジェントリのレヴェルで戦われ、イギリス人が過去の歴史において獲得していたとされた、歴史的な権利の回復を要求することをその戦いの基調として展開した。そのうえ名誉革命にいたる過程においては、「四〇年代の恐怖」、すなわち民衆運動の展開による革命の過激化の恐怖を忘れることができなかった支配階層が、民衆を政治の舞台から徹底的に排除したのが特徴的であった。これがのちのフランス革命とくらべると、この革命に不徹底で妥協的な性格を与えると同時に、スコットランドとアイルランドをのぞいて、革命を「無血」のうちに遂行するのを可能にして、「名誉」革命たらしめた最大の理由である。

名誉革命の樹立した体制下にあって、議会とくに下院の占める地位はいちじるしく向上したものの、君主制が廃止されるどころか、国王とその大権は完全には否定されず、一方、選挙権の拡大などの議会の構成にかんする民主的な改革はいっさいおこなわれないで、そのことが土地所有者による寡頭《かとう》支配という政治構造の体質を温存させることになった。しかし、こうして名誉革命後も土地所有者が依然として政治権力を掌握しつづけたにもかかわらず、彼らは外国貿易に従事する大商人と手を結び、「航海法」による重商主義政策にまもられて植民地帝国の建設を推進し、一世紀後に巨大な歩みを開始する工業化の前提条件をととのえていった。このように土地所有者が主体となった点に、イギリスの近代化の最大の特徴が認められる。そしてその傾向を定着させることに重要な寄与をしたのが、イギリス革命であった。

◈汚職にまみれた合理主義者

フランシス・ベイコン

Francis Bacon (1561〜1626)

身は絶対君主の宮廷において、パトロンを頼りに高位の官職につこうと懸命にあがきつづけ、ついに大法官という最高の地位にありついたと思ったら、翌年には収賄《しゅうわい》の疑いをもたれてロンドン塔に幽閉され、ついには引退をよぎなくされる。しかもこのような汚濁にまみれた官僚としての生活をおくりながら、他方では「学問の大革新」をとなえて、学問の体系化を志して大著をものし、それによってイギリス経験論哲学の祖としての不動の地位を獲得することになる。いったいベイコンにとっては、学問と生活、理論と実践はどのように結びついていたのであろうか。

ベイコンはエリザベス女王のもとで国璽尚書《こくじしょうしょ》をつとめたニコラス・ベイコンの八男としてうまれた。母親はかのウィリアム・セシル（のちのバーリ卿）の夫人の妹であった。ケンブリッジに進んだベイコンは、中途退学してグレイズ・イン法学院にはいった。法廷弁護士としての資格を獲得したベイコンは、必死で官職にありつこうとしたが、伯父バーリ卿がいたにもかかわらず、またエリザベス女王の最後の寵臣エシックス伯にも認められて子分になったにもかかわらず、はかばかしい成果はえられなかった。おまけに反乱に失敗したエシックス伯の裁判において彼に不利な証言をしたことが、恩人を裏切ったとする非難さえ招いた。

しかしステュアート朝になると、急にベイコンにも運がむいてくる。法務次官、法務長官、そして枢密院議官、国璽尚書、ついには大法官と出世街道を驀進《ばくしん》し、男爵に叙せられ、一六二一年にはセント・オーバンス子爵の爵位をうけたが、その三日後に下院において収賄の容疑で弾劾《だんがい》され、有罪判決をうけて、すべての官職を奪われ、あえなく失脚してしまった。この背後には、かの「マグナ・カルタの神話」をつくりだした人物として著名な法律家エドワード・クックとの個人的な確執が働いていたといわれる。「昇進することは骨が折れる。人びとは苦痛に耐えてもっと大きな苦痛に到達する。それはときとしては卑劣である。人びとは威厳を失いながら威厳に到達する。その立場は滑りやすく、後退することは没落か少なくとも勢威の失墜であり、これは憂鬱《ゆううつ》なことである」。『随筆集』の第二版（一六一二年）にみられる彼のこの言葉は、まさに実感がこめられていて、おのれの行く末を予感していたかに思える。

このように絶対主義国家の宮廷において多忙な生活をしながら、ベイコンはその多産な著作活動を展開した。即位してまもないジェイムズ一世にベイコンが献呈した書物は、『学問の前進』と題されていた。彼は新しい時代とともに学問のあらゆる分野において、古代や中世をこえた知識の革新が生じていることを知り、学問の新しい方法論をさぐり、独自の基準のもとで学問の分類をくわだてるのが、そのねらいとするところであった。政界を引退したあと、彼はその壮大な体系を著述にのこそうとしたが、未完に終わってしまった。

彼の最期は、いかにも学問と経験の一致をめざした彼の生涯にふさわしい。二六年三月、ひどい雪の降るなかをロンドンの北の郊外ハイゲイトをとおっていたときに、ベイコンの脳裏には、動物の肉は冷蔵すれば保存できるのではないかという考えがひらめいた。内臓をぬいた鶏を買い求めた彼は、みずから降りしきる雪のなかで、懸命になって鶏に雪を詰めた。そのとき風邪をひいたようで、ロンドンまで帰ることができず、近くのある貴族の家で数日後に他界したのである。

◈名誉革命の理論家？

ジョン・ロック

John Locke（1632〜1704）

市民社会の理論家として知られるロックの生涯は、イギリスの歴史のなかでももっとも波乱に富んだ時期をカヴァーしている。彼はピューリタン革命と名誉革命という二つの革命を直接に体験し、その激動のなかで育ち、その思想を形成していった。学んでいた学校からさほど遠くないホワイトホール宮殿の建物で、国王チャールズ一世が処刑されて、イングランドは歴史上ただ一回かぎりの共和政をとることになり、その共和政もクロムウェルの独裁、そしてそれへの反発から王政復古をむかえることになった。「おそらく私ほど権威にたいして大きな尊敬と崇拝の気持ちをもっているものは、ほかにはいるまい。私はうまれるとすぐに嵐のなかにまきこまれ、その嵐はごく最近までつづいていたのである。だから私は平穏な日が近づくのを、最大の喜びと満足とをもって歓迎しないではいられなかった」。王政復古が成就《じょうじゅ》したときのロックの感想である。この時点の彼は、明らかに革命を否定し、権威主義を主張していた。

ロックの著作のなかに、矛盾や立場の変更を認めるのは、たやすい。それも彼をとりまく政治情勢が、日々刻々と変化をとげたことにも大きな理由がある。ロックといえば、政治、宗教、哲学といった領域で活動を展開した思想家としての評価が定着している。しかし彼は生涯をとおして医学に関心をもちつづけ、一六七五年には医師の資格を公認されている。彼のパトロンとなったアシュリー＝クーパー（のちのシャフツベリ伯）と知りあったのも、侍医になってほしいという要請をうけたためであった。やがて王弟ヨーク公ジェイムズにたいする王位継承排除運動が展開すると、シャフツベリはのちのホイッグの前身となるブルー・リボン・クラブを組織して、王位継承排除法案の議会通過をはかった。

　ところでロックの著作のなかでももっとも有名なものは、彼の政治思想、とりわけ市民社会の論理が体系的に叙述されている『統治二論』（一六八九年）であろう。この書物は、名誉革命がおこなわれたのちに、それを弁護するために書かれたとするのが、これまでの一般的な理解であった。ところが近年の研究によると、政治社会の形成を論じ、抵抗権を強調して、本書の主要な論点を提出していた第二部は、フィルマの王権神授説を批判した第一部よりもさきに、七九年ころ執筆されたらしい。とすれば、この書物はおりから展開しはじめていた王位継承排除闘争におけるホイッグの立場を弁明することに、彼の執筆意図があったのであり、本来はけっして名誉革命弁護論ではなかったのである。

　王位継承排除闘争で敗北を喫したシャフツベリ伯は大陸への亡命をよぎなくされ、アムステルダムで客死した。パトロンの運命の急変に身の危険を察したロックもオランダに亡命した。そして名誉革命の成功の知らせをうけて、ロックは帰国し、亡命生活に終止符を打った。『寛容についての書簡』『統治二論』『人間知性論』と、亡命中に書きためていたロックの著作がつぎつぎ刊行されて、彼は一躍注目を集める存在になった。しかし彼は隠遁《いんとん》の生活を選び、政治の表舞台に登場することはなかった。「魂への配慮は為政者の関知する問題ではありえません。なぜなら為政者の権力はただ外的な力にのみ存するものだからです」と寛容を説く彼の言葉には、明らかにピューリタンの時代は終わり、市民社会が姿をみせていたことがうかがえるであろう。

第7章　植民地帝国の形成

「土地をもつもの」の支配

十八世紀のイギリスは、名誉革命が打ちたてた体制のもとに、その歴史を展開していった。しかしこの体制は、前述したように、議会主権を国制の基本原理としながらも、肝心の議会そのものの構成内容にかんする改革はいっさいおこなわなかった。国王には議会の招集・解散権や大臣任免権などの国王大権がまだのこされていた。しかもピューリタン革命の過程でレヴェラーズによって問題提起がなされた大衆の政治参加は拒否されつづけたばかりか、むしろ逆に下院議員の被選挙権は一定の土地財産をもつものに限定されて、ここに「土地をもつもの」の支配、地主寡頭《かとう》支配体制が樹立されることになったのである。

そのことを具体的に裏づけたのが、一七一一年に制定された一つの法律であった。それには「議会の自由を確保する法」というタイトルがつけられていたが、その後に「下院に議席を有する議員の資格をさらに制限することによって」という文言があることから明らかなように、下院の被選挙権を一定の土地を所有するもの（州選挙区においては年六〇〇ポンド、都市選挙区においては年三〇〇ポンドの収入のある土地所有者）に制限する内容のものであった。じつにあの「パトニ討論」において独立派のスポークスマン、アイアトンが主張した、政治参加を「恒久的で固定した利害」の持ち主である土地所有者に限定しようとした論理を、あからさまに実現してみせたのが、この法律であった。

しかもこの「議会の自由を確保する法」は、一〇〇年以上ものちの一八三八年に被選挙資格が若干ゆるめられはしたが、さらに一八五八年まで有効でありつづけた。換言すれば、イギリスが工業社会を成熟させた十九世紀の中葉にいたるまで、土地をもつジェントルマンでなければ、下院議員として政治の第一線に立ってその利害を国政に反映させることのできない仕組みが、十八世紀初頭につくられていたのである。そしてこの「土地利害」があくまでも尊重され優越する地主寡頭支配体制のもとで、貿易に従事する大商人や金融業者を中心とする「貨幣利害」集団をパートナーとして、イギリスが大西洋にまたがる植民地帝国を築きあげていったのが、十八世紀前半のことであった。

名誉革命前の一六八〇年代初頭に王位継承排除法案をめぐる対立のなかから、ホイッグ、トーリというのちの二大政党の原型がうまれていたことは、前述した。したがってこの十八世紀の前半の政治を語るさいにも、トーリ、ホイッグという党派ラベルが用いられることが多い。しかしこの両党のいずれも、有力貴族を中心とする派閥の連合体といった性格のもので、イデオロギー集団、政策集団としての近代的な政党からはほど遠い性格のものであった。後述する一七一四年のハノーヴァ朝の開始とともに、名誉革命のさいに亡命したジェイムズ二世の支持者（「ジャコバイト」）とみられたトーリの勢力は衰え、ホイッグの優位の時代がはじまった。しかし、トーリといい、ホイッグとはいうものの、この時代の党派対立の実態は、宮廷や有力な貴族との結びつきによって政府の官職や年金などの恩恵にあずかることのできたものと、それから疎外されたものとの対立であって、ピューリタン革命の前夜にみられた「宮廷」と「地方」という基本的な対立の枠組みは、依然として継承されていたのである。

「イギリス商業革命」

時代を少しさかのぼらせて、一六六〇年の王政復古に立ちもどらねばならない。このとき、「航海法」は革命政権が制定したものであったにもかかわらず、廃止されることなく、あらためて制定された。そして対植民地貿易の独占をねらったこの「航海法」による保護のもとで、王政復古からアメリカ合衆国の独立にいたるほぼ一世紀のあいだに、イギリスの海外貿易は飛躍的な発展をみせた。そこには貿易立国を国是としようとする強い意志が働いていたようにみえるほどであった。

近年、この海外貿易の発展をさして「イギリス商業革命」と命名する学説が登場している。そこに「イギリス」と冠するのは、かのアメリカ大陸へのヨーロッパ人の進出につづいて生じた十六世紀の「商業革命」と区別するためであり、またなぜ「革命」なのかといえば、まず第一にこの時代にイギリスの貿易量が前代とは比較にならないほど急激な増加を示し、第二に貿易の相手地域に大きな変化がみられ、アメリカやアジアを対象とする貿易がふえて、イギリスの貿易構造は明らかに多極化の傾向を示しはじめたからである。そしてそれに応じて当然、輸出と輸入の商品構成にも決定的な変化がみられるようになった。

まず貿易量の増大であるが、これは当時の輸入・輸出・再輸出の八〇%以上を占める存在であったロンドン港の統計によって裏づけることができる。ロンドン港の総輸出量は、王政復古から一七〇〇年までにほぼ三倍になり、その後の七十年ほどの時期にイングランドとウェールズの全部の港をあわせたものも、さらに二・五倍になっており、また輸入もこの二つの時期にそれぞれ倍増している。貿易の相手地域にみられた変化は、この「商業革命」の末期になると原料の輸入、製品の輸出の両方で、アメリカ大陸、西インド諸島とアジアが、ヨーロッパをはるかにしのぐ重要な存在になっていることが判明する。つぎに貿易の商品構成をみると、これまでのイギリスの基幹産業であった毛織物以外の雑工業製品の輸出が増加し、再輸出が急激にふえていることが眼をひく。とりわけ重要なのは再輸出であって、一七〇〇年には総輸出の三分の一を占めるまでの急成長をとげている。そこでの主要な再輸出商品は、アメリカ大陸ならびにその周辺から原料を輸入した、たばこ・コーヒー・砂糖、アジアからの綿および絹の織物などである。イギリスはこの「商業革命」が進行していく過程において、ヨーロッパ以外の地域から原料を輸入しそれに加工を加えて再輸出するという経済構造をとるようになっていったのであった。

この商業革命は、砂糖、綿織物、紅茶などこれまで知られていなかった商品を紹介することによっ

コーヒー・ハウス　ここに描かれているコーヒー・ハウスの内部はハノーヴァ朝になってからのものである。

て、イギリス人の生活慣習を大きくかえる「生活革命」ともいうべき側面をもっていた。新奇な商品を使うことは、ステイタス・シンボルとみなされるようになり、そこには経済学者のいうところの「衒示《げんじ》的消費」、上流階層の人たちの消費のしかたをより下層の人たちがまねる傾向がうまれた。しかも当初はロンドンのみにみられたこの「衒示的消費」は、しだいに地方へもひろがっていった。しかしある商品がだれでも使えるようになると、それはもはやステイタス・シンボルではなくなる。そこでまたつぎにあらたな商品が求められるといった具合に、商業革命は、その次元をさらにひろげていくことになった。事実、砂糖は紅茶が普及して国内の消費量が急激にふえたため、しだいに国際商品から国内むけの商品へとかわっていったのであり、東インド会社も胡椒《こしょう》にかえて綿・絹織物と茶の輸入に重点を移していった。

「商業革命」がイギリス人の生活を大きくかえた一

例として、コーヒー・ハウスの流行があげられる。ロンドンに最初のコーヒー・ハウスが出現したのは、十七世紀後半のことであったが、たちまち人気を集めて、その数は二〇〇〇に達したといわれる。このコーヒー・ハウスは、ただコーヒーという目新しい飲物を提供するだけでなく、その店に集まってきた客たちの自由な会話や情報交換の場所ともなった。しだいに店によって特定の客のたまり場となり、その客めあての情報提供がおこなわれて、それに応じてジャーナリズムも姿をあらわすようになり、海運業者が集まったロイド・コーヒー・ハウスは海上保険市場へと発展していくことになる。また文士だけの店、政治家やその支持者の集まる店といった具合に、顧客層が特定されるようになって、そこからクラブがうまれることになった。本来クラブは社交団体であって、政治団体ではなかったが、そこでは当然政治問題が話題としてとりあげられ、同じ政治信条の持ち主だけの集まる場所になった。こうして「政治の学校」となったコーヒー・ハウスからうまれたクラブが、イギリスの政治文化を支える有力な基盤となるのである。そしてクラブの出現と紅茶文化の定着が、コーヒー・ハウスを消滅させていくことになった。

この「商業革命」を導いていったのは、十八世紀前半のヨーロッパ国際政局の展開、そこにおいてイギリスがとった重商主義的な外交政策であった。それによってかつてはヨーロッパの辺境に位置していた「二流国」イギリスは一躍、ヨーロッパのそして世界の資本主義的な経済システムの中核としての位置にかけのぼっていった。

名誉革命防衛戦争の展開

十七世紀の後半以来イギリスは、ウォルポール政権の例外的な時期をのぞいて、つねに対外的な戦争に従事することになった。まず一六五一年の航海法を契機にして、三回にわたって当時ヨーロッパの中継貿易を握っていた貿易大国オランダとの戦いがあった。この戦争じたいの決着は、はっきりしたものではなかったが、しだいにイギリスの経済的な優位が明らかになり、とりわけ名誉革命によってオランダ出身のウィリアム三世がイングランドの王位についたことによって、両国の対立に終止符が打たれた。このようにして形成されたイギリス・オランダ両国のプロテスタント連合の前にたちはだかったのが、「太陽王」ルイ十四世のカトリックによる大陸制覇《せいは》政策であった。

イギリスはこれ以後フランスとのあいだでヨーロッパにおいてたえず戦争をくりひろげることになった。アウグスブルク同盟戦争、スペイン継承戦争、オーストリア継承戦争そして最後は七年戦争である。そのうえこれらの戦争のたびごとに戦火はヨーロッパをこえて、北アメリカとインドにおいても両国はぶつかりあった。それは重商主義的な植民地の争奪戦であり、北アメリカ植民地における戦争は、それぞれ当時イギリスの王位にあった国王の名をとってウィリアム王戦争、アン女王戦争、ジョージ王戦争とよばれたが、七年戦争だけはその勃発以前に植民地での紛争が生じていたため、フレンチ・アンド・インディアン戦争という呼称がつけられた。そしてこれらのフランスとの戦争は、ヨーロッパにおける覇権と、世界における市場確保のための戦争であっただけでなく、はじめはイギリスにとっては達成したばかりの名誉革命体制を防衛するための戦争という性格をもっていたのである。

ウィリアム三世は即位早々、オランダにいたときからの継続した課題であった対フランス戦争を遂行しなければならず、治世の末年にいたるまで、ほぼ五年の中断の時期をのぞいて、つねにルイ十四世と戦闘状態にあった。ルイ十四世は、名誉革命によって追放されたジェイムズ二世を支持する姿勢を頑としてくずさなかったので、もしもイギリスがフランスにやぶれるようなことがあれば、名誉革命そのものが無効にされて、ジェイムズ二世の直系のステュアート朝が復活するという危険性が存在した。ジェイムズ二世自身はフランスで一七〇一年に死去していたが、彼の息子のジェイムズ・ステュアートは王位を断念する気配はみせていなかった。このジェイムズ・ステュアートを「老王位僭称《せんしょう》者《しゃ》」とよび、さらに彼の息子のチャールズ・ステュアートを「若王位僭称者」と称するが、二人を支持する「ジャコバイト」は、一七一五年と四五年の二回にわたって「ジャコバイトの反乱」をひきおこし、比較的安定基調に推移していたイギリス国内に波紋をひきおこすことになるのである。

このような情勢にあって、これからつづくことが予想された対フランス戦争の膨大な戦費を調達するとともに、国家財政にこれ以上の負担をかけないようにすることが、イギリスの国内の安定のために、不可欠の課題となった。こののちナポレオン戦争にいたるまでの「第二次百年戦争」としての対フランス戦争をイギリスが戦いぬくことができた要因として、国債制度の採用（一六九三年）とイングランド銀行の創立（一六九四年）を中心とする、「財政革命」があったことをみのがすことはできない。

ルイ十四世のファルツ侵略にはじまったアウグスブルク同盟戦争が、ライスワイク条約（一六九七年）によってひとまず終結すると、おとずれた一時的な平和を利用して、ウィリアムは名誉革命体制の永続化をはかるための手を打った。一七〇一年の「王位継承法」の制定がそれである。それはつぎの王位継承者である義妹アンに後継者が恵まれなかった場合には、将来の国王に、ジェイムズ一世の孫にあたるドイツのハノーファ選帝侯妃ソフィアを指名するものであった。ここに議会制定法によってプロテスタントによる王位継承が確保されたのである。しかし一七〇一年、スペインの王位と全領土がルイ十四世の孫フィリップによって継承されることになると、ヨーロッパの国際政局は一挙に緊張の度を高めた。ウィリアムは諸国を説いて大同盟を結成したが、これに対抗してフランスも、亡命していた老王位僭称者ジェイムズ・ステュアートをジェイムズ三世として擁立したため、イギリスは名誉革命体制を防衛する必要からも、参戦することが不可避となった。

イギリスが臨戦態勢をととのえている時点で、ウィリアム三世は落馬事故がもとで死去した。つぎのアン女王（在位一七〇二～一四）はフランスに宣戦布告し、イギリスはこれ以後一年にもおよぶ対フランス戦争（スペイン継承戦争）に突入した。しかしこの開戦とともにイングランドとスコットランドとの関係が円滑さを欠くようになった。そこで対フランス戦争を遂行するためには、一六〇三年以来同君連合というかたちをとりつづけたスコットランドとの関係をはっきりさせる必要性が高まった。両国のより緊密な合同を実現しようとする提案の前には、こえるべき多くの障害が存在するようにみえた。しかしいざ両国のあいだで相談がはじまると、意外なほどスムースに合同案がまとまり、もっとも強い反対の意志を表明していたスコットランド議会も、一七〇七年五月一日、合同条約を批准した。

この合同条約によると両国は、ウェストミンスタの議会に合同し、スコットランドは貴族院に十六人、下院に四十五人の議員をおくることになった。ここに「グレート・ブリテン連合王国」が成立し、さらに国家財政の一体化がはかられて、両国ならびに植民地との貿易は自由化された。法律、教会、紙幣などの発行などについてはスコットランドの独自性がかなり認められたとはいえ、ここにテューダー朝以来の課題であったグレート・ブリテン島の国家的な統合の問題は、一応の解決をみた。当初はイングランドの経済力のもとに従属をしいられるという危惧のあったスコットランド経済も、イングランドの重商主義体制に組みこまれた結果、たばこなどの植民地物産の再加工によって急速な発展をみせることになり、のちには産業革命の重要な拠点の一つとなるのである。

「ヨーロッパにおいてインドを獲得する」

アン女王の死後ステュアート朝は絶え、「王位継承法」の規定に従って、ハノーファ選帝侯妃ソフィアの息子ジョージ一世（在位一七一四〜二七）が即位して、ハノーヴァ朝（一七一四〜一九〇一）をはじめた。継続していたスペイン継承戦争においては、イギリス軍総司令官に任じられたマールバラ公がブレンハイムをはじめとする戦場で優勢なフランス軍を破って名声を轟《とどろ》かした。海軍国としては評判の高かったイギリスが、陸上の戦闘において「太陽王」が擁した巨大な常備軍をうち破ったことは、たしかに両国の国力の盛衰を暗示するものであった。

しかし、国内政治においては、主戦論のホイッグと反戦的傾向の強かったトーリとのあいだで党派抗争がつづき、政局は安定しなかった。一七一〇年の総選挙がトーリの圧勝に終わると、和平交渉のピッチがあがり、その結果、一七一三年ユトレヒト講和条約が締結された。この条約によってイギリスは、スペインから地中海の拠点であるジブラルタルとミノルカをえたほか、北アメリカ大陸ではニューファンドランド、ノヴァスコシア、ハドソン湾地方を獲得した。そのうえスペイン領植民地への奴隷の独占供給権（アシエント）もイギリスのものとなった。このアシエントによって、奴隷の独占的な取引きをおこなって暴利をえたのが、南海会社であった。

南海泡沫事件　ホガースの筆になる諷刺画。左上から悪魔が犠牲者の貪欲ぶりを冷然と見下ろしている。

さて前述したようなかならずしも近代的とはいえない議会政治の土壌のうえに、登場してきたのが「最初の総理大臣」といわれるウォルポールであった。投機的な株式投資ブームとそれにつづいた南海会社の株価の大暴落を契機にした経済恐慌、通称「南海泡沫《ほうまつ》事件」のあと、財政的な手腕をかわれて大蔵卿となったウォルポールは、大地主と大商人を支持基盤にして、さまざまな恩恵を与えるといった手段をつうじてたくみに議員を操縦し、批判にたいしては言論活動によって対応して、二一年から二十一年間にわたって、長期安定政権を維持することができた。平和外交を基調にした彼の外交政策は、十八世紀では異例の長期的な平和をもたらし、「ウォルポールの平和」とよばれた。通常彼をさして、責任内閣制度の創始者であるという評価が与えられているが、たしかに彼の辞任は下院の信任を失ったことにあったとはいえ、この時代はまだ国王が大臣任免権を行使しており、また大臣の連帯責任制も確立していなかった。英語を理解しない国王ジョージ一世が閣議に出席せず、すべてをウォルポールにまかせたというのも俗説にすぎない。内閣が選挙によって表明される有権者の意志に責任をとるという姿勢は、まだこの時代においては無理な注文というべきであった。こうしたところから彼をさして責任内閣制度の創始者とする評価は時期尚早というべきであろう。

一七四二年、長期安定政権を誇ったウォルポールが下院の支持を失って失脚したあとも、彼がまきこまれたオーストリア継承戦争はつづき、国王ジョージ二世（在位一七二七〜六〇）みずからが大陸において指揮をとってフランス軍をやぶるというできごともあった。これがイギリス史上、国王が戦場で軍隊を指揮した最後であった。以後イギリスはヨーロッパ大陸における戦闘は同盟国にゆだねて、みずからは北アメリカ、インドにおける植民地拡張に全力をあげた。しかし四五年に「若王位僭称者」チャールズ・ステュアートが、スコットランドに上陸して二度目の「ジャコバイトの反乱」をおこし、イングランドに兵を進めるにおよんで、ロンドンはパニックにおちいった。だが反乱参加者の足並みはそろわず、肝心のフランスの支援もえられなかったため、チャールズは撤退したスコットランドのカロドンで最終的にやぶれ去った。このジャコバイトの反乱の敗北は、名誉革命体制の防衛が成功をおさめたことを意味した。

オーストリア継承戦争が終わったのは四八年のことであったが、その八年後に、七年戦争が勃発した。それはプロイセンのフリードリヒ二世（大王）にたいする復讐《ふくしゅう》心に燃えたオーストリアのハプスブルク家が、中世末期以来の宿敵であったフランスと手を結ぶという「外交革命」を断行して、プロイセンにたちむかったものであった。イギリス議会においては、これまでウォルポールがとった平和外交政策を批判して対外強硬路線の採用を主張するウィリアム・ピット（大ピット）が頭角をあらわし、参戦はしたものの緒戦につまずいた政権に代わって五六年事実上の首相に任じられると、自身で戦争指導にあたった。

しかしヨーロッパ大陸における戦闘は、かならずしもイギリスとその同盟国プロイセンに有利には展開しなかった。プロイセンに戦費を与えてオーストリアと結んだフランスと戦わせ、みずからは海上と植民地における戦闘に全力を傾注するというのが、ピットの基本戦略であった。彼の有名な言葉「インドはヨーロッパにおいて獲得されなければならない」は、まさにこの基本戦略を端的に表現したものである。しかし戦争が長引くとともにしだいに国民のあいだに厭戦《えんせん》的な気分が高まり、六〇年に国王ジョージ二世が死去してジョージ三世が即位するにおよんで、ピットは失脚し、七年戦争は終結をむかえることになる。

第一次植民地帝国の形成

この戦争中にイギリスはヨーロッパ以外の地域において、めざましい戦果をおさめていた。すなわちインドにおいては、七年戦争の発端においてクライヴの率いる東インド会社軍がプラッシーでベンガル軍を撃ちやぶり、南部にあったフランスの戦略上の拠点ポンディシェリをも陥落させて、フランスのインド支配の野望を挫折させるとともに、インドを植民地化する第一歩をふみだした。さらにアメリカにおいては西インド諸島や他のスペイン領もイギリスの手に落ちた。

七年戦争終結後に結ばれたパリ条約（一七六三年）によって、イギリスはフランスからはカナダ、ミシシッピ川以東のルイジアナ、アフリカのセネガルなどを、またスペインからはフロリダのほか西インド諸島でもドミニカなどのいくつかの島を獲得し、さらにミノルカを取りもどして、西地中海にも拠点をもつことができた。こうしてカリブ海域と北アメリカを中核とする大植民地帝国（旧帝国）がつくりあげられた。

ユトレヒト条約においてスペイン領植民地への奴隷の独占供給権を獲得したことによって、おもにカリブ海地域に展開した大農場（プランテーション）に労働力を供給する奴隷貿易は、未曾有の盛況をうんだ。「商業革命」の主力商品であった砂糖を生産する、カリブ海のバルバドス島とやや遅れてジャマイカ島に、このような大農場が急速な成長をみせ、まさに西インド諸島はイギリス植民地帝国の中核としての地位を占めるにいたった。かつては奢侈《しゃし》品として「衒示的消費」の対象であった砂糖も、フランス領植民地とブラジルにおける砂糖生産の増大にともない、その価格は急激な低下をみせ、

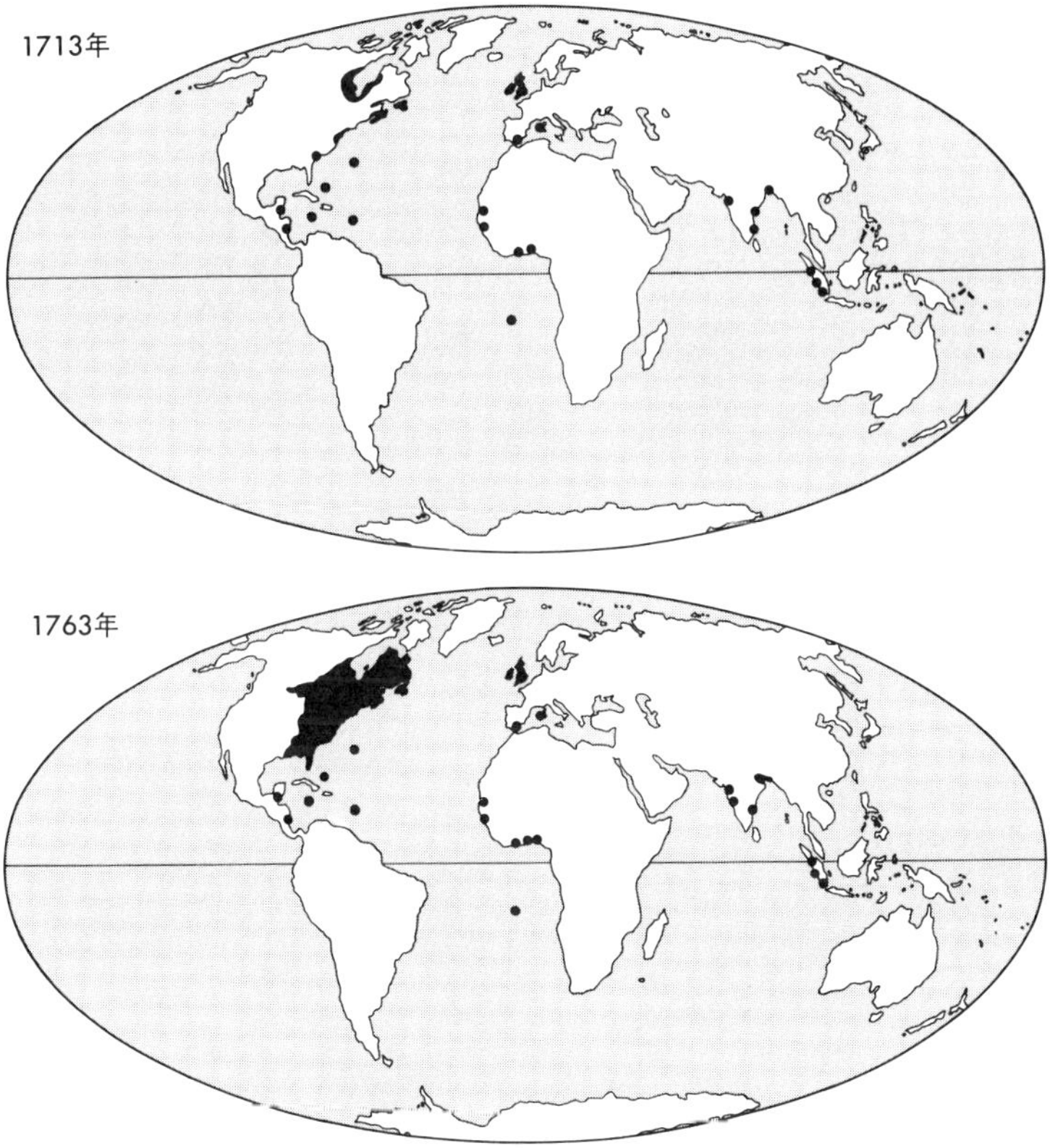

1713 年と 1763 年のイギリス帝国

前にみたように大衆むけの商品にかわっていった。イギリスの場合、黒人奴隷をアフリカにおいて手にいれる対価としての商品になったのは、東インド会社が輸入するインド産綿布などの日用雑貨であった。

このようにして大西洋を舞台として成立した、綿織物、奴隷、砂糖の三角貿易によって、砂糖プランターや奴隷貿易商人の手には巨富がたくわえられていく。それとともに本国においても、西インドの不在地主を中心にする「西インド派閥」の存在が注目を集めるようになった。巨富を蓄積することのできたプランターやその子弟は、本国に帰国すると、そこで支配的であったジェントルマンの社会に接近していった。彼らは後述するインド帰りの「ネイボブ」とならんで、「疑似ジェントルマン」として地主寡頭支配体制に同化した。十八世紀イギリスの議会には、この「東インド派」と「西インド派」の二つの派閥が無視しがたい影響力をもっていた。しかしながら本国における地主寡頭支配体制は、このような植民地帰りの「疑似ジェントルマン」をむかえても、ゆるぎをみせなかった。西インドをはじめとする植民地は、本国におけるジェントルマン支配をさらに拡張する安全弁の役割をはたしたからである。

このように十八世紀に建設された植民地帝国の重心は大西洋におかれたが、フランスの勢力を駆逐《くちく》したインドにおいても、イギリスの覇権は争う余地のないものになった。そこで問題になったのは、このインドをいかにして統治していくかであった。というのも一七六五年、東インド会社にベンガル地方の徴税権が与えられて、会社はこれまでの貿易会社から統治機関へと変質しつつあったからである。東インド会社が管轄地域を拡大し、その扱う富も増大するにつれて、会社の関係者のあいだには、しだいに腐敗行為がはびこるようになり、「ネイボブ」とあだ名されたインド成金の存在は社会から批判をうけるようになった。ベンガル総督に任命されたクライヴは、会社の改革を進めようとしたが、その道はけわしかった。そして本国の議会においてもインド統治の方法をめぐる議論が議場をにぎわすようになったが、根本的な解決はつぎの時代にもちこされることになる。

しかしこの広大な植民地帝国において最初に統治の問題をつきつけたのは、北アメリカの植民地であった。ピューリタンの本国脱出については前述したとおりであるが、そこにはおよそ一世紀のあいだに、一六〇七年に成立したヴァージニアをはじめとして一七三三年のジョージアにいたるまで、十三の植民地が設立されていた。しかしこれらの植民地は、それぞれ設立の動機が異なり、それに応じて統治の形態にも差異が認められ、宗派の点でも初期のピューリタンだけでなく、国教徒やカトリック教徒などの植民地も存在していた。また経済の面では、基本的には農業社会であったとはいえ、南部ではプランテーションが支配的で、黒人奴隷を使ってたばこや綿などの輸出作物を生産していたのにたいし、北部の植民地では気候的な条件の制約もあって大農場は発展せず、農業は自給自足の程度にとどまっていたが、造船業や漁業、海運業といった海に関係のある産業が発展していた。

このようなきわめて多様な構造をもっていたアメリカ植民地にたいして、イギリス本国は最初はあまり強い統治の関心は示さず、たてまえのうえでは、重商主義的な規制をおこないながらも、そこには「有益な怠慢《たいまん》」をむねとする姿勢が支配的であった。しかし七年戦争の終結はそのような姿勢に変更をしい、植民地にたいするしめつけが強化されるようになり、それに応じて植民地に不満が増大することはさけられなかった。

「学ぶ」立場から「学ばれる」模範へ

テューダー朝以来のイギリス史を回顧してみると、このほぼ二世紀のあいだにイギリスほど、ヨーロッパさらには世界におけるその地位を向上させたものは、ほかにないことに気づく。

テューダー朝の時代にはイギリスはつねに大陸諸国から「学ぶ」立場にいた。ルネサンスも遅れてこの国に影響をおよぼして、新しい学芸のありかたを教え、この国の国民文化の誕生に寄与した。また宗教改革にしても、その直接の動機は国王の離婚という世俗的なものであったにせよ、その進展ならびに樹立された国教会をとりまく宗教体制には、ヨーロッパにおける宗教改革の影響が強くみられた。スペイン、さらにはフランスによって代表されるヨーロッパ列強の国際的な対立のはざまにあって、イギリスは独立した主権国家としての認知をうけるための苦闘をつづけねばならなかった。イギリスの学問も芸術もまだまだつねに「学ぶ」立場を脱しきれなかった。そうした地位と姿勢をもっともよく表現していたのが、この時代に支配階級の子弟の教育の最後の仕上げとして流行した「グランド・ツアー」という慣行である。文字どおり大陸の先進的な諸国の政治と社会と学芸を親しく体験するこの旅は、「学ぶ」側に位置していたイギリスを象徴するものであった。

このようなイギリスと大陸諸国の立場に明らかな逆転現象がみられるようになるのは、十八世紀前半のことである。最大のライヴァルであったフランスの知識人のあいだに「アングロマニア」（イギリス心酔）とよばれる傾向がひろがっていったのである。フランス啓蒙思想の大立者のひとり、モンテスキューはイギリスを訪問してその政治制度に親しくふれ、『法の精神』（一七四八年）を著したが、「アングロマニア」たることをもっともはっきりしたかたちで表明したのは、もうひとりの啓蒙思想家ヴォルテールであった。決闘をしたために投獄されていた彼は、一七二六年イギリスに自発的に亡命することを条件にして釈放され、イギリスにわたって二九年二月まで滞在して、名誉革命体制下で「商業革命」が進行しているイギリス社会のありかたに親しくふれることができた。ヴォルテールは、観察したイギリスの国制、風習、ニュートンで代表される科学のありかたなどを、書簡文のかたちでまとめて発表した。『哲学書簡――イギリスだより』（一七三四年）がそれである。

ヴォルテールがイギリスにおいてとりわけ感銘をうけたのは、この国が前の世紀に戦われた革命の成果として立憲君主制を確立させ、それとならんで宗教上の寛容を実現させたばかりか、貿易立国を国是とするようになり、しかも貴族の子弟が進んで商人になることにみられるように、身分制の束縛《そくばく》が弱くて社会的な流動性にとみ、しかも合理的で科学的な考えかたが尊重されていることであった。彼が意図したのは、イギリスの国家と社会のありかたを紹介することをとおして、母国フランスの「アンシァン・レジーム」（旧体制）を批判することであった。そのためこの書物が禁書になったのも当然であったが、ともかくこのようにフランスの啓蒙思想家のあいだに「アングロマニア」が出現したのは、彼らにとってイギリスが明らかに「学ばれる」べき模範としての地位に変身をとげていると意識されたためであった。イギリスは「模範」であり、そのようにみることによって彼らは母国フランスにおける改革の道を模索したのであった。やがてフランスに革命ののろしがあがる。そしてそのころイギリスの国内では産業革命が静かに進行していた。「二重革命の時代」が到来したのである。

◈「最後の魔術師」

ニュートン

Sir Isaac Newton
(1642〜1727)

ロンドンのウェストミンスタ寺院にあるニュートンの墓には、当時の最高の詩人アレグザンダ・ポープによるつぎのような言葉がきざまれている。

　自然も、自然の法則も、夜のとばりに隠されていた。
　神のたまわく、ニュートンあれ！　と。
　そしてすべては明るくなった。

まさにニュートンは「暗いところに光をあてる」啓蒙《けいもう》の時代、理性の時代の到来を告げる「科学革命」の巨人として、死後も遇されたのであった。

　ところが八十歳をこえた彼の長い生涯を調べてみると、その前半と後半では奇妙な対照がみられる。王政復古の翌年である一六六一年にケンブリッジのトリニティ・カレジに入学した彼が、ペストの流行によって大学が閉鎖されたために故郷に帰り、そこでりんごの落ちるのをみて、「万有引力の法則」を発見したというエピソードは、いささかまゆつばものであるが、彼はその比類のない才能を認められて、入学の八年後には、この大学で最初に設けられた自然科学の講座、ルーカス記念数学講座の二代目の教授に選ばれた。とはいうもののケンブリッジにおける彼は、できるだけ人との交際をさけ、自分の研究室に閉じこもって、孤独な研究者としての生活に没頭していた。これが彼の生涯の前半である。

　ところがジェイムズ二世の専制政治がはじまると、ニュートンは予想もされなかったほどの政治的な手腕を発揮して、カトリック化をおし進めようとしていた国王の政策に抵抗した。さらに仮議会へのケンブリッジ大学代表に選ばれて、名誉革命にも一役かった。そして革命が成就してしばらくたってから、友人の貴族の斡旋《あっせん》によって造幣局幹事という職が与えられると、いささかの躊躇《ちゅうちょ》もみせずに、三十五年間の研究生活をおくったケンブリッジを後にしてロンドンに居を移した。やがて彼は造幣局長官として当時最高の給与をうけるようになり、さらに一七〇三年以降死去するまで、毎年「王立協会《ロイヤル・ソサエティ》」の会長に選ばれて、「科学革命」の中心人物として、文字どおり独裁者に近い地位を確保しつづけたのであった。

この彼の生涯の奇妙な対照のなぞにせまったひとりに、今世紀の有名な経済学者ケインズがいた。ニュートンがケンブリッジを去ったときにのこしていった膨大な手稿が競売に付されたとき、それが散逸するのを恐れたケインズは、その半分ほどを入手して、手稿文書の内容をみることができた。その結果明らかになったのは、ニュートンにとってはその名声のもとになった数学と天文学は、仕事の一部を占めるにすぎず、むしろ彼は錬金術と神学に熱中しており、しかも「トリニティ」(三位一体)を名乗るカレジで、反三位一体の立場をとる異端の神学を奉じていたことであった。ニュートンが人間ぎらいに徹した生活をおくっていたのは、自分の存在が否定されかねない秘密をおおいかくすためであった。事実、ニュートンの遺髪からはかなり多量の水銀が発見され、錬金術への没頭ぶりが証拠だてられた。ケインズの言によれば、ニュートンは「最後の魔術師」ともいうべき存在であった。

そして名誉革命後、ケンブリッジからロンドンに居を移したニュートンは、科学と魔術が同居していた十七世紀をはらいすてて、理性の時代である十八世紀の伝説的な人物へとあざやかな変貌をとげたのであった。

第8章　「二重革命」の時代

「二重革命」とは

十八世紀の後半にはいって、世界史は「二重革命」の時代に突入し、大きな転換期をむかえた。ここで「二重」というのは、一方でイギリスにはじまった、工業化を促進する産業革命、そして他方ではアメリカの独立、フランス革命という一連の政治革命をさす。イギリス史上ヴィクトリア女王につぐ長い期間王座にあったジョージ三世（在位一七六〇～一八二〇）の治世こそが、まさにこの「二重革命」の時代にあたっている。この国王の最期が狂死に終わったのは、ある意味で象徴的であった。

一七六〇年、この国王が即位すると、時代の転換を暗示させるような事件が相ついでおこった。ジョージ三世は曽祖父のジョージ一世、祖父のジョージ二世とは異なり、自分はうまれながらのイギリス人であるとして、彼なりの国王としての使命感をもっていて、みずから「愛国王」と名乗り、その理想を実現しようとした。とりわけ彼は名誉革命体制によって国王の権利が制限されたこと、しかも主権を掌握した議会に巣くう政治家たちのあいだにははなはだしい腐敗がはびこっていることに腹を立て、それに対抗する手段を講じた。宮廷費を節約して議員を買収する費用にあてたほか、脅迫を加えたり、さらに官職任免権をさかんに利用したりしたばかりか、「国王の友」という御用党を組織して、議会を自分の意志どおりに操縦しようとしたのである。

このようにジョージ三世の即位以後、国王の影響力がしだいに増大してきたことは、当然批判をうまずにはおかなかった。「ウィルクス事件」はその一つのあらわれである。これは下院議員のウィルクスが、六三年『ノース・ブリトン』紙上で国王を批判したのを、政府は国王にたいする扇動的誹毀《ひき》罪に問い、また議会も彼を除名することでこれに迎合したのが発端であった。ここに「ウィルクスと自由」を旗印とする急進主義運動が急速な高まりをみせ、いったん難を海外にのがれていたウィルクスが帰国すると、ミドルセクスの選挙区は彼を議員に選出し、議会がまた彼を除名すると再度当選させて、はっきりと反政府的姿勢を示したのである。ウィルクス自身は、とかくの評判のある人物であったが、この事件によって一躍急進主義運動の寵児《ちょうじ》として人気を高めた。この事件を一つの契機として民意を反映することのできない議会にたいする批判が、議会外の勢力をもまきこんで展開することになった。

一方、海外の植民地においても、前にもふれたように、七年戦争後の財政悪化による圧迫をもっとも強くうけたのが、北アメリカの十三植民地であったために、その地における不満はいっそうの高まりをみせた。それまでは「有益な怠慢《たいまん》」と称して、厳格な規制が実施されていなかったのに、あらためて規制が強化されたことも、不満のひろがりにあずかって力があった。六五年に課せられたスタンプ法は、植民地側のイギリス商品ボイコットによってすぐに廃止されたが、新しい関税を定めたタウンゼント諸法が制定され、とりわけ茶税は植民地人の反発をかった。七三年のいわゆる「ボストン茶会事件」をきっかけに独立の機運は一挙にもりあがりをみせたが、十三植民地は最初から独立を意図していたわけではなく、また植民地が一つになって本国にたいする戦争にたちあがったわけでもなかった。

本国政府との対立が深まるなかで、「代表なければ課税なし」というスローガンが有効性をもちえたのは、多数の利益代表を本国議会におくりこむことができた西インド諸島とは異なり、北アメリカ植民地の利害が直接本国議会に反映できなかったことに原因があった。七五年四月、レキシントンにおけるイギリス軍と植民地民兵の衝突によって戦争ははじまったが、事態は当初は一進一退の状況であった。しかし七六年一月に公刊されたペインの『コモン・センス』は、独立することこそ「常識」にかなうものであることを公然と訴え、まだためらいをみせていた植民地人の独立への決断をうながした。そして同年七月に「独立宣言」が発表されて、もはや十三植民地の独立は動かしがたいものとなった。ついにイギリス人も八三年九月のパリ条約によってアメリカ合衆国の独立を承認せざるをえなくなり、ここに大西洋を舞台に築きあげられた植民地帝国は崩壊《ほうかい》する。

このアメリカ独立戦争の最終処理にあたって、本国の政界は混乱をきわめていた。ホイッグの有力派閥を率いて政権の座にいたロッキンガムが死去し、後任のシェルバーン内閣にたいしてトーリのノースとホイッグのフォックスが連合してその辞職に追いこんだのが、八三年二月のことであった。後任のポートランド政権も事実上ノース＝フォックス連合の動かすところであったが、このふたりを嫌った国王は、あえて弱冠二十四歳のピット（小ピット）に組閣を命じた。下院はその意志を問わずに大臣任免権を行使する国王を批判し、ピット政権を不信任しようとしたが、逆に議会の内外で青年宰相《さいしょう》の人気は上昇し、翌年の総選挙はピット支持派の大勝に終わった。この国制の危機は、下院の支持を失った内閣は総選挙で国民の信を問うことができるという慣例を打ちたてるのに役立った。さらにピットのすぐれた指導のもとで内閣の一体性が強まって、これまでのように大臣がひとりびとり国王にたいして奉仕するのではなく、首相のもとで一致した行動をとるようになったことは、イギリス議会政治に新しい時代のおとずれを予感させるものであった。

ちょうどこの時期にイギリスの産業革命はそのピークをむかえていたのである。

「産業革命」という概念

「産業革命」という言葉を世界史上の重要な概念として普及させるのに、大きな貢献をしたのは、十九世紀イギリスの経済学者アーノルド・トインビーであった。

トインビーにとっての「産業革命」は、まず第一に「革命」という言葉を採用しているところからも明らかなように、社会におとずれた「激変」であり、しかもそれがもたらしたのは、民衆の生活条件の「窮乏」であったという、はなはだ暗いイメージのものであった。「産業革命」は、彼自身の言葉を借りれば、「富の大きな増加とならんで、貧困の増大がみられた不幸な恐ろしい時期」にほかならなかったのである。

ところでトインビーは、オクスフォードで教えると同時にみずからロンドンのイースト・エンドの貧民街に住みついて、住民の生活向上のための一連の社会事業活動である「セツルメント」運動を最初に展開させた人物である。トインビーの「産業革命」観を決定づけたのは、彼が日夜接触していた貧しい労働者とその家族が、なにゆえにこのような非人間的な生活環境におとしいれられてしまったのか、という問いかけであった。十八世紀の後半に労働者をみまったのは、過去との断絶をしいた「激変」であり、それによってこれまでの恩情の支配した人間関係にかわって冷酷な金銭の絆《きずな》が支配的となり、「古きよきイギリス」は失われ、結局は多くの労働者は「窮乏」をよぎなくされた、というのが、トインビーの見解であった。若死した彼のオクスフォードでの講義をもとにした『イングランドにおける十八世紀の産業革命講義』は、かつて彼が活動の本拠とした場所に、それを記念する「トインビー・ホール」が建てられたのと同じ一八八四年に刊行された。そして「激変」と「窮乏」という彼の「産業革命」観は、歴史の教科書にもとりいれられてひろく知られるようになったばかりか、フェビアン協会などに結集した社会主義者のよりどころとなって、彼らに社会改良の意欲をかきたてたのであった。

ところが世紀も変わり、一九二〇年代になると、このような「悲観的」な産業革命概念に修正をせまる動きがでてきた。その中心的な存在がクラパムである。彼は、この「産業革命」がおこったとされている時期のイギリス経済には、「激変」的な変化は認められず、むしろそこにみられた変化も十六世紀以降の連続的な進化の過程としてとらえるべきものであるとした。さらに産業革命後には労働者の実質賃金は上昇を示しており、安い生活用品が大量に供給されるようになったこととあいまって、彼らの生活条件が悪化したとは考えられないことを、統計的な資料を導入して立証し、トインビーの「悲観説」を否定する「楽観的」な見解を提示した。

とりわけ第二次世界大戦後、世界のこれまで取りのこされていた地域においても工業化を推進することが課題となり、そこに工業化を達成した諸国と、いまだにそれに成功をおさめていない開発途上国とのあいだの「南北問題」が深刻な問題をつきつけるようになると、工業化の出発点となったイギリスの産業革命をみる眼にも、当然のことながら反省がうまれてきた。悲観論、楽観論の違いはあっても、これまでの産業革命論は、イギリスの、ことに綿工業に視点を集中させて、ともすれば以後の世界史の発展における工業化の問題を幅広く考察することをおこたっていたからである。

こうして現在のところ、「産業革命」という概念は、それが最初にトインビーによって提出されたときのような、明確な輪郭を失ってきてしまっている。しかし世界史のうえでイギリスが最初に誕生した「工業国家」であるという事実は、否定すべくもない。それではいったいなぜ、この時期のイギリスが「産業革命」を経験し、工業化を推進することができたのであろうか。

「最初の工業国家」の誕生

イギリスでは王政復古以後の百年間に、農業上の変革と、前にふれた「商業革命」を主体とする海外貿易の伸張によって、資本・市場・労働力という、工業化を推進するための前提条件が整備されていた。そこで注目すべきものとして、十八世紀のイギリスでは、前世紀の中葉以降停滞をつづけていた人口に急激な増加現象がみられるようになったことがあげられる。その原因については諸説があるが、穀物価格が低落し、雇用機会もふえたため、若者の結婚年齢が低下して、出生率が上昇したことが、指摘されている。

この増加した人口を維持することができたのは、当時、農業において大きな変革が生じて、穀物の生産性がいちじるしく向上したことが、あずかって大きかった。とりわけ「かぶ」やクローバーといった飼料用作物の栽培を中心とする「ノーフォク農法」によって代表される新しい農業技術の採用は、家畜の増産を可能にし、また休耕地の必要をなくして穀物生産量を急激に増加させた。そしてこの新技術の採用とならんで、もっぱら大きな農地をつくりだすために、第二次のエンクロジャ（囲い込み）が議会の承認をえた個別立法のかたちでおこなわれ、イギリスの農業構造をすっかり変えてしまった。自作農《ヨーマン》の土地を集中させることによって彼らの消滅をうながした大地主は、その土地を専門の農業経営者《ファーマー》にゆだねるようになり、農業経営者は賃金労働者を雇用して耕作にあたらせた。こうしてこの時期のイギリスには、農業における資本主義的な体制、地主——農業経営者——農業労働者という「三分割制」がうまれた。この農業における変革をさして、テューダー朝における「第一次農業革命」との対比において、「第二次農業革命」とよぶ。

ところで工業化の中心になったのは、イギリスの伝統的な基幹産業であった毛織物工業ではなく、新興の綿織物工業であった。このことには前述した「商業革命」が深くかかわりあっていた。すなわち「商業革命」が展開した初期から、イギリス東インド会社はインド産の綿織物の輸入にあたっていたが、はじめて綿織物を知ったイギリスの人びとは、それが軽くてしかも洗濯が容易で衛生的である点に大きな魅力を感じたため、大きな需要がうまれ、綿織物の輸入は増加の一途をたどった。しかし綿織物を大量に輸入することは、国富の流出を招くという理由で、毛織物業者を中心として猛烈な反対論がとなえられ、「キャリコ」(インド産綿布)をめぐる論争がくりひろげられて、一時は綿織物は贅沢品《ぜいたく》であるとしてその輸入と使用が禁止されたこともあった。だが綿織物は国内における消費だけでなく、西アフリカへの輸出品として、すなわち奴隷貿易の対価としても不可欠のものであった。そこで原料である安い綿花を海外の植民地から輸入して、国内で生産すれば、貨幣の流出という非難をかわすことができるのではないか、と考えるものがあらわれた。しかしながら、需要の増大にこたえるには、これまでのような手工業による生産には限界があり、それを打破するための技術革新が強く望まれるようになったのである。

それらの技術革新の口火をきったのは、ケイの発明した「飛び杼《ひ》」であった。それは元来は毛織物に使われるためのものであったが、それが綿工業に導入されると、織布の効率が飛躍的に高まり、今度は捻糸《ねんし》が不足するという事態を招いた。そこで紡績部門において新しい機械がつぎつぎに発明・導入されることになる。一七六四年にハーグリーヴスによってジェニー紡績機が発明されたのを皮切りにして、アークライトの水力紡績機（六九年）、クロンプトンのミュール紡績機（七九年）とつづき、それによって今度は織布部門に立ち遅れがめだちはじめると、八五年にカートライトの、近代的な織機の原型といえる力織機が出現した。

このような新しい作業機械が導入された経過において、一つの画期になったのは、八五年であった。すなわちこの年にアークライトの水力紡績機の特許が無効になったため、水力紡績機が急速に普及したこと、さらにワットが改良を加え、バーミンガムで鉄工所を経営していたボウルトンと共同で売りだした蒸気機関が、はじめて紡績機の動力として採用されたからである。

アークライトの改良型水力紡績機(1775年)

動力としての蒸気機関の採用は、まさに画期的なできごとであった。というのも水力を動力としていたそれまでとは異なり、工場を建てる場所と規模の制約がゆるめられ、そこに巨大な工業都市が出現するための条件がうまれたからである。こうして動力としての蒸気機関が紡績・織布機械と結びつけられたことによって、イギリスの綿工業はその生産コストを大幅に下げることができるようになり、それまでの世界の主要産地であったインドの綿工業をたちま

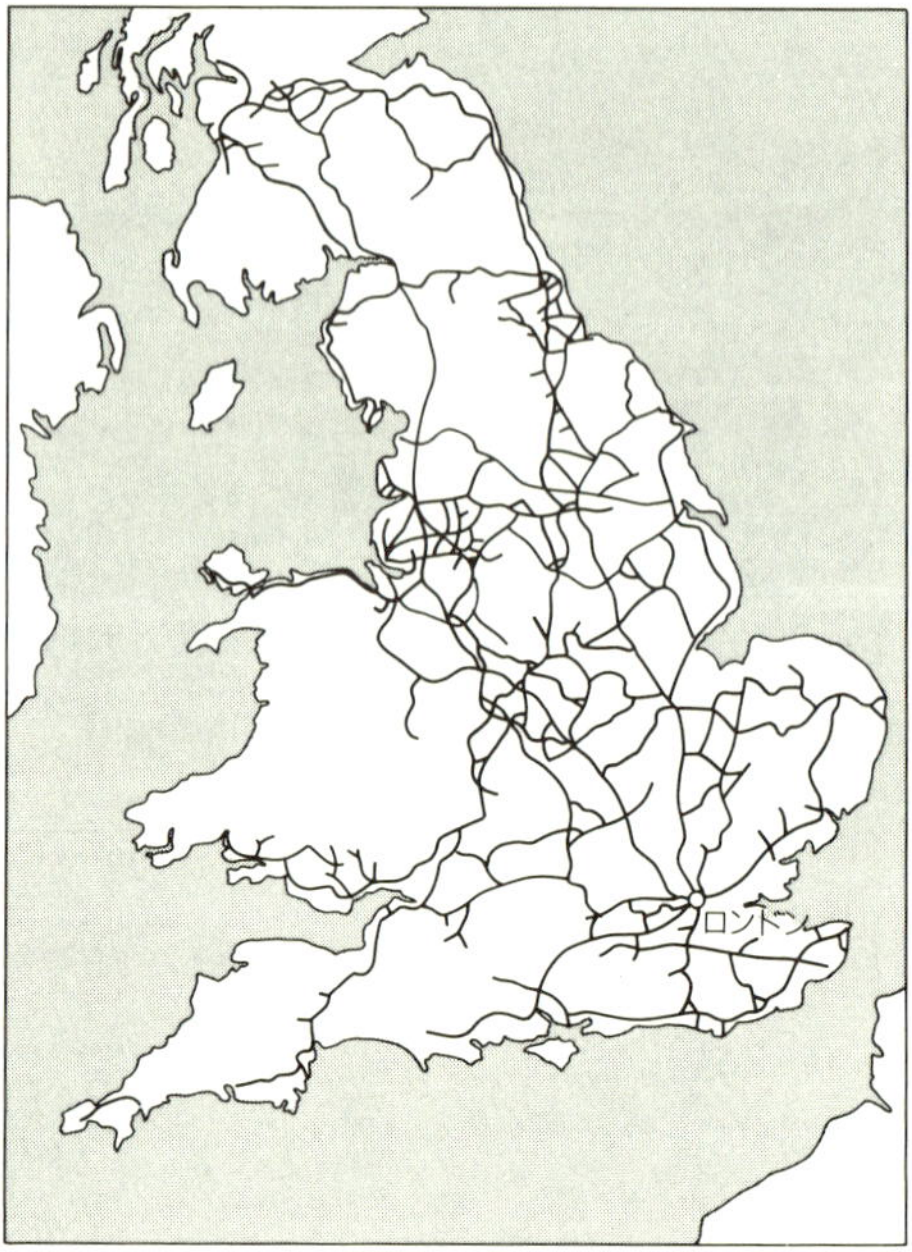

1852年の鉄道網

ち圧倒するようになった。そして原料の綿を供給するカリブ海、さらに北アメリカ大陸南部で、奴隷を労働力として使役したプランテーションが空前の繁栄をむかえることになり、また奴隷貿易の拠点であった港湾都市リヴァプールの後背地に「コットン・ポリス」としてマンチェスタが巨姿をあらわすことになったのである。

さて蒸気機関は元来は鉱山や炭鉱の採掘用に開発されたものであったが、その普及のためには大量の石炭を必要としたため、石炭産業にも大きな刺激を与えた。そしてその石炭を低い運賃で運ぶには、交通機関の改善が不可欠となった。こうして蒸気機関は必然的に交通革命をひきおこすことになった。

すでに有料道路の建設は一七五〇年代に最高潮に達しており、さらに六〇年代になると運河の建設がさかんになった。ブリジウォーター公が、「運河マニア」のひとりとして世に知られたのは、自分の領地で産出する石炭をマンチェスタに運ぶ目的で建設した運河によってであった。そして交通革命は、スティヴンソンによって蒸気機関車が実用化され、炭鉱町のストックトンと港町のダーリントンのあいだにつづいて、三〇年にはマンチェスタとリヴァプールのあいだに鉄道が建設されて、以後イギリスには「鉄道マニア」の時代がおとずれることになり、首都ロンドンと中部・北部の新興工業都市は鉄道網によって結ばれ、五〇年代には総延長で一万マイルの鉄道が敷設された。

当然このような鉄道時代の開幕は、製鉄、機械などの諸工業にも大きな刺激を与えた。そしてこの鉄道建設のブームが国内で一段落すると、今度は機関車と鉄道建設資材が世界にむけて輸出されて、鉄道はイギリスの帝国支配の強力な武器を提供することになる。鉄道、さらには蒸気船の発明による「交通革命」によって、国内の市場が一つに統合されただけでなく、イギリスはまさに圧倒的な経済力を有する「世界の工場」としての地位を確保することになり、一八五〇年代にイギリスの産業革命は完結をみたのであった。

「キャプテン・オブ・インダストリ」の性格

このようにしてマンチェスタやバーミンガムなどの新興工業都市が出現し、工場制度に基礎をおく資本主義社会がその巨大な姿をあらわすことになったが、それはかならずしもこの時点でただちにイギリスの社会に決定的な変革をしいたものではなかった。都市の人口が農村のそれを上まわるようになるのは、一八五〇年以後のことであり、それまでは大工場で働く人よりもはるかに多数の人びとが、依然として農業や家内労働に従事していた。したがって一八一〇年代に中部地方を中心にしてひろがった「ラダイト運動」として知られる機械打ち壊し運動にしても、突然自分の仕事を奪った機械にたいして意識の遅れた労働者の憎悪が、そういうかたちで爆発したとみるのはあたらない。むしろそれは民衆の生活とは切っても切りはなすことのできないものであった共同体的な秩序が、産業革命によって情容赦もなく解体させられていくことにたいする不安と不満が、そうしたかたちをとって噴出したのであった。

それにもまして強調されなければならないのは、産業革命によって社会構造に大きな変化がおとずれることになったと予想されるにもかかわらず、イギリスは依然として土地をもつジェントルマンの支配する国でありつづけたことである。さきに産業革命の推進役を演じたもろもろの発明についてみたが、そこで注目しなければならないのは、「キャプテン・オブ・インダストリ」と称された、産業革命のリーダー役になった発明家や事業家たちの社会的な出自と経歴の問題である。彼らは比較的低い身分のうまれであって、高い学歴はもっていなかった。たとえばケイやハーグリーヴズは織物関係の仕事に従事していたといわれ、アークライトは行商人、ワットはグラスゴー大学の理科の実験用具をつくる職人、スティヴンソンは炭鉱で蒸気機関を相手に働いていたし、汽船を発明したアメリカ人フルトンは時計の修理工であった。彼らはなによりも自分の職業上の経験と知識をもとにして、発明をなしとげたのであって、そこには大学などの高度な研究機関がなんらかの役割をはたすことはなかった。

ところがこれとは対照的に十九世紀も後半になると、重要な発明は大学の研究室や研究所が独占するようになり、それとともにイギリスでは科学技術教育の立ち遅れを指摘する声が強くなるのである。その意味でイギリスの産業革命は、科学が高度に組織化される以前の時期に展開したものであった。

急進主義運動の展開

イギリスの対岸でフランス革命のおこった一七八九年が、ちょうど名誉革命の百年目にあたっていたことは、偶然とはいえ、重要な意味をもった。というのもやがておとずれることになる名誉革命百周年にそなえて、「国制知識普及協会」が設立され、国制、なかんずく議会制度にみられる欠陥を指摘して、改革のための民衆にたいする啓蒙運動を展開しており、こうした運動はやがてロンドンだけでなく、地方的なひろがりをもつようになっていたからである。彼らが要求したのは、(1)成年男子の普通選挙権、(2)人口比による選挙区の配分、(3)毎年の選挙、(4)秘密投票制、(5)議員への歳費の支給、(6)被選挙権の資格制限の撤廃などであったが、これらの要求事項は、ほぼ五十年後に「チャーティスト」運動が改革のプログラムとしてかかげるものとまったく同じであったことが注目をひく。こうしてイギリスの急進主義運動は、その中心的な目標を議会改革に定めて、急速に支持者をふやし、しだいにそれを構成する人たちも、さまざまな思想的立場や出身階層を網羅するようになった。

一七八〇年代における急進主義運動をリードした人たちは、一つは非国教徒であり、他は労働者であった。前者においてはユニテリアンに属する人たちが指導的な役割をはたした。ユニテリアンというのは、プロテスタントの一派で三位一体の教理を否認し、キリストに神性を認めない立場の宗派であるが、ちょうどこのころ急速に勢力をのばして、非国教徒の中心的な存在としての活動をみせるようになった。彼らはこの派の牧師で令名の高かったプリーストリやプライスを指導者として、ロンドンをはじめ各地に「革命協会」を組織した。ここでいう革命とは、前述のとおり百周年が近づいてきた「名誉革命」をさしており、あらためて名誉革命体制の得失を問いなおすことを課題にする集まりであり、これにはホイッグの左派であるフォックス派も同調する姿勢を示していた。国内にこのような急進主義の運動が展開しはじめたちょうどそのときに、フランスで革命が勃発したという知らせがとどいたのである。

バスティーユの牢獄《ろうごく》襲撃の四カ月後の一七八九年十一月四日、ロンドン革命協会の会合において、プライスは「祖国愛について」と題する説教をおこなった。彼は「名誉革命は偉大な事業ではあったが、けっして完成されたものではなかったこと」に注意を喚起し、とりわけ審査法による宗教的な差別の存在、腐敗した選挙制度に改革のメスをいれる必要を説いて、最後にフランス革命にむかって連帯の挨拶《あいさつ》をおくったのである。これが「イギリスにおけるフランス革命」と名づけられることになる、一大論争のはじまりであった。

フランス革命がしだいに過激になるのに歩調をあわせて、イギリスの急進主義運動もいちだんと高揚していった。その主流は、一七九二年に結成された「人民の友協会」にもみられるように、依然として中産階級を主体とするものであって、そこには進歩的な立場をとる政治家の参加もみられた。しかし同じ年につくられた「ロンドン通信協会」は、スコットランドうまれの製靴工ハーディを指導者として、労働者を中心にした点で異色の存在であった。この組織に思想的なよりどころを提供したのは、かつてアメリカ独立革命において画期的な役割を演じた『コモン・センス』の著者ペインが著した『人間の権利』(一七九一年)であり、その自然権思想に立つ平等の訴えかけは、労働者のあいだにも強い反響をまきおこした。ペインのほかに世界で最初の女権論者といわれるウォルストンクラフト、また彼女の夫で無政府主義の先駆者といえるゴドウィンなどが、こぞって急進主義の論陣をはった。

これにたいしてフランス革命批判の立場を鮮明に打ちだして、保守的な支配階層に訴えたのが、ホイッグ党ロッキンガム派の政治家・政論家であったバークであった。アイルランドにうまれ、アメリカ植民地と関係の深いブリストルを選挙区としていた彼は、かつてはアメリカ植民地の反抗に同情的な姿勢を示したことがあった。しかしフランス革命は、彼のよって立つ思想的な基盤をゆり動かすものであり、革命の勃発早々彼が発表した『フランス革命の考察』(一七九〇年)は、反革命の宣言文といえるものであった。彼は、さきのプライス博士の名誉革命理解の虚偽をつき、「権利章典」がたんに国民の権利を宣言するものであっただけでなく、議会制定法による王位継承を定めたものであることに力点をおいた理解を示した。名誉革命は、古きよき過去から世襲された貴重な財産を保

エドマンド・バーク

全するために戦われた革命なのであった。したがって彼にとってフランス革命は、まさに既存の価値観にたいする破壊的な挑戦にほかならなかった。彼の基本的な立場は、社会の道徳的な基盤としての宗教のもつ役割を力説し、「生まれながらの支配者」による貴族制的な社会秩序の尊重を説き、「古きよきもの」を保守しながらもすすんで弊害を改革する必要を強調することにあった。自然権思想に立つフランス革命の挑戦をうけて、ここに保守主義の思想がはじめて自覚的なかたちで表明されることになったのである。

反動的風潮の高まり

フランス革命が勃発した当初は、フランスにおける旧制度（アンシァン・レジーム）にたいする批判と自由の拡大を、長年対立をつづけてきた宿敵の弱体化を招くものとして、首相の小ピットをはじめとして、国民のひろい階層のあいだでそれを歓迎する風潮が強くみられた。いってみればイギリス人にとってフランス革命は、しばらくは見物に値する「対岸の火事」なのであった。しかしその革命がしだいに過激化の一途をたどり、周辺諸国への「革命の輸出」をはかったばかりか、ついには国王ルイ十六世を処刑して絶頂をむかえるようになると、イギリス国内の世論はしだいに反革命に傾斜していった。フランスの情勢だけでなく、国内で急進主義運動が急速に勢力をのばして支配階級が恐怖をおぼえるようになったことも、この世論の右傾化にあずかって力があった。

一七九三年、イギリスは諸国に働きかけて対フランス大同盟を組織してフランスに開戦し、国際的な革命干渉の先頭に立った。そして国内においても人身保護法が停止され、九九年には（政治結社の）「団結禁止法」がだされて、急進的な政治運動にたいしてきびしい姿勢がとられるようになり、その指導者にも逮捕の手がのびた。急進主義運動にとって、しばしの「暗黒の時期」がおとずれることになる。

イギリスの対フランス干渉は、ナポレオンの登場とともに、経済戦争という性格を強めてきた。一八〇六年ナポレオンがベルリン勅令《ちょくれい》を発して、支配地域の諸国民にイギリスとの交易を禁止する「大陸封鎖」をくわだてたからである。しかしながらイギリスの経済力に対抗するには、革命によって疲弊したフランスはあまりにも無力であった。イギリスはすでに産業革命の頂点をむかえ、やがてつくことになる「世界の工場」という地位にふさわしい、世界市場圏の確保をめざしていたからである。大陸封鎖に従わなくなったロシアをこらしめるためのモスクワ遠征はみじめな失敗に終わり、ナポレオンに奈落への道を準備した。エルバ島からの再起に自分の運命を賭《か》けたナポレオンの進軍も、ワーテルローの戦いでウェリントン将軍にやぶれて、この英雄の波瀾《はらん》万丈の生涯も終幕をむかえることになる。

ここでふたたびイギリスの国内に眼を転じるならば、アメリカ合衆国の独立、さらにフランス革命の影響をうけて、アイルランドにおいても、自治と権利の確立をめざす運動が展開した。これまでアイルランド議会のイギリス国王ならびに枢密院への従属を規定していた、一四九五年の「ポイニングズ法」は、「愛国者党」の指導者グラタンの活動によって、事実上撤廃されることになり、アイルランド議会はつかのまの独立を享受することができた。しかしその議会はあくまでもプロテスタントの有産階級を代表するものであり、人口の大半を占めるカトリック系住民の期待にこたえるものではなかった。

このアイルランドが革命運動のさなかにあったフランスと結びつくことを恐れた小ピットは、一八〇一年アイルランドを正式に併合することによって、危機をのりきった。このとき以来イギリスは「グレート・ブリテンおよびアイルランド連合王国」を名乗ることになり、ウェストミンスタの議会には、貴族院で三十二、下院で一〇〇人のアイルランドからの議席が割りあてられることになった。なお現在のイギリスの国旗「ユニオン・フラッグ」は、イングランドの聖ジョージ旗、スコットランドの聖アンドリュー旗に、アイルランドの聖パトリック旗を加えて、この時点でできあがったものである。

バークの教えたもの

フランス革命の投げかけた「自由と平等」という根本的な問いかけは、ナポレオンの没落によって歴史の舞台からいったん姿を消すことになった。しだいに反革命的な風潮が支配的になっていった十九世紀はじめの政治情勢において、革命に破壊的な要素しか認めなかったバークの『フランス革命の考察』は、支配階級のあいだで「保守主義のバイブル」として歓迎されるようになった。しかしながらこのようなバークのフランス革命にたいする非難だけをとらえて、彼を保守反動の黒幕としてかたづけてしまっては、だいじなものをみおとすことになる。彼はこののちに数次の改革を経験して、古典的な展開をみせることになるイギリス議会政治の発展に重要な寄与をしているからである。フランス革命に破壊的な要素しか認めなかった彼が、議会政治の前進に重要な貢献をしたのは、奇妙に思われるかもしれない。だが、政党の役割と議員の代表制の強調という二点をめぐる彼の発言は、明らかに議会政治史における重大な転機をもたらすものであった。

選挙の大騒ぎ(ホガース筆)　18世紀の選挙では，当選した候補者を椅子にのせてかついでねり歩くなど，飲めや，歌えの大騒ぎがつきものであった。

前述のように、十八世紀の政党の状況は、イデオロギー集団でもなければ政策集団でもなく、ただ官職と年金の獲得を目的とする利益集団にすぎないありさまであった。このような現状を反映して、政党は国家内に無用の分裂をもたらすものであるとして政党解消論がとなえられるようになり、それを利用して人民との直結をはかったジョージ三世は「愛国王」を自称することができたのであった。このような状態でみずから議会の一員であったバークは、政党をつぎのように定義する。「政党とは、全員の同意する特定の原理にもとづいて、結束した努力によって国家的な利益を促進するために結合した人びとの団体である」(『現状不満の原因に関する考察』一七七〇年)と。個人的・地方的な利害を追求する組織としての、あの派閥的な政党の認識は、ここにはない。政党を動かすものは、原理原則であり、さらには国家的な利益の促進という目的のもとに表明される政策であり、その政策の実現のためには、すべての政党員の結束した共同行動が必要である。

このような政党の有効性についての認識は、同時に議会政治に不可欠な構成要素として政府反対党＝野党の存在をも正当視するものであったことをみのがしてはなるまい。ここにはじめて二大政党対立というパターンは、その正しい意味づけを獲得する。世紀末におけるフォックスと小ピットの対立のなかに、この意味での「野党」の出現を認めることもできよう。それはあくまでも政策原理の対立であり、しかもそれはふたりの党首をリーダーとする組織の対立でもあったのである。

つぎにとりあげなければならないのは、バークの代表機関としての議会についての認識である。彼は一貫して民衆にたいする侮蔑《ぶべつ》を隠さず、自然権を基礎とする普通選挙権の要求を激しく批判し、「財産と教養と閑暇」をもった「生まれながらの代表者」である土地所有者による寡頭《かとう》支配を積極的に是認した。それはそのかぎりにおいて既存体制の擁護論であり、保守主義者バークの面目躍如たるものがあるが、このこととならんで彼が代表機関としての議会の独立性を強調したことをみのがすことはできない。

一七七四年、自分を招いて議会に選出してくれたブリストルの選挙民にあてて彼が強調したのは、その点であった。「議会は異なった敵対的な利害を代弁する大使たちの会議ではなくて、一つの利害をもった一つの国民の、全体のために審議する会議である。そこでは地方的な目的や局地的な偏見ではなく、全体の普遍的な利益によって導かれなければならない。……諸君はじっさいに議員を選ぶ。しかしいったん諸君が彼を選んだその瞬間から、彼はブリストルの議員ではなく、議会の一員なのである」。ここでは当時の議員たちの行動を拘束していた「地方的な利害」、またその具体的なあらわれとしての選挙民からの強制的な指令や圧力から、議員は解放され、自由でなければならないと主張されているのである。こうなれば議会は、議員の個人的な利害や地元への利益誘導を追求する場ではなくなり、国民の利害を第一にした国政の審議機関としての地位をかためることができるであろう。

「改革の時代」へ

このようにバークのいだいた議会のイメージは、これまでみてきた当時の議会の実態とは明らかに異なるものであった。その意味で彼の議会論は、議会政治の発展に一つの転機を準備したといえよう。そのうえに立って、今度は議員の選出基盤である選挙権の拡大という課題の実現をめざした議会改革が、つぎの世紀の三〇年代にはじまることになるのである。

イギリスで産業革命が進行したのは、ヨーロッパ諸国がフランス革命とナポレオン戦争への対応に追われ、しかもそれによって甚大な損害をこうむっていた時期にあたっていた。産業革命によって圧倒的な工業力を築くことができたイギリスは、ナポレオンの没落後ヨーロッパの秩序の再建を意図し

「ピータールーの虐殺」（クリュクシャンク筆）　群衆に襲いかかる騎兵を描いた諷刺画。

て開かれたウィーン会議において、反動的な傾向が支配的になったあとも、かならずしもそうした風潮に同調せず、中南米諸国やギリシアの独立を支援するなど独自の外交政策を追求したが、それもみずからの豊富な商品の市場をひろく世界に確保するための戦略であった。

しかし国内においては産業革命がうんだ社会的な激変の影響が、しだいに表面に顔をみせるようになり、議会だけではなく、さまざまな面で改革を要求する声も高まっていった。ところが一八一二年に成立していたリヴァプール内閣は、戦争終結後に大陸から安価な穀物が流入することを恐れて、一五年、地主保護立法である穀物法を制定した。そればかりでなく戦後の不況の影響をまともにうけた労働者がふたたび結集する傾向をみせはじめると、きびしい弾圧をもってそれにのぞんだ。その具体的な事例として有名なのが、「ピータールーの虐殺」である。これは一九年八月十六日、マンチェスタの聖ピーター広場に約六万人の労働者が、選挙法の改正と穀物法の廃止を要求して集会を開いたのにたいして、騎兵部隊がつっこんで死者十一人、負傷者六〇〇人以上をだした事件である。それはワーテルローをもじってこうよばれるようになったが、政府はこの弾圧を是認した。

この事件にも象徴されるように、イギリスは、工業化の点では世界の最先進国としての地位を誇りながらも、それ以外の面ではまだまだ改革を必要とする問題点をもっていた。しかし二〇年代も末期になると、自由主義的な風潮がしだいに強くなり、労働者たちの行動をしばっていた団結禁止法も二四年に、また審査法も二八年に廃止され、さらにそれをうけて二九年には「カトリック教徒解放法」も成立した。まだ完全な社会的な平等とはいえなかったが、少なくとも政治参加の点では、カトリック教徒にも権利が認められるようになったのである。しかしこのような改革の遂行は、トーリ内部の分裂を招き、三〇年、久しぶりでホイッグのグレイ内閣が成立した。「改革の時代」が到来したのである。

ところで急進主義(ラディカリズム)の語源である「ラディクス」とは、ラテン語で「根」を意味する。したがってラディカリズムは、言葉の本来の意味からすれば、ものごとを根底から改めることを意味したはずである。だがイギリスにおける急進主義の運動は、ごく少数の例外をのぞいて、体制を根底から改革することをねらいとするものではなかった。「改革の時代」も、この基本線からそれることはなく、あくまでも議会改革、選挙法の改正を中心にして展開していくことになるであろう。

◈経済学の誕生

アダム・スミス

Adam Smith（1723〜90）

「イングランドでは普通は馬の飼料であるが、スコットランドでは人間の食料となる穀物」とは、サミュエル・ジョンソンがその『英語辞典』（一七五五年）で、「からすむぎ」に与えた定義として有名である。そこにはジョンソン一流の皮肉がふくまれていたとはいえ、スコットランドにたいする蔑視《べっし》はぬぐいがたい。たしかにスコットランドは貧しい国であった。ことに一七〇七年の合同以降は、イングランドの圧倒的な影響のもとに苦難の日々をおくらねばならなかった。しかしそのスコットランドで、ちょうどジョンソンと同じ時期に、ハチソンやヒュームといった人たちによって、商業化の進んだ社会における人間性と道徳のありかたをめぐっての考察が深められた。それをさして「スコットランド啓蒙主義」とよぶが、その頂点に位置し、自由主義的な古典派経済学の体系を打ちたてのが、アダム・スミスであった。

　スコットランドの東海岸の港町でうまれたスミスは、グラスゴー大学で学んだ。当時のグラスゴーはアメリカとの植民地貿易によって栄え、自由の気運がみなぎっていた。大学を卒業して奨学金をもらってオクスフォードに学ぶことになったスミスは、このイングランドを代表する大学のひどさに愕然《がくぜん》とする。『諸国民の富』（国富論）には、教授の大半が教えるふりをすることさえやめてしまった、というきびしい批判がみられる。それにひきかえ「貧乏な大学」では、「教師たちは生計の大半が自分の評判にかかっていたから、ときの時代思潮に注意をはらわざるをえない」。まさしく彼の母校グラスゴー大学は後者であった。

オクスフォードを中退して帰郷した彼は貴族の家庭教師を希望したが、職はみつからなかった。しかしエディンバラでおこなった公開講義が好評で、一七五一年グラスゴー大学の論理学教授に任命され、翌年には恩師のハチソンの後をついで道徳哲学の教授となった。そのころ仕事場に困っていた、のちの蒸気機関の発明者ワットに大学が仕事と部屋を与えたのは有名な話である。スミスはしばしばワットの仕事場をおとずれ、歓談したといわれている。

アダム・スミスが全ヨーロッパ的な名声を確立したのは、個人の「私利」の追求も神の「見えざる手」によって「公益」を達成できると説いた、『道徳情操論』（一七五九年）によってであった。このころしだいに彼の脳裏には、のちの自由主義経済学の萌芽《ほうが》がうまれていたらしい。彼が大学をやめて、ある貴族のつきそい役兼教師としてはじめて大陸にわたったのは、六四年のことであり、このときアダム・スミスはすでに四十歳の坂をこえていた。ヴォルテールやケネーと出会ったことは、『諸国民の富』の執筆に大きな刺激となった。

『諸国民の富』は、アメリカが独立宣言をした年、七六年に刊行された。それは、有名なピンの生産における「分業」のもつ意味を説き明かすことからはじめて、労働が富をうみだす資本主義社会の仕組みを解明し、重商主義的な統制にかえて「自然で自由な制度」を打ちたてることこそが必要であると説明し、自由主義的な経済理論を確立させるのに決定的な役割を演じた。

晩年のスミスは、『諸国民の富』からの印税のほかに、税関委員としての政府からの高額の収入もあり、パトロンの貴族からの年金にも恵まれて、独身生活をつづけながら、まさに悠々自適の生涯を終えることができた。

第9章　「改革」と「工業化」の進展

第一次選挙法改正

十九世紀前半のイギリスは、内においては産業革命による工業化の進展によって、さまざまな矛盾が姿をあらわし、改革の必要が強く意識されるようになるとともに、外においてはフランス革命とナポレオン戦争後のウィーン体制のもとで、新しい国際的な秩序の樹立を求めて模索をかさねた時代であった。

そこにおいてイギリスは、前述したように全般的に保守的な風潮のいちじるしく高まったヨーロッパ諸国の動きに積極的に介入することはさけて、むしろスペイン領アメリカ植民地の独立の機運を支持し、ギリシアの独立運動を支援した。一方、国内においては産業革命の担い手としてその社会的な地位を向上させたブルジョワジーが、国政の実権を依然として掌握していた地主・貴族階層にたいして、みずからも国政への参加を要求するとともに、自由貿易の実現に意欲を燃やすようになった。

ところで十七世紀の革命によって事実上の主権者の座を確保したとはいうものの、内部の構成にはなんらの変化がなかった議会にたいして改革を要求する声は、すでに十八世紀の後半にもみられたが、フランス革命の過激化にともなってみおくられ、改革は一時延期されていた。しかし前章でふれたように、一八二〇年代の後半になって、ナポレオン戦争後の混乱にも落ち着きがみられるようになり、それとともに自由主義の風潮が強くなると、議会改革、とりわけ選挙法の改正の機もようやく熟してきた。

それでは当時のイギリスの下院において、改革を必要とする不合理な点は、どこにあったのであろうか。まず第一に、選挙資格が「州《カウンティ》」と「都市《バラ》」において均一ではなかったことである。すなわち、「州」においては年収四十シリング以上の自由土地保有者《フリーホルダー》にかぎるという時代離れした資格がいまなおとられており、また「都市」における選挙資格はその都市に下付された特許状に記載されていたため、都市の少数の当局者だけが選挙権をもつきわめて寡頭《かとう》支配の傾向の強いものから、一定の地方税の納入を選挙資格とする開放的な性格の強いものまで存在し、全国をとおしての統一的な選挙資格の規定がみられなかった。

つぎに第二の不合理な点は、議席の配分が、巨大な工業都市の出現などに象徴される、当時の急激な人口移動に応じきれなかったことに認められた。とりわけ都市選挙区が南部に偏在していたので、新興の工業都市であるマンチュスタ、バーミンガムなどは議員を選出することができなかったし、そのうえ都市選挙区においては有権者がきわめて少数であったために、有力なパトロンが自由に選出議員を決めることのできる「腐敗選挙区」(「指名選挙区」「懐中選挙区」などともいわれた)も多数存在していた。

選挙法改正の機運は、一八二〇年の末から、急速にもりあがりをみせ、議会の外でも、その実現を目的とする「バーミンガム政治同盟」などが結成された。そして一八三〇年にフランスで七月革命が勃発したことが、急進主義運動にはずみをつけ、翌年春にはいっそう急進主義的な改革要求をかかげた「全国労働者階級同盟」も結成された。三〇年末にウェリントン内閣が辞職し、選挙法改正の実現を政策にかかげたホイッグのグレイ卿が後継内閣を組閣すると、進歩的な貴族として信望のあったダラム卿を中心にした四人の委員会に選挙法改正の原案の作成が命じられた。原案は三一年三月に議会に提案されたが、その内容は貴族出身の委員会の作成したものとしては、選挙資格ならびに議席配分の点で、予想をこえた進歩的な内容のものであったので、院外においては好評をもってむかえられたが、逆に議会における審議の難航が予想された。事実、下院においてさえ、この政府案は否決されて通過させることができず、政府は議会を解散して、総選挙に訴えねばならない羽目におちいった。しかし総選挙の結果は、改正支持者が多数を占めたので、政府はあらためて改正法案を提出し、今度は圧倒的な差で下院を通過した。ついで改正案は貴族院に回付されたが、保守勢力の中心であった貴族院は、十月におこなわれた採決で、これを否決してしまった。

憤激した大衆運動は一挙にもりあがりをみせ、ブリストルをはじめとする都市で、改正反対派とみなされた貴族や聖職者の邸宅が襲撃されるなど、革命近しを思わせるほどの騒然とした空気となった。

同年末議会が再開されると、グレイ内閣は三たび改正法案を提出し、それは翌三二年三月下院を通過した。しかしここでも貴族院の反対が強かったため、賛成票を確保するために、グレイは新貴族をつくって貴族院におくりこむ国王大権の発動を要請したが、国王ウィリアム四世（在位一八三〇〜三七）がそれに応じなかったので、五月に内閣は総辞職せざるをえなくなった。

国王はふたたびウェリントン公に組閣させようとしたが、この「五月の危機」に直面して、ロンドンをはじめバーミンガム、マンチェスタなどの都市においてウェリントン反対の運動がひろがりをみせ、銀行預金の引きだしなどの騒動が発生したので、国王はウェリントンによる組閣を断念して、グレイに再度の組閣を命じた。グレイは新貴族をつくる確約を国王からとりつけたうえで、選挙法改正案の成立を期したので、さしもの貴族院もついに譲歩して、六月四日、この選挙法改正法案を通過させ、国王の裁可をえて法律として成立させた。

選挙法改正の性格

この選挙法改正法は、当初作成された案にいくつかの修正が加えられたものであったが、有権者の資格としては、都市においては基本的には「年価値十ポンド以上の家屋を占有するもの」に、また州においても、従来の四十シリング以上の自由土地保有者に加えて「年価値十ポンド以上の謄本《とうほん》土地保有者」に選挙権を与えるというかたちでやや拡大し、また「腐敗選挙区」とみられたものの一部から一四三議席を剝奪《はくだつ》して議席の再配分をくわだてた。しかしこの改正法によっても、有権者数は改正以前の約五十万人たらずから八十万人をややこえた程度に増加したにとどまり、とうてい要望されていたような民主的な改革とはいえなかった。ことに問題であったのは、院外の大衆運動の主力を構成し、改正法案の議会通過に大きな寄与をした下層中産階級や労働者が依然として選挙資格から排除されたままであったことである。

明らかにこの選挙法改正における改革の目標は、「バーミンガム政治同盟」に結集したような、「財産と知性の持ち主」である一部の中産階級を、体制側に吸収しようとすることに設定されていた。その意味で、この第一次選挙法改正は、改正賛成のホイッグと改正反対のトーリといった単純な図式でわりきることはできず、いわんや新興のブルジョワジーの地主・貴族階級にたいする全面的な勝利であったとか、あるいはこの改革によって支配社会層の交替があったとみることはできない。事実、この後も下院議員の階級構成はほとんど変わらず、地主階級出身の議員の優位は、一八八〇年代までまもられつづけるのである。しかしながら、これまでかたくなに寡頭支配体制の中心としての地位をまもってきた「改革されなかった議会」に、はじめて改革のメスがいれられた意義はきわめて大きかった。法案の作成者のひとりは、この改正が「最後」であるといったといわれるが、それは最後ではなく、まさに「第一次」の改正という、議会民主化のはじまりであった。

この改正の経過にみられるように、時代の要請にたいして即座に敏感な対応を示した支配階級側は、以後も選挙権の拡大が不可避の動向であるのをみてとり、さらに改正を進めていくことになる。とりわけ政権の獲得を至上命令とする既存の二大政党にとって、この改正のさいに採用された有権者の登録制度を活用して、あらたに政治参加を認められた有権者を自分の陣営にとりこむことが、緊急の課題になった。そこで利用されたのが、あの「クラブ」であった。ここでも時代の流れをみぬいて、それに対応するのは、トーリのほうがはやかった。すなわち一八三一年にウェリントン公やピールが中心になってカールトン・クラブを結成したが、遅れてホイッグの側も、三四年にウェストミンスタ・クラブ、さらに三六年にはリフォーム・クラブをつくり、それにはグレイ卿、パーマストン卿、コブデン、ブライト、マコーリなど当時自由主義で鳴らした人びとが加盟した（ウェストミンスタ・クラブはリフォーム・クラブに合体して解散した）。そしてこのころから、トーリは保守党、またホイッグは自由党を名乗るようになる。二つの政党は、それぞれ中央と地方における党組織を整備し、政策綱領をはっきり打ちだすといった課題にとりくむようになり、近代政党への脱皮をはかることになった。

たとえば選挙法改正後の保守党の指導者となったピールは、ランカシァの綿業資本家の息子で政界にはいった人物であったが、三四年の総選挙にさいして自分の選挙区であるタムワースにおいて、「既得の諸権利は厳守する」が、「さまざまな弊害を矯正《きょうせい》し、不満の救済」にあたることを、保守党の基本姿勢とするむねの「タムワース宣言」を発表し、これが以後長いあいだ保守党の指導原理となった。

「改革の時代」の到来

この第一次選挙法改正を契機として、イギリスに「改革の時代」が展開してくることになった。グレイ内閣をついだメルボーン内閣のホイッグ政権だけでなく、その中間の時期に位置した保守党のピール内閣においても、「改革」という基本線はまもりとおされた。

まず一八三四年には、古くエリザベス女王の時代に制定されたままであった救貧法にかわる「新救貧法」が制定された。それは、救貧の対象を働くことのできないものだけに限定することにして、従来おこなわれていた救貧税によって貧しい労働者の生活を補助する「スピーナムランド制」を廃止した。それとともに、これまで救貧の責任を負っていた教区を新しい連合に統合し、中央に救貧法委員会を設置して、これまで地方自治の原則にまかせきりであった救貧法行政に、中央集権的な改革の手をのばすことにした。ここでみられるように、この救貧法の改正は、伝統的に地域共同体の自立性に行政をゆだねていたこれまでのありかたに変質をせまるものであって、国家の役割がしだいに大きくなっていくことが示されており、その意味でこれからのイギリスにおける社会改革の方向を暗示するものであったといえる。この線にそって、翌年には「都市自治体法」によって、都市にみられた名望家による閉鎖的な寡頭支配体制にメスがいれられた。

こうして国家の介入が強まる傾向をみせはじめると、おのずからそれまでの基調であった「最大多数の最大幸福」を追求したベンサム流の功利主義の立場から批判の声があがることは、さけられなかった。イギリスの自由主義の代表的著作の一つＪ・Ｓ・ミルの『自由論』（一八五九年）は、多数者の専制にたいして個人の自由をいかにしてまもるべきかという、十九世紀中葉のイギリスの現実の課題に根ざした主張であり、自由の重要性と同時にその限界を明らかにした点で、自由主義の古典と目されるようになった。

さてこの「改革の時代」において、同様に対応をせまられたのが、国教会であった。前述したように、王政復古以後の国教会は、国家との結びつきをさらに強めていた。国教会の末端の組織である教区は、地方行政の単位としても利用され、国教会の聖職者は、治安判事をつとめるジェントリとともに、地域共同体における名望家行政の一端を担う存在であった。その国教会体制が、産業革命による社会の激変に応じきれず、怠惰のうちに眠りこけているという批判が高まってきたのも、いわば当然であった。

その国教会体制のすきまをうめて、急速に勢力をのばしてきたのが、メソディスト教会である。元来このメソディストは、この時点よりもほぼ一世紀前に、国教会の牧師であったウェズリが、弟とともに「聖書に示されている方法《メソッド》に従って」生きることを目標にして、国教会の対応が遅れた新興工業都市を中心にして巡回し、野外説教を試みたことに端を発する宗派であった。ウェズリの死後、信徒たちは国教会から分離して独自の教会をつくったのが、産業革命が絶頂をむかえていた一七九五年のことであった。こうしてメソディストは、まさに「産業革命の宗教」として、魂の救済の機会に飢えていた労働者階級に働きかけ、最大のプロテスタント非国教徒としての地位を獲得するにいたったのである。

このようなメソディストの急激な勢力伸長を目のあたりにして、国教会とても「改革の時代」から孤立して惰眠をむさぼっているわけにはいかなかった。たしかにそこには、中産階級の台頭を背景にした福音主義の復活がみられ、国教会を内部から改革しようとする動きもみられた。ウィルバーフォースを指導者として、彼らの活動拠点の地名から命名された「クラパム派」は、その活動の一部として、さきに一八〇七年、奴隷貿易廃止法を成立させていた。しかし当時の国教会は、全体としては、自由主義思想の浸透によって、内部の規律はゆるみ、聖職者の意気は沈滞していた。

この危機的な状況に心を痛めて、三三年にたちあがったのが、オクスフォードの神学者たちであった。キーブル、ニューマンなどを担い手として、教会ならびに主教職の権威と支配を重視した高教会派《ハイ・チャーチ》の理想にしたがって、国教会の独自性の確立をめざす「オクスフォード運動」がそれである。この運動はニューマンがカトリックに改宗したため、分裂してしまったが、のちの国教会のありかたに大きな影響を残した。国教会にとって、社会の激動に応じた改革、とりわけ教会組織がいちじるしく弱体であった新興工業都市における貧民救済や教育の普及は取り組むべき不可欠の課題であった。しかし体制教会である以上、この国教会の改革に国家が介入しているのはさけられなかった。議会は国教会の後見人として数多くの制定法を通過させて、国教会の改革に力を貸した。

ところで五一年におこなわれた国勢調査によれば、イングランドとウェールズの全人口のうち約二一%が国教会の、また八・七%がメソディスト教会の、そして一・七%がローマ・カトリック教会の礼拝に出席していることが明らかになったが、それよりも驚くべきことは、全人口の四〇%を占める人たちがすでに礼拝には出席しなくなっており、教会離れの傾向が予想以上に進んでいた事実であった。国教会の独占的な地位は明らかに崩壊《ほうかい》しており、それとともに国教会の国民を把握する能力には、かげりがみえはじめていた。この事実を前にすれば、先述した、審査法の廃止、さらにはカトリック教徒解放法によって、公職をプロテスタントとカトリックの両方に解放したのは、自由主義という理念の産物であるよりは、むしろ時代の流れに応じたものであったといえる。

チャーティスト運動と穀物法廃止

「改革の時代」の到来をみて、産業革命の落とし子である労働者階級も、独自の運動を展開するようになった。一八二四年に団結禁止法が廃止されると、労働組合の結成が盛んになり、その全国的な組織化も進められた。この時期の労働組合運動に強い影響を与えたのは、オーウェンの協同組合主義であり、彼の指導のもとに三四年に「全国労働組合総連合《グランド・ナショナル》」が結成されたが、ストライキ戦術の可否をめぐって分裂がうまれ、短命に終わった。

これよりもさきに、前述したように選挙法改正運動においても、労働者階級は独自の要求をかかげて陣営の一翼を担い、激しい運動をくりひろげた。しかしそれにもかかわらず、選挙法改正の成果が自分たちにはおよばなかった不満が、あらたに展開した「チャーティスト」運動をもりたてることになった。

「チャーティスト運動」とは、その指導者のひとりラヴェットが起草して、三八年五月に公表された「人民憲章《ピープルズ・チャータ》」に由来する。それは、成年男子普通選挙権、秘密投票、議会の毎年改選、議員の財産資格の撤廃、議員への歳費の支給、平等な選挙区配分の六点を、改革の目標として要求した。この

チャーティストの集会　1848年4月，ケニントン広場に集まったチャーティストは，その最後の請願を議会におこなった。

運動は一時は労働者だけでなく、国民の広範な階層にも浸透し、かなりの勢いをみせた。しかし要求を実現する手段をめぐって、ロンドンをはじめとする南部の熟練職人層を基盤にしてあくまでも合法的な手段をとろうとするラヴェットらの「道徳派《モラル・フォース》」と、北部の工場労働者を主体にして暴力の行使をも辞さないオコンナーの指導する「実力派《フィジカル・フォース》」との分裂が生じた。後者は深刻な経済不況を背景にして、しばしば武装蜂起やストライキなどの過激な手段に訴えたため、しだいに運動から離反するものがふえた。しかもチャーティストからの請願をうけた議会がいっこうに反応を示さなかったので、運動はしだいに初期の熱気を失い、四八年のフランスの二月革命に影響された第三次の請願も不発に終わった。そして景気が回復して、イギリスが「繁栄の五〇年代」に突入するとともに、「チャーティスト」運動も消滅してしまった。

ところで自由貿易を促進するという政策は、かねてより国益増進の立場からは異論のないところであった。しかし保護関税を定めた「穀物法」をめぐっては、農業の保護とみずからの政治的基盤の確保を願ってやまなかった地主・貴族と、安い価格の穀物を望んで、その撤廃を求めたブルジョワジーの利害は根本的に対立せざるをえなかった。三九年にコブデンとブライトを指導者として「反穀物法同盟」が結成され、廃止運動をくりひろげたが、四五年にアイルランドに深刻な飢饉《ききん》が生じたのを契機に、首相のピールは保守党主流の意向に反して、翌年「穀物法廃止法」を通過させた。

これによって保守党は自由貿易派と保護貿易派に分裂し、前者のピール派はのちに自由党に吸収されることになった。元来は地主の利害に忠実であるべき保守党を率いたピールは、穀物法の廃止にあたって、被害が予想される地主に代償として農業改良のための低利資金の長期貸付けを保障した。この資金によって地主たちの農業改良意欲はいっそう高められ、「ハイ・ファーミング」とよばれた高度集約農業が普及することになった。このことがイギリスが世界最初の工業国を成熟させたにもかかわらず、そこにおける地主たちの支配をさらに存続させる一因として働くことになった。

このようにしてブルジョワジーは、議会改革と自由貿易という、そのかかげた二つの要求を実現させるのに成功したことで満足しなければならなかった。四八年、フランスの二月革命を契機にしてヨーロッパをおおった革命の嵐も、ドーヴァ海峡をこえることができず、五〇年代のイギリスには未曽有の「繁栄の時代」がおとずれることになった。

「世界の工場」

この「繁栄の時代」に王座についていたのが、ヴィクトリア女王（在位一八三七～一九〇一）であっ

ヴィクトリア女王　即位の翌年に描かれた若き日の女王。

た。ハノーヴァ朝の成立以来イギリスは、ドイツのハノーファ王国（選帝侯国は一八一四年王国となった）と同君関係を維持していたが、ハノーファが女子の王位相続を禁止していたため、ヴィクトリアの即位とともにその関係を解消し、女王の夫君であるアルバート公の出身家系であるザクセン・コーブルク・ゴータ家からとって、「サックス・コバーク・ゴータ」を王室の名称にした（なおこの王室名は、第一次世界大戦中にそれがドイツ系の名称であることを嫌って、「ウィンザ」家と改められた）。

一八五一年にロンドンで開かれた世界最初の万国博覧会は、産業革命によって「世界の工場」という地位を築きあげたイギリスの繁栄を象徴するできごとであった。この万国博は、正式の名称を「あらゆる国の産業製品の大博覧会」という。ハイド・パークの南側に敷地が確保され、懸賞で当選したパクストンの設計になる主会場が突貫工事でつくられた。それは九万平方メートルの床面積に五〇〇〇本の鉄柱と三十万枚のガラスを使った、まさに建築の新しい時代を象徴するもので、「クリスタル・パレス」（水晶宮）とよばれた。この博覧会は一八五一年五月一日に開会し、十月十一日まで、じつに六〇〇万人もの観客を集めて、大成功のうちに終わった。このころにはイギリスの全国にはりめぐらされていた鉄道網を利用して、のちに世界最大の旅行会社をつくることになるトマス・クックなどが手配した団体客が押しよせてきたことも、観客数の増加にあずかって力があった。

水晶宮　万国博覧会の主会場となった「水晶宮」を南側からみたもの。

植民地はもとより、世界はすべて自分たちの工業のための原料の供給地であり、またこの「世界の工場」がつくりだす製品の市場であるにすぎない。だいじなことは、そこで自由貿易がおこなわれることである。こうしてイギリスは十九世紀の五〇年代と六〇年代に自由貿易の最盛期をむかえる。文明の進歩と繁栄を謳歌《おうか》する声の高まるなかで、ヴィクトリア女王の治世はその黄金時代をむかえた。まさにこの十九世紀の第三・四半期におけるイギリスは、工業生産、世界貿易、金融、海外投資、植民地の領有のすべての点で覇権《はけん》を握って、資本主義の世界体制の中核に位置することになったのである。

しかしながら注目すべきことは、イギリスが「世界の工場」たる地位を誇っていたこの時点においてすら、イギリスの貿易収支はかなり大幅な赤字をつづけていた事実である。しかしこの赤字を補塡《ほてん》してあまりのある、海運、保険料収入、海外資産からの配当・利子収入があり、そのうえインドからは「本国費」という名目で徴収する搾取が、帝国の繁栄を支えていた事実をみのがしてはなるまい。

ジェントルマンの支配

十九世紀の中葉にイギリスは、世界の最先進国という地位を獲得したにもかかわらず、その社会構造の面ではきわめて特異な特徴を保持していた。すなわち中世以来脈々としてつづいてきた貴族・地主を担い手とする支配体制は、時代のもたらした大変動にもかかわらず、とりわけ穀物法が廃止されたにもかかわらず、イギリス農業に空前の繁栄がおとずれたことによって、ゆるぎもみせなかった。そして土地所有者の収入には地代のほかに、十八世紀以降には国債などからの利子収入が加わり、十九世紀になると鉄道や銀行などの株式、また後半には外国債券からの利子や配当によって収入をいっそうふやしたのであった。

到来した工業社会において新しい支配者としての地位を予想されたブルジョワジーも、土地を手にいれて地主階級の一員として認められないかぎり、また有名なパブリック・スクールからオクスフォード、ケンブリッジのいずれかの大学に学んでジェントルマンにふさわしい教育をうけ、その価値基準を身につけないかぎりは、ジェントルマン、すなわち支配階級に属するものとはみなされなかった。たしかにこの「ジェントルマン」にも、時代の変化に応じた変容がうまれていた。これまでその中核であった土地所有者階級のほかに、聖職者と法曹《ほうそう》関係者の一部、上級官吏、陸海軍士官、内科医といった専門職業の人びとが加えられており、その数も三〇〇〇ほどの世襲貴族をふくめて約三万家族に達していた。そして工業化のいちじるしい進展にもかかわらず、逆にジェントルマン志向が強まったのが、このヴィクトリア時代であった。

そのような風潮をうけて、ジェントルマン養成機関であるパブリック・スクールには、チューダー朝の時代につづいて二度目の黄金時代がおとずれた。新設校が増加しただけでなく、古い歴史をもつパブリック・スクールにおいても、ラグビー校の校長アーノルドにみられるように、古典語を中軸にすえた伝統的なカリキュラムに立ちながら、集団的スポーツを奨励《しょうれい》して「クリスチャン・ジェントルマン」の育成を意図する改革を進めて、中産階級のジェントルマン熱にこたえようとした。またこのような中産階級に強かった教育熱を背景にして、依然として国教徒による独占体制をとっていた旧来のオクスフォード、ケンブリッジ二大学に対抗するものとして、一八三六年にロンドンにユニヴァシティ・カレジが設立され、これがのちのロンドン大学の母体となった。

このようにしてうみだされるジェントルマンの若者たちの増加に応じて、これまで縁故採用というかたちでのパトロネジ・システムが残存していた国内とインドの行政官の採用に、五〇年代にはいると改革のための委員会が設置され、七〇年代になってグラッドストン内閣によって、推薦《すいせん》任官制度による任用を廃止するという改革がおこなわれた。また陸軍士官については士官職の購入が普通であったが、これもグラッドストンによって廃止が実現した。これらの改革をとおして、伝統的なジェントルト

ロンドンのスラム街　産業革命がもたらした「影」を如実に表現したのが，イーストエンドにみられたスラム街であった。

ルマンとしての教養と価値観を身につけた若者が、植民地行政官や軍隊士官になって帝国にちらばっていき、「ジェントルマンの国イギリス」というイメージをさらに増幅させることとなった。

　しかしこの「ジェントルマンの国」イギリスは、世界最初の産業革命を経験し、世界最初の労働者階級をうみだしていた。彼ら労働者階級は、資本主義体制に対決するには、あまりにも早熟であり、戦略、戦術、イデオロギーのすべてをみずからの頭で考えださねばならなかった。こうしてのちの首相ディズレーリの若き日の言葉によれば、「お互いになんらの交渉も親愛の情もなく、お互いに思想、習慣、感情を異にする、二つの国民」が、イギリスには存在することになった。

　もちろん政府当局がこのような労働者階級のおかれた状況を黙視していたわけではなかった。すでに一八〇二年に最初の工場法が制定されて以来、この世紀の四〇年代までに六度も工場法が制定されて、年少労働者にたいする保護、労働時間の制限がはかられた。しかしこの一連の工場法においては、三三年の法にこの法律の実施状況を調べるための工場監督官がおかれたことが注目される。というのは、それまでは法律による取締りは、名望家出身で無給であった治安判事にゆだねられていたのに、今度は有給の専門官吏がそれにあたることになったからである。ここでも中央政府が地域共同体に把握の手をのばしはじめたのであった。

また都市の劣悪な生活環境を改善するための努力も進められ、四八年には最初の公衆衛生法が制定され、またこれまでは国家の関与するところではないとして、放置されていた民衆にたいする教育にも国庫助成がおこなわれるようになり、やがては義務教育の問題が争点を提供することになる。

「自由貿易帝国主義」の展開

外交政策においても、一八四〇・五〇年代に短い時期をのぞいて保守党をおさえて政権を掌握した自由党は、自由貿易体制の完成をめざした。これまでイギリス本国と植民地の関係は、強大な海軍力を背景にして、ピューリタン革命期に制定された航海法を根幹とする重商主義体制がとられていたが、産業革命による圧倒的な工業力の形成は、その統制を不必要なものと感ずるようになり、世紀初頭には東インド会社の貿易独占権が廃止され、一八四九年にはついに航海法そのものも廃止された。

そこで肝心なのは自由貿易がおこなわれることで、植民地の維持はいたずらに財政的な負担の増加につながる「首にかかった石臼」であるとして、帝国の拡大に反対する「小イングランド主義」の考えかたが支配的となり、五〇年代には自由貿易は最盛期をむかえた。この自由貿易の確立に一つの画期となったのは、六〇年に締結された英仏通商条約であった。この条約によって、「世界の工場」の圧力を回避するために保護貿易政策をとっていたフランスを自由貿易に改宗させた意義は大きかった。それを突破口として、自由貿易の原理がヨーロッパ中にいきわたることになったからである。

ところがこのように自由貿易を看板にして、植民地不要論が声高にとなえられたにもかかわらず、この時期のイギリスは、現実には一つとして植民地を放棄せず、逆に帝国は拡張をつづけた。そして本国の工業原料の供給地、工業製品の市場、さらに過剰人口のはけ口として、この時期に植民地の再編成がはかられたことに注目する必要がある。

この植民地の再編においては、明らかに白人のそれと有色人種のそれとのあいだに差別待遇がみられた。白人植民地であるカナダとオーストラリアには関税自主権が与えられ、前者は一八六七年に最初の自治領となった。ところが一方インドにおいては、東インド会社が貿易独占権を失ったのちも行政機関として統治にあたっていたが、五七年に会社のインド人傭兵《ようへい》が反乱にたちあがると、本国政府は軍隊をおくってこれを鎮圧し、これを契機にしてインドを直轄《ちょっかつ》統治領とした。また中国にたいしても、アヘン戦争(一八四〇〜四二年)やアロー戦争(一八五六〜五八、一八五八〜六〇年)に訴えて、開国をせまるとともに、香港と九竜半島を獲得し、中国を半植民地状態においた。このように非ヨーロッパ世界の諸国には、砲艦で脅迫を加えるのを辞さなかったイギリスにとっては、自由貿易と帝国主義とは一体のものであったから、それをさして「自由貿易帝国主義」とよぶのがふさわしい。最初は外相としていわゆる「自由主義外交」を展開し、のちに二度にわたって組閣したパーマストン卿こそは、まさにこの「自由貿易帝国主義」を実践した政治家であった。

議会改革の推進

前述したように、一八四六年の穀物法の撤廃から第一次グラッドストン内閣が崩壊する七四年までの時期は、自由党ないしはピール派を加えた自由主義勢力が優越した時代であった。そして近代政党としての組織化をはかった自由・保守の二大政党を基盤にして、イギリスの政治状況は一八六〇年代後半から大きな変質を経験することになる。

六六年、ときのラッセル自由党内閣の蔵相グラッドストンは、かなり進歩的な内容の選挙法改正案を提出したが、党内の保守派の抵抗によって改革を断念し、内閣は総辞職をよぎなくされた。かわって政権についた少数党の保守党内閣で、さきのグラッドストンと同じ地位にいたのが、ディズレーリである。彼はもはや選挙権拡大の要求は無視できないことをみてとり、前年の自由党案よりもはるかに進んだ内容の改正案を六七年に成立させた。このディズレーリの行為は、「暗闇への飛躍」とよばれて、歴史にその名をのこすことになった。たしかにこの時期にも改正の要求をかかげた院外の圧力団体が存在しはしたが、それらは第一次の場合のように体制内の支配階級に脅威を与えるような性格のものではなく、「暗闇への飛躍」に象徴されるように、もっぱら保守党と自由党の党利党略のかけひきがこの改革を導きだした点に、第二次改正の特徴が認められる。

この第二次選挙法改正によって、都市選挙区において「戸主ならびに十ポンドの家賃を払う間借り人選挙権」が導入されたため、都市の小市民と労働者階級があらたに選挙権を獲得し、有権者は一挙に倍増して、連合王国全体で二五〇万近くをかぞえるにいたった。さらにこの第二次改正においてもまだ取りのこされていた、農村と鉱山の労働者にまで選挙権が拡張されるのは、後述する八四年の第三次改正であった。

この数次にわたる選挙法改正の背後にあったのは、労働者の地位にいちじるしい改善がみられたことであった。労働者階級も「繁栄の時代」のわけまえにあずかることができた。この時代に労働者階級の運動を指導したのは、比較的高い所得に恵まれた熟練労働者層であって、「労働貴族」ともよばれたが、彼らは「世界の工場」を謳歌《おうか》していた体制の根本的な変革は望まず、労働者の生活水準と地位の向上を中心目標にして合法的な組合運動を展開させた。

くりかえしていえば、この十九世紀の第三・四半期におけるイギリスは、資本主義の世界体制の「中核」に位置していた。しかもここにおいてみのがせないのは、かつてイギリスの国家的統合の前に、その自立性を奪われたスコットランド、ウェールズの両地域が、資本主義の世界体制の「中核」としての連合王国の発展に少なからぬ寄与をし、また逆にそこから恩恵をうけていた事実である。スコットランドのクライド川流域、とりわけグラスゴーを中心とする一帯には機械工業と造船業が発達し、ことに造船業は七一年においてイギリスで製造された船舶のじつに四八%を生産していたし、またウェールズ南部の石炭業もめざましい発展を示した。それだけでなくこの両地域の住民たちは帝国の対外拡張の波にのって、移民として帝国拡張の尖兵《せんぺい》の役割もつとめた。したがってこの両地域は、帝国からの分離独立を求める傾向の強かったアイルランドとは異なって、あくまでもイングランドとの統合を前提として、みずからのナショナリズムを穏健《おんけん》な自治の要求と文化的な運動の面に限定する傾向がみられた。これに反してアイルランドにおける独立運動は、これからのイギリスの政治に解決のむずかしい影をおとしつづけたのであった。

◇正統史観の確立者

マコーリ

Thomas Babington Macaulay
(1800〜59)

ごく最近にいたるまで、イギリスの学校の教室で教えられた歴史は、「ホイッグ史観」という立場で書かれたものであった。この正統史観ともいうべき歴史観を確立したのが、マコーリである。

ウィルバーフォースの仲間で熱心な奴隷廃止論者であった父親の息子としてうまれたマコーリは、ケンブリッジのトリニティ・カレジを卒業後、法廷弁護士の資格をとり、ホイッグ系の雑誌『エディンバラ評論』への寄稿家として名をあげた。一八三〇年下院に初当選し、当時の最大の政治問題であった選挙法改正や、奴隷貿易、カトリック教徒への差別問題などで自由主義の立場に立つ雄弁家として注目を集めるようになった。

インドにおもむいて刑法改革に尽力して帰国したあと、数回の閣僚を経験したマコーリは、『イギリス史』の執筆を開始した。四七年の総選挙で落選したために、その執筆に拍車がかかった。彼の最初のプランでは、ピューリタン革命までは概観にとどめ、王政復古時代、とりわけジェイムズ二世の即位から詳細な叙述をはじめて、自分にとっての同時代史ともいうべきジョージ三世の治世まで、筆を進める予定であった。しかし著者の死去によってこの計画は完成せず、叙述はウィリアム三世までで終わってしまった。したがって『イギリス史』とはいうものの、その内容は名誉革命史である。その最初の二巻が、四八年に公刊されると、熱列な歓迎をうけ、著者の予想をはるかにこえた圧倒的な売れゆきをみせた。

歴史家マコーリの成功の秘密は、彼が平易な言葉を用い、しかも臨場感にあふれた巧妙な説明と描写をおこなったことにあったが、それにもまして読者を魅了したのは、彼の歴史観の訴えるものにあった。マコーリの生涯は、ちょうどイギリスが世界において圧倒的な優位を獲得した時期にあたっている。しかもこの『イギリス史』の最初の二巻は、ヨーロッパ諸国に革命の嵐が荒れ狂っていた四八年に刊行された。

マコーリの執筆意図は、イギリスがなにゆえにかくまで強大な国になりえたのか、またヨーロッパ諸国が革命と騒乱によって致命的ともいえる被害をこうむっているのに、ひとりイギリスだけが安定と繁栄を謳歌《おうか》することができた理由はどこにあるのか、という問いかけにあった。そして「われわれが十九世紀に破壊的な革命をもたなかったのは、十七世紀に保存のための革命があったからである」として、イギリス史の連続性を強調し、名誉革命による立憲君主制の成立、そこにいたるまでの議会（ことにホイッグ党に結集した人たち）の「自由」を求める気高い戦いに惜しみなき称賛を与えた。

こうしてかたちをととのえたホイッグ史観は、いってみればイギリスの「成功物語」にほかならなかった。読者をとらえたのは、イギリス史の過程が「専制を意図する君主」と「自由を求める議会」の対立・抗争という、単純明快な二元論で説明されており、しかも歴史は、光が闇を、善玉が悪玉を否定・克服する「進歩」の過程にほかならないとされ、そのうえ当時のイギリスの安定と繁栄の原因を過去にさかのぼって追求してみせたことにあった。しかしこの歴史観を支えたイギリスの「成功」にかげりがみえるようになり、また歴史学じたいも実証的な性格を強めてくると、ホイッグ史観にたいする批判が強くなるのは当然であった。二十世紀のイギリス歴史学は、ホイッグ史観にたいする批判の歴史として展開していったといってよい。

◈「進化論」の流行

ダーウィン

Charles Darwin（1809〜82）

　ダーウィンの名前は、自然淘汰《とうた》による進化論を提唱した人として、知らないものはいない。しかし彼が海軍の測量船ビーグル号に無給の博物学者として乗船し、南半球各地の動物や植物を観察して、生物の進化を強く印象づけられてから、その学説をまとめて発表するまでには、じつに二十年以上もの歳月が経過していた。『ビーグル号航海記』がだされたのは、航海を終えた三年後の一八三九年、そして「自然淘汰」の学説が、植物分類学の創始者リンネを記念してロンドンで設立された「リンネ協会」において発表されたのは、二十年近くもたった五八年のことであった。

　たしかに神による人間の創造を根本から否定するその主張は、キリスト教の教えを根底からくつがえして、人びとの信仰の基盤をゆるがすものであったから、よほどの説得力をもった材料をそろえないかぎり、猛烈な反発をうけるであろうことを、ダーウィンは恐れた。彼が論文の執筆に苦しんでいたときに、もうひとりダーウィンと同じ考えにたどりついた人物がいた。アマゾン川流域やマレー半島に長期滞在して生物の観察をおこなっていた、イギリス人ウォレスがその人である。彼の論文がダーウィンにおくられてきたので、ダーウィンも自説の発表にふみきった。今ではダーウィンにだけ結びつけられている「自然淘汰」の理論は、ダーウィンひとりではなく、ウォレスとの共同というかたちではじめて発表されたのである。この共同発表の裏には、学界の有力者たちのとりなしがあった。はたしてどちらがさきに「自然淘汰」の考えに到達したのか、なぞはのこる。

進化論的な考えかたは、ダーウィンが創始したものではない。その背後にはかなり長い歴史があった。彼の祖父エラズマスも進化思想の持ち主の医師で、バーミンガムに住む科学者や実業家のアマチュアの研究会、「ルナ・ソサエティ」の創立メンバーであった。毎月満月に近い月曜日に会合を開いたところから、ローマ神話の月の女神にちなんでこの名称がつけられたこの研究会には、かのワットや酸素の発見者プリーストリのほか、陶磁器製造で有名なウェジウッドなどがいた。ダーウィンの祖母はウェジウッドの娘であり、彼自身もウェジウッドの孫（彼にはいとこにあたる）と結婚している。会員はみな非国教徒であり、アメリカの独立やフランス革命を支持するなど、革新的な思想の持ち主が多かった。世間はこの会合を「月に憑《つ》かれた人たち」「奇人」たちの集まりとみていた。民衆の暴動によってプリーストリの邸宅が焼き打ちにあったのも、そのためであった。

ダーウィンが恵まれていたのは、彼が学説を発表した時期であった。「自然淘汰」説を発表したあと、彼が自説をまとめて『種の起源』を世に問うたのは、翌年の五九年である。このころイギリスは産業革命を完了して、ヴィクトリア朝の繁栄の絶頂期にあったので、適者生存の結果としての輝かしい文明の進歩を無条件で肯定するこの思想がうけいれられる基盤が、そこにはあった。こうしてダーウィンの進化論は、生物学の領域をこえて、「社会ダーウィニズム」というかたちをとって、主張されるようになった。人間の社会においても生物の進化と同じく、優勝劣敗の法則が働くのは不可避のことであるとする資本主義の競争原理を支えるこの考えは、スペンサーなどによって主張され、先進国に追いつくのに懸命であった明治の日本にも、熱烈な支持者をみいだした。

第10章 帝国主義の時代

帝国主義時代の到来

一八七〇年代にはいると、ヴィクトリア時代の繁栄にもかげりがみえはじめ、世界史は帝国主義の時代に突入して、イギリスは対外的にも対内的にも、重大な岐路にさしかかった。国内をみれば、その過程をとおして大衆社会状況の進行がいちだんと加速し、それまでのイギリス社会に根強く残存していたジェントルマンによる名望家支配体制にも、明らかに動揺がみられるようになった。

七〇年代において、「世界の工場」としてのイギリスの地位に挑戦をくわだててきたのは、南北戦争の試練を乗りこえて遅れて産業革命を経験したアメリカ合衆国と、念願の統一を達成して工業化を急速に進めたドイツであった。この両国を先頭とする諸国のイギリスにたいする挑戦によって、世界市場におけるイギリス経済の独占的な地位もきびしい競争にさらされることになったが、挑戦をうけたイギリスの危機意識は当初においてはかならずしも高くはなかった。というのもイギリスにおける

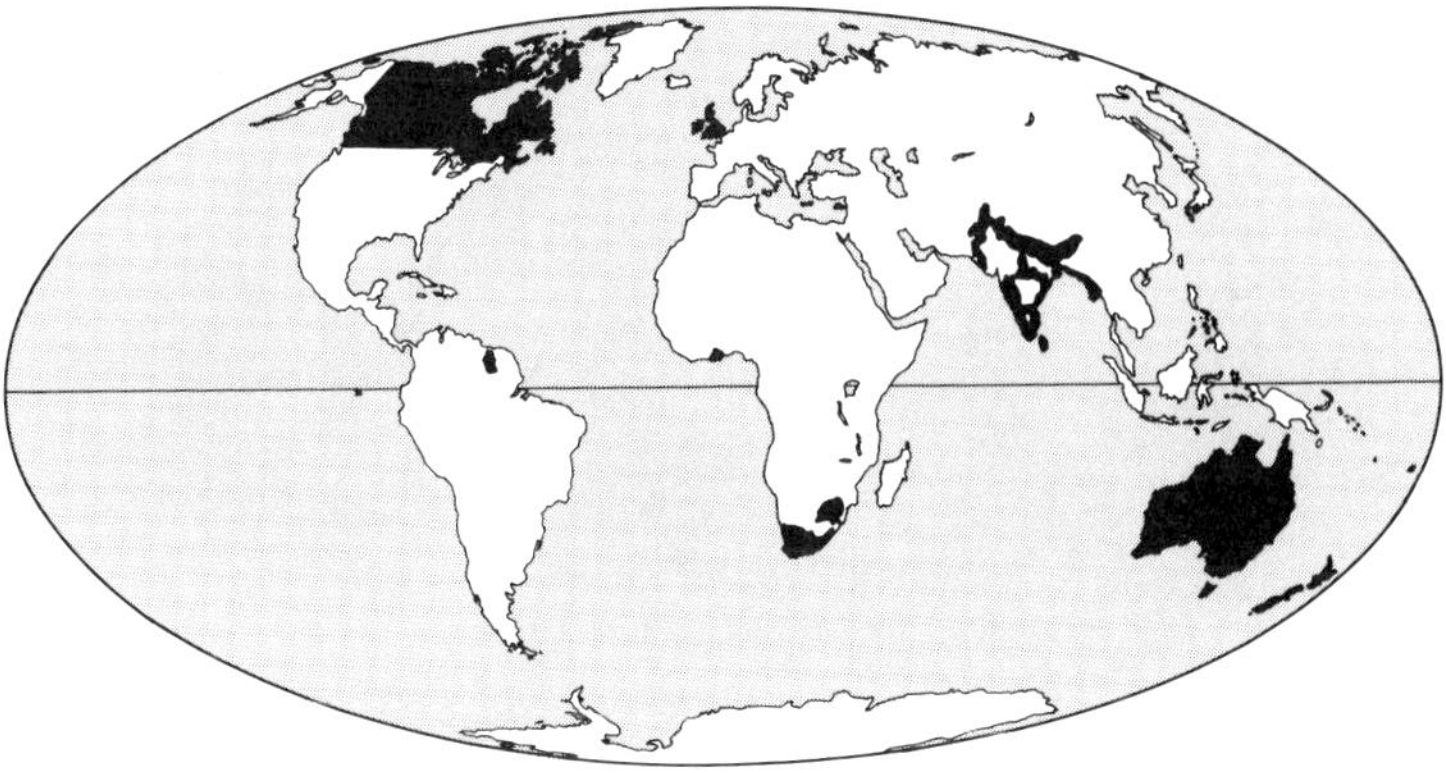

1870年代末のイギリス帝国

「帝国」の存在が、その危機を回避する有効な手段として利用されることができたからである。

　この時代になってもイギリスの海外貿易の主力製品は、依然として繊維製品であったが、後発資本主義国の挑戦によってその市場が奪われはじめると、イギリスはアジアとくにインドと中国を中心に市場をさらに拡大して、綿布の輸出を増大させた。つまりイギリスのとった政策は、化学工業といった新しい産業分野の出現に対応して、その産業構造のいっそうの近代化をはかることに重点がおかれたのではなく、古いものを温存しながら、ただ輸出先を「帝国」内部の植民地、さらにはその外側に位置した開発途上国にむけることによって、競争を回避しようとするものであった。そのうえ前述したように、この時代のイギリスはまだ海外投資、海運、金融からの膨大な収入によって国際収支の赤字を十分に補塡《ほてん》することができた。帝国主義時代のイギリスの対外政策の最重点事項が、「インドにいたる道」である「エンパイア・ルート」の確保におかれること

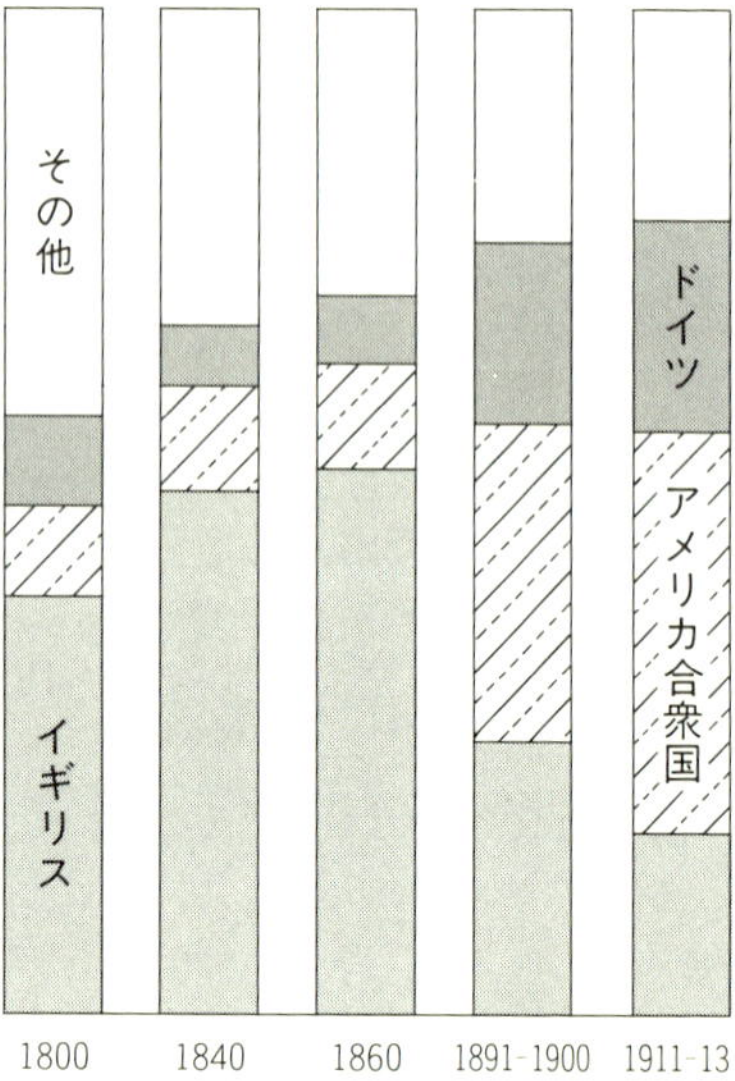

銑鉄の生産量

になったのも、インドの防衛を名目として莫大な「本国費」を搾取するためであった。このように「帝国」の存在そのものが、帝国主義時代の到来にあたって、イギリスの危機意識をうすめる効果をもっていたといえる。

　七〇年代から九〇年代にいたる長期の「大不況」がイギリスの国内におとした影は、さまざまな面で無視することのできない現象をうんだ。すでにイギリスは鉄鋼生産においてアメリカとドイツに追いつかれるようになった。また安い小麦をはじめとする農作物が、穀物法廃止と輸送革命の成果をうけて海外から大量に流入したため、これまで伝統的に穀物輸出国であったイギリス農業にも危機がおとずれ、その結果、農業は壊滅的な打撃をこうむった。八〇年代には畜産物の輸入も増大して、イギリスの食料輸入は工業原料の輸入を上まわるようになった。

　そのためイングランドの農業人口は一八六一年の一八・五%から一九〇一年には八・七%へと激減し、国民所得において農業所得の占める割合も、一八六〇〜六四年の一五%から一八九五〜九九年の七%へと減少して、世紀末には国内で消費する小麦の四分の三は輸入に頼るようになってしまった。

このような状況に農業の前途に見切りをつけた大地主は、土地に投下した資本を回収し、土地以外の収入源を求めて、国債《こくさい》、株式への投資を増大させた。言葉をかえれば、これまでの地代取得者から利子取得者へと性格を変えることによって、生計の基盤を確保し、昔ながらの社会的な威信を維持しつづけようとしたのである。

かつてのイギリスは、大地主から借地農が農場を借りて農業労働者を雇用して経営にあたるという、資本主義的な農業が典型的に発達した国であったが、この一八七〇年代を契機とする大農場経営の後退によって、ふたたび自作農を主体とする農業がほそぼそと営まれる国へと姿を変えたのである。このような農業社会の変質にともなって、これまでのイギリスの政治体制を支えてきた、土地所有者による寡頭《かとう》支配も大幅に後退することをよぎなくされ、後述するように中央と地方の両面における政治体制のさらなる改革が不可避となった。

ディズレーリの帝国主義外交

このような社会の大きな変容をうけて、かつて幅をきかせていた「小イギリス主義」的な植民地不要論も力をもたなくなり、「帝国」の統合のいっそうの強化を求め、帝国主義的な膨張政策を積極的に支持する世論の声がいちだんと強くなった。その一つの転機をなしたのが、一八七四年の第二次ディズレーリ内閣の成立であった。

ディズレーリは組閣以前の七二年に、クリスタル・パレスでおこなった演説において、君主制の擁《よう》護《ご》とならんで、社会問題にたいする積極的な対応と「帝国」の維持を最優先課題とする政策をかかげ

ディズレーリ

ていた。すなわちこれまでの社会構造とそのうえに立つ政治体制を維持・安定させるためには、しだいに発言力を高めてきた中産階級以下の大衆を、「トーリ・デモクラシー」を看板にして自党陣営に取りこむと同時に、「帝国」に国民の意識を集中させて国内の危機を回避する必要を彼はみてとっていたのである。

ディズレーリは、組閣の翌年には「公衆衛生法」をはじめとする一連の社会改革立法を通過させて、成熟した工業社会がうんださまざまな弊害の除去につとめる姿勢を示した。しかしながら他方においてそれと同じ七五年には、財政難におちいっていたエジプトからスエズ運河会社株を買収することに成功した。この買収工作は議会に提案することもなく、ユダヤ系の金融資本家ロスチャイルドからの「帝国」を担保にした借金によって秘《ひ》密裡《みつり》におこなわれたため、物議をかもすことになった。ディズレーリの意識の中心を占めていたのは、前述したように、インドにいたる「エンパイア・ルート」の確保こそが、イギリス外交のゆずることのできない基本線であるとする考えかたであった。七六年に彼がヴィクトリア女王をインド女帝に推挙したのも、それによってインドが大英帝国の要《かなめ》としての地位を占めていることを内外に明示すると同時に、この「インド女帝」という称号をつけ加えることによって、君主制を、国内はもとより「帝国」の統合の象徴として利用しようとする意図からでたものであった。このようにしてクリスタル・パレスでの演説は、着々と具体化されていった。

しかしインドを最重要拠点として構想するディズレーリの外交政策にとって、大きな障害になったのは、中央アジアならびにバルカン半島での膨張政策を露骨にとるようになったロシアの存在であった。七七年ロシアとオスマン帝国（トルコ）のあいだで戦端が開かれると、ディズレーリは強硬な姿勢をとり、ドイツ帝国宰相ビスマルクと協力して、ベルリン会議を開催してロシアの南下をいちおう阻止することに成功した。

この露土戦争の過程で国内においては、熱狂的な好戦主義（ジンゴイズム）が空前の高まりをみせ、会議から帰国したディズレーリはまさに英雄として熱烈な歓迎をうけた。このような風潮に呼応して、ロシアの南下に脅威を感じていたインド軍がアフガニスタンに侵入し、ここに第二次アフガン戦争となったが、うちつづく戦争による財政の悪化とあいまって、ディズレーリのとどめを知らない帝国の拡張政策にたいする批判が、しだいに議会を中心にして高まってくるのをさけることはできなかった。

対抗するグラッドストン

この機会をとらえたのが、ディズレーリのライヴァルの自由党のグラッドストンであった。グラッドストンは一八七九年初頭に、みずからの選挙区であるスコットランドのミドロジアンを中心にして、ディズレーリ批判の大遊説をくわだてた。「ミドロジアン・キャンペーン」とよばれたこの遊説は、後述するようなイギリスに大衆デモクラシー状況が到来していることを敏感に察知した自由党の党組織の周到な準備のもとでおこなわれ、しかもその一部始終が新聞をつうじてひろく報道されたこともあって、大きな反響をまきおこした。

この遊説においてグラッドストンは、ディズレーリの帝国主義外交を十分に意識して、国際的な協調、自由主義、平和主義の原則をとる必要があることを力説し、理想主義的な外交政策のありかたを強く大衆に訴えた。こうした言論活動もあって、八〇年の総選挙は自由党の圧勝におわり、第二次グラッドストン内閣が成立した。しかしディズレーリの膨張政策に歯止めをかけることを政策目標にかかげて、選挙戦において一応の成果をおさめたグラッドストンではあったが、組閣後はエジプト、スーダンさらにはアイルランドにおける民族主義の強烈な反発をうけたため、みずからが提唱した理想主義的な外交を追求するのはかならずしも容易ではなかった。

すなわちスエズ運河会社の株を買収して勢力をのばそうとしたイギリスの政策に反発して、八一年エジプトでアラービー・パシャを指導者とする軍事革命がおきて、親英政権が倒されると、グラッドストンは軍事介入する決意をかため、軍隊を派遣してカイロを占領し、エジプトを支配下においた。

グラッドストン

「エンパイア・ルート」の確保、「帝国」の防衛、エジプトにたいする債権者の権益維持、さらにはイギリス綿工業のための良質の綿花の栽培地としてのエジプトの有効性を主張する保守派の強硬な主張を前にしては、グラッドストンのミドロジアンでかかげた理想も後退せざるをえなかったのである。

さらに翌年スーダンでマフディー教徒の反乱が勃発して、南からエジプトをおびやかす事態が生じると、グラッドストンは中国で「太平天国の乱」の鎮圧に功績のあったゴードン将軍を派遣し、軍事的な勝利を期待した。しかし猛烈な反撃をうけて、救援軍の到着する以前に、拠点のハルトゥームは陥落し、ゴードンは戦死した。そのためグラッドストンは「ゴードン殺害者」として非難を集めることになった。こうしてエジプト政策の失敗は、グラッドストンの威信をいちじるしく傷つけることになった。それだけでなく、この政策は、おりからアフリカ大陸の分割に野心を燃やしはじめていたフランス、ドイツなどの列強を刺激して、彼の意図とは逆に、列強によるアフリカ分割にいっそうのはずみを与える結果を招くことになった。

アイルランド問題

しかしながらグラッドストンの足元をもっとも大きくゆるがしたのは、アイルランド問題であった。アイルランドにおいては、一八七九年の農業大不況を契機にして、パーネルを指導者とする「アイルランド土地同盟」が結成されて、小作人の権利の確保・拡大を実現するための「土地戦争」が展開していた。その背後にあったのは、かつては自分たちのものであった土地を奪われたつもる歳月の憤りであり、それはやがてはアイルランドの独立要求へと傾斜を深めていくことになる。グラッドストンは第一次の組閣以来この問題の解決になみなみならぬ決意を表明して、改革にとりくんでいたが、このような情勢に対処して、八一年に「第二次アイルランド土地法」を制定した。それは借地権の安定、公正な地代、土地に投下した資本の売却の自由という、アイルランドの借地農が長年にわたって要求してきたものをほぼ満たすものであった。

しかしアイルランドの民族主義者たちはグラッドストンの思惑をさらにこえて、自治を要求するようになった。そこには七四年の総選挙においてはじめて登場した「アイルランド国民党」がパーネルを中心にして勢力をのばしつづけ、八〇年の総選挙においては六十四議席を獲得して、イギリス政界における第三党として、キャスティング・ヴォートを握る存在にまで成長してきたという事情が背景として存在した。八五年夏のグラッドストン内閣の総辞職をうんだのも、政府が提出した予算案をそのアイルランド国民党が保守党と組んで否決したためであったが、同年十一月の総選挙で、グラッドストンは、後述する第三次選挙法改正によってあらたに有権者となった農業労働者の支持をバックにして勝利をおさめ、第三次内閣を組織して、問題の解決に全力を注ぐことになった。

そこで彼が提出したのは、アイルランドに議会を設置して大幅な自治を許容することを主眼にした「アイルランド自治法案」であった。彼はアイルランドをカナダのような自治領とすることによって、紛糾したこの歴史的な問題の解決をはかろうとしたのである。議席をさらに八十六にまでのばしていたアイルランド国民党の支持をえて、この法案の議会通過をはかろうとした彼をまちうけていたのは、自分の与党である自由党から反対者がでたことであった。グラッドストンのアイルランドに自治を認める政策に反対して、あくまでもイギリスの「統一」に固執《こしゅう》した彼らが、自由党をはなれて「自由統一党」を結成し、保守党と共同戦線を組んだため、八六年七月におこなわれた総選挙は保守党の圧勝に終わり、ここにグラッドストンの時代は幕をおろすことになる。

議会制民主主義の成熟

このように外政においては予期したような成果をあげえなかったグラッドストンであったが、内政面においてはかなり重要な改革を達成することができた。それはいずれもイギリスにおける大衆社会の出現と密接な関連をもつものであった。

一八六七年の第二次と八四年の第三次の選挙法改正にはさまれた時期は、イギリス議会政治の黄金時代であったとみることができる。自由党を率いたグラッドストン、保守党のディズレーリの両雄が、新築なったばかりのウェストミンスタの議場にあいまみえて、華々しい言論戦を展開して交互に政権を担当したこの時期こそ、二大政党の対立に基礎をおいた古典的な議会政治がイギリスで展開した時期であったからである。

そこにおいては総選挙が有権者による次期政権担当者とそのかかげる政策の選択という性格を強くもつようなり、党首の個人的な魅力と有権者にたいするアピールがその有効度を高め、総選挙はアメリカ合衆国の大統領選挙に似た色彩をおびるようになった。さきに述べたグラッドストンの「ミドロ

国会議事堂下院　1852年に建てられたが，第二次世界大戦中，空襲の被害を受け，1950年に昔のままに再建された。席の数は下院議員数より少ない。

ジアン・キャンペーン」は、その典型的な例である。また選挙法改正によって増加の一途をたどる有権者の票を獲得するために、保守党、自由党の両者とも、中央と地方における党組織の整備・強化に全力をあげた。七二年にははじめて議員の選挙に秘密投票制度が採用され、また八三年には候補者の連帯責任を問う厳重な罰則を含む「腐敗・不法行為禁止法」が制定されたのも、有権者の増加による選挙戦の激化という政治状況をふまえたものであった。

八四年、グラッドストンによって実行された第三次選挙法改正は、第二次選挙法改正によってもまだ取りのこされていた、農村と鉱山の労働者にまで選挙権を拡張するものであって、第二次改正において都市選挙区だけに適用されることになった「地方税納税者戸主選挙権」を州選挙区にも拡大するかたちをとった。これによって有権者はそれまでの約二六〇万人から四四〇万人に増大し、総人口の一二〜一三％を占めるようになり、まだ大学選挙区などに若干の複票制が残存したものの、こと成年男子にかんするかぎり、ほぼ普通選挙権に近づくことができた。

したがってこの増大した有権者をいかに自党の支持者として獲得するかに、これからの政党のとりくむべき課題が認められるようになる。しかしながら三二年以降の三次にわたる改革にはかなり多くの例外規定がみられ、改正の内容そのものがきわめて複雑に錯綜《さくそう》しあっているため、新しい有権者数を正確に算定するのは困難である。これはひとえに既得権益を尊重しながら改革を進めようとしたためであって、そこには他の国ではみることのできないイギリス流の政治姿勢を認めることができるであろう。

さらに翌年の八五年には、議会政治にかんしてもう一つの注目すべき改革がおこなわれた。前述したようにイギリス議会の下院議員は、そもそもは州や都市という地域共同体の代表であり、有権者ひとりびとりを代表するものではなかった。腐敗選挙区にたいする批判にむかって、たとえ投票権は行使しなくとも「実質的には代表されている」という考えかたで反駁《はんばく》することができたのも、そのためであった。ところがこの年に議会を通過した「議席再配分法」は、有権者の人口比による議席配分というこれまでとはまったく異質の原理をあらたに採用した。その結果、基本的に一選挙区一議席の小選挙区制となり、平均して五万四〇〇〇人の有権者に一議席が配分された。これによって腐敗選挙区は完全に存在する余地がなくなったばかりか、地域共同体そのものの代表という中世的な代表理念も消滅し、議会政治は国民主権へと一歩近づくことになった。しかし前述したように、八六年グラッドストンの「アイルランド自治法案」の提出を契機に、自由党が分裂して、あらたに、自由統一党がうまれたことによって、保守党と自由党という古典的な二大政党対立のパターンにも変化の徴候があらわれ、そこに新しい時代の到来を予見させた。

政界の再編成の機運をさらに助長したのは、労働者階級自身の政界への進出であった。十九世紀における数次にわたる選挙法改正の背後にあったのは、労働者の地位にいちじるしい改善がみられたことであった。前述したように、イギリスの世界経済における地位が安泰《あんたい》であるかぎり、労働者階級も「繁栄の時代」のおこぼれにあずかることができた。しかもそこにおいて労働者階級の運動を指導したのは、比較的高い所得に恵まれた熟練労働者層であった。彼らは「世界の工場」を謳歌《おうか》していた体制の根本的な変革は望まず、労働者の地位の向上を中心にして合法的な組合運動を展開させ、それにこたえて自由党の一部には労使協調路線をとって「リブ＝ラブ」(自由・労働)主義をとなえるものもあらわれた。

しかし「大不況」に突入した七〇年代末からは、失業者の増大傾向があらわれてきて、技術革新によって職場を失った熟練労働者がとりわけ被害をうけた。そこに非熟練労働者の増加も要因となって、これまでの労働組合運動のありかたにたいする批判も強くなり、非熟練労働者の組織化が急速に進んで、「社会主義の復活」とよばれる動きすらみられるようになった。八三年にはマルクス主義に立つ「社会民主連盟」、翌年には漸進的な改革を主張する「フェビアン協会」などの各種の社会主義団体がうまれた。これらは中産階級のインテリ層を中心にするものであったが、それに加えて労働者自身の議員を選出しようとする機運も高まり、九二年の総選挙においてスコットランドの鉱夫ケア・ハーディが初当選をはたして、翌年、独立労働党を結成することになった。

「社会帝国主義」政策の展開

さて農業「大不況」を契機として、農村における伝統的な社会秩序に解体の徴候がみられるようになった一八八〇年代において、きわめて重要な課題になったのが、地方自治体の改革問題であった。とりわけ第三次選挙法改正によって有権者となった農業労働者の動向は、国政に大きな影響力をもちうるものであったので、農村において民主化を進展させるとともに、急速な都市化現象によってもたらされた、さまざまな弊害にも対処する必要がうまれてきたからである。

このようなイギリス社会の変質を的確にみてとり、急進的なプログラムを提示して政界の台風の目ともいうべき存在になったのが、ジョゼフ・チェンバレンであった。彼はかつてバーミンガムの市長であった時代に街路の整備や衛生問題に積極的にとりくみ、ガスと水道を市営化するなどの市政改革によって名をあげ、中央の政界に進出してからは自由党急進派に属し、さらに前述したアイルランド自治をめぐる自由党の分裂にさいしては、自由統一党の指導者になり、保守党への接近をはかった人物である。

イギリスの場合、「帝国主義の時代」において特徴的であったのは、それが「社会帝国主義」とよばれる性格をもっていたことである。「社会帝国主義」は、「帝国」の維持と社会政策の積極的な採用を提唱したディズレーリの政策にその端緒が認められるが、それを八〇年代以降において実現しようとして精力的な活動をおこなったのが、チェンバレンであった。彼の社会改革プログラムの提示をうけて、八八年「地方自治体法」が保守党のソールズベリ内閣によって制定された。それは三五年の都市自治体法によって都市部では実現されていた代議制的な自治を、農村部にまで拡張しようとするものであった。この改革によって地域社会をおおっていた伝統的な名望家支配体制は急速に影響力を失うことになり、逆に政党は地方的な組織を強化・充実させて、大衆デモクラシーを根づかせるのに貢献した。その一つのあらわれとして、下院において実業界出身の議員が、土地利害代表者に数においてまさるようになったのが、この八〇年代においてであったことをあげることができる。

ところでいちはやく産業革命を達成し、不動の地位を獲得した最先進国でありながら、イギリスにおける初等教育制度の整備はきわめて遅れていた。教育にたいする公権力の介入を嫌う気持ちが人びとのあいだには強く、また国教徒と非国教徒が宗教教育をめぐって対立していたためである。しかし第二次選挙法改正をうけて、遅まきながら七〇年にはじまった初等教育の義務化の動きは、九一年にいたって公教育の無償化がおこなわれるようになって、量的にも質的にもようやく一定の水準に達することができた。このような教育制度の整備は、有権者の政治意識の向上に大きな貢献をし、また国土にはりめぐらされた鉄道網によって新聞の普及にも拍車がかかり、政治情報の伝達が容易になって、大衆デモクラシー状況をさらに助長したのであった。

世紀末のイギリス

イギリスの帝国主義政策のありかたを明確に示すことになった事件は、ボーア戦争であった。そもそも南アフリカは、「エンパイア・ルート」を確保する意味からも、きわめて重要な戦略上の拠点であった。イギリスのアフリカ侵略は、北方からと南方からの両方のルートをとおしておこなわれ、カイロとケープタウンを結ぶアフリカ大陸縦断政策が推進された。このイギリスの縦断政策は、横断政策をとるフランスとの衝突をさけることができず、一八九八年には両国の軍隊が遭遇《そうぐう》するファショダ事件をひきおこした。しかしドイツが世界政策を追求してアフリカ進出を開始すると、イギリスはフランスとのあいだに相互の勢力圏を定めて協調的な関係を結ぶことによってこれに対抗し、ドイツを国際的に孤立させる政策を展開した。

ケープタウンからのイギリスの北進政策を推進したのが、鉱山の開発に成功してケープ植民地首相になったセシル・ローズであった。彼はイギリスの北進をさまたげていた、オランダ人移民の子孫であるボーア人にたいして、当時植民相となっていたチェンバレンと結んで、ボーア戦争（一八九九〜一九〇二年）をおこした。ボーア人の頑強な抵抗に手を焼きながらも、結局はボーア人のトランスヴァール共和国とオレンジ自由国を征服した。南アフリカでは、その後、これらの地域にケープ植民地とナタールを加えた南アフリカ連邦がつくられることになる。しかしこのような強引な膨張政策は、国際世論の反発をうみ、イギリスを国際政局において孤立させる結果を招いた。一九〇二年日英同盟を締結したことによって、イギリスは「光栄ある孤立」という伝統的な外交政策を放棄し、日本に東洋の憲兵たる役割を期待したのも、イギリスの国際的な覇権《はけん》にかげりがみえはじめたことを象徴するものであった。

ヴィクトリア女王の治世は、一八三七年から一九〇一年までのじつに六十四年の長きにわたった。その間イギリスは、「世界の工場」としての空前の繁栄を経験することにはじまり、やがては世界の列強の一員にすぎない地位への転落のきざしをみせるようになった。しかしヴィクトリア女王の治世の末期の一八九七年に挙行された「即位六十周年記念式典」は、まさに「七つの海に太陽の没するところを知らない」大英帝国の威容と一体性を、世界に誇示するための演出がこらされていた。彼女はヨーロッパの諸国の王室に姻戚関係の網の目をはりめぐらした、「君主制の女首領」であった。そのヴィクトリア女王が、まだボーア戦争の戦われていた一九〇一年一月に死去したことは、まさに一つの時代の終焉《しゅうえん》を実感させるのに十分であった。

ついで即位したエドワード七世の治世は、一九〇一年から一〇年までのわずか十年にすぎなかったが、第一次世界大戦の足音がしだいにせまってきた時代であった。経済においては「大不況」からの回復の気配がみられたものの、世界においてイギリスの占める地位は、もはや往時に復帰するすべもなかった。しかもボーア戦争の膨大な戦費が財政に重い制約を課した。そのような苦境に直面して、ここでも精力的に改革を推進しようとしたのがチェンバレンであり、彼の政策はイギリス本国と植民地の結びつきをいっそう強化するための「帝国内特恵関税制度」のプランを中心とするものであった。外国産の食料品には課税する一方で、植民地からの食料品輸入を自由にし、またイギリス工業製品を植民地が輸入しやすくすることをねらったこの制度は、「帝国」の統合を維持するとともに、関税を改革することによって産業を保護し、雇用を確保することを目標とするものであって、それはかねてから彼が主張していた「社会帝国主義」を具体化する政策にほかならなかった。

しかし彼がこのような保護貿易の構想のキャンペーンにつとめたことは、逆に保守党の分裂を招くことになり、一九〇五年首相のバルフォアは政権を放棄した。かわって政権を握った自由党はキャンベル＝バナマン首相のもとで、翌年の総選挙にそなえた。そして選挙の結果は、自由党の四〇〇議席にたいして保守党（統一党）はわずかに一五七議席を確保したにとどまり、保守党の惨敗に終わった。しかもこの総選挙で注目すべきことは、独立労働党、社会民主連盟、フェビアン協会の三つの社会主義団体と、六十五の労働組合の代表によって、一九〇〇年に結成された「労働代表委員会」が、二十九人の議員を当選させて、一九〇六年からは労働党を名乗るようになったことである。この労働党の旗揚げは、二十世紀におけるイギリス社会の底辺に大きな変動がうまれてくることを象徴的に予告するものであった。

第一次世界大戦前夜のイギリス

一九〇八年病気のために引退したキャンベル＝バナマンにかわって、アスキスが組閣した。この自由党内閣には、蔵相にロイド＝ジョージ、商相にチャーチルという二十世紀のイギリスの歴史を指導することになる人物が登用されたが、帝国主義という枠組みのなかで、伝統的な自由主義を政策に生かそうとするのが、この内閣の基本政策であった。炭鉱労働者の労働時間を制限する法、老齢年金法などが制定されたが、そのなかでも注目に値するのは、一九一一年に制定された、健康保険と失業保険を内容とする「国民保険法」であった。このようにして「帝国」の再編強化と社会政策の実施という「社会帝国主義」の基調は、自由党内閣のもとでもまもられていくのである。

日英同盟の締結によって「光栄ある孤立」政策を放棄したイギリスは、さらにフランスならびにロシアとの関係改善につとめ、ここに三国による協商体系が樹立された。しかしイギリスの「帝国」維持にとって最大の難問をつきつけたのは、ドイツが対抗姿勢をかためてきたことであった。ドイツの大艦隊建造計画にはじまった建艦競争にイギリスがたちむかうためには、莫大な支出が必要であった。蔵相ロイド＝ジョージは、この莫大な建艦費用と社会保障の充実のための費用の両方を捻出《ねんしゅつ》するために、一九〇九年、いわゆる「人民予算」案を提出した。この「人民予算」案には、所得税と相続税の改正による大幅な増税のほかに、土地にたいする課税の提案をふくんでいた。この革新的な提案にたいしてもっとも激しく抵抗したのは、大規模な土地を所有する貴族たちの牙城《がじょう》の貴族院であった。貴族たちはすでに一八九四年におこなわれた相続税改正によって将来に強い不安をもっていただけに、この「人民予算」が土地の没収と国有化、さらには貴族身分の否定につながるのを恐れて、貴族院はこの「人民予算」案を否決してしまった。アスキスは一〇年一月の総選挙で国民の信を問うことにしたが、結果は自由党は議席を大幅に減少させたものの、労働党とアイルランド国民党の協力をえて、ひきつづき政権を担当することができた。

しかしこの「人民予算」案の議会審議過程が明らかにしたのは、下院の提出した金銭法案を上院である貴族院が否決できるか、という国制上の問題点であった。そこでアスキスはまず貴族院の権限をよわめることが先決条件であると考えて、三月に貴族院の拒否権を制限する決議を下院に提出した。この決議案は下院を通過し、それにもとづいて「議会法案」を提出することによって貴族院にたいして強硬な姿勢でのぞむとともに、「人民予算」案の議会通過に全力をあげた。「人民予算」案はその最初の議会提出後、まる一年をついやして、一九一〇年四月にやっと法律となった。

のこった問題は、貴族院の改革であったが、「人民予算」成立のすぐあとでエドワード七世が死去してジョージ五世（在位一九一〇〜三六）が即位したため、一時的な妥協の道がさぐられた。しかし結局はこの問題を争点にかかげた総選挙以外に道がないと知ったアスキスは、新国王ジョージ五世から、自由党が勝利したあかつきには新貴族をつくる大権の発動を求め、それによって貴族院においても「議会法」案の通過をはかる作戦をとって、この年二度目の総選挙にのぞんだ。結果は前の選挙とほぼ同じで保守党との議席差は僅少《きんしょう》であったが、支持されたとみたアスキスは、労働党とアイルランド国民党の支持をえて、再度「議会法」案を議会に提出した。それは下院を通過したものの、貴族院の抵抗は激しく、まさに一八三二年の第一次選挙法改正のさいの議会を思わせる状況となった。しかし新貴族の創出をちらつかせながら、強行採決にでたアスキスを前にして、新貴族がふえることに反発した貴族院議員が賛成にまわったため、「議会法」案は一九一一年八月に通過した。

ここに成立した「議会法」は第一に、貴族院には財政法案を修正したり、否定する権限がないこと、第二に財政法案以外の法案も下院において三期つづいて可決された場合には、たとえ貴族院の反対があっても法律となる、とするものであった。この「議会法」は、これまで慣習としては認められていた、下院の貴族院にたいする優越という原則を議会制定法によって確立させ、議会制民主主義をさらに一歩進めた。

ところでこの「議会法」には、もう一つ注目すべき改革がみられた。それは下院議員にたいする歳費の支給がはじめて認められることになったことである。そもそもイギリス議会は、「財産と余暇」の持ち主である名望家の存在を前提として発展してきた。それはあくまでも「高い身分に生まれついたものの義務」としての奉仕がたてまえとされたがゆえに、議員は無給であることが当然とされてきた。チャーティストがその「人民憲章」で、議員への歳費の支給を要求したのも、財産をもたない労働者階級は議会にでることができないためであった。しかし時代は労働党の登場をむかえている。議員への歳費の支給は、もはや当然すぎる問題となっていたのである。

第一次世界大戦前夜のイギリスにおいては、このように自由党は自由主義を原則としながら、社会改革にとりくむ姿勢をみせてはいたが、その改革には当然のことながら、限界が存在した。その自由党内閣をゆさぶったのは、労働運動とアイルランド問題であった。賃金引上げを求める鉄道従業員、炭鉱労働者、さらには海員、港湾労働者へとストライキが波及し、その件数は年を追うにつれて増加の一途をたどって、危機的な状況がうまれていた。さらにアイルランドにおいては、自由党内閣が推進していた自治法案の適用範囲に、アイルランドのなかで唯一近代的な産業が根づいていたアルスタ地方を加えるか否かをめぐって緊張が高まっていた。自由党内閣はアイルランド国民党を頼りにしていたために、決め手を欠き、問題を先送りすることによって、とりつくろう以外に方法はなかった。このような国内問題をかかえていたところに、第一次世界大戦が勃発したのである。

◈ベスト・セラーになった成功物語

サミュエル・スマイルズ

Samuel Smiles（*1812～1904*）

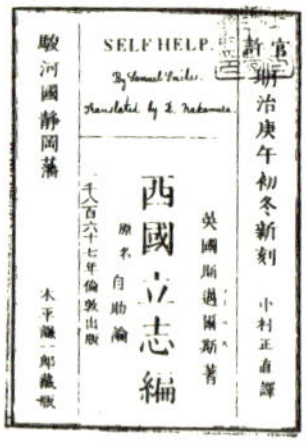

サミュエル・スマイルズは、今となってはかならずしもよく知られた人物とはいえないであろう。しかし彼はまさにヴィクトリア時代最盛期の社会的な要請にもっともよくこたえた著作家であった、という評価をうけている。とりわけ彼の名声を高めたのは、『自助《セルフ・ヘルプ》』（一八五九年）という書物である。それは出版されるとすぐに二万部、そして五年間に五万五〇〇〇部、一九〇五年までには二五万八〇〇〇部を売ったという。しかもイギリス以外の外国でこれほど売れた本もめずらしく、彼の存命中に十数カ国で翻訳され、そのほとんどの国でベストセラーとなった。わが国でも中村正直によって『西国立志編』として一八七一（明治四）年に翻訳出版され、近代化の道をさがし求めていた青年たちの熱狂的な歓迎をうけ、明治・大正時代をつうじておそらく百万部をこえる売れゆきをみせたといわれている。

スマイルズの家は代々医者を職業としており、十一人兄弟の長男としてうまれたスマイルズは、若くして父親を失ったため、苦学してエディンバラ大学で医学を学び、いったんは郷里で開業した。しかし血気盛んな青年であった彼は、田舎の平和な生活にあきたらず、医学からジャーナリズムに転じ、しかもイングランドに移り住んで、一八三八年から二十年間、煤煙《ばいえん》のたちこめる産業革命の中心地帯、ヨークシァのリーズ市で新聞の主筆を務めた。そこで彼は、一八四〇年代を急進的な政治運動の渦中にすごし、選挙権の拡大、穀物法の撤廃、労働者階級の教育改善を主張する論陣を張った。しかし彼はしだいに労働者階級の政治運動に疑問を感じるようになったらしい。そして政治運動から遠ざかり、鉄道会社の役員を務めたりしたのち、著述活動に専念するようになった。

　その間、蒸気機関車の発明家スティーブンソンと知り合い、その伝記を書き、つづいて産業革命で功績のあった人びとの伝記を発表して好評をえた。しかしながら彼の名前を一躍有名にしたのは、『自助』であった。この書物のねらいは、この世において成功をおさめた人たちの成功物語から教訓をひきだすことにあった。中村正直の訳を借りれば、「天はみずから助くるものを助く」「貴賤に限らず、勉強忍耐の人、世に功あること」「大人豪傑は、貴賤貧富に拘わらざること」を基本的な論点として、欧米の歴史上の有名・無名な人物三百人あまりの成功物語を集めたものである。そこに選ばれている成功者は、国籍、時代を問わず、貴族、政治家、学者、芸術家、宗教人など、きわめてアトランダムなものであった。しかし彼がとりわけ関心を寄せたのは、イギリス産業革命の推進役をつとめた技術者、企業家であって、スマイルズのねらいは、イギリスをして「世界の工場」たらしめた「産業革命のリーダーたち《キャプテンズ・オブ・インダストリ》」が成功をおさめた理由を、彼らの生活哲学を紹介することをとおして、明らかにすることにあった。この書物で彼が成功の必要条件としてあげたのは、勤勉、節約、忍耐、正直、周到といった諸徳目の実践であって、スマイルズにとっての「成功」とは、けっして金持ちになること、富裕になることで終わるものではなく、そこにはすぐれて道徳的な「人格形成」という色あいがこめられていた。

　しかしこのような彼の本来の意図とは異なり、この書物は「立身出世」の手引書として読まれる傾向をうみ、ことに遅れて近代化の道を歩みはじめた諸国の青少年の上昇意欲をかきたて、熱烈な歓迎をうけたのである。

第11章　二つの世界大戦

第一次世界大戦の勃発

一九一四年八月四日、ドイツのベルギー侵入をうけて、イギリスはドイツにたいして宣戦を布告し、第一次世界大戦に突入した。おりからイギリス国内においては、アイルランド問題が紛糾してそこに内戦のおそれすらうまれており、また労働組合もゼネ・ストに訴える一歩手前の情勢にあったので、結果において宣戦布告はイギリスの内政における危機をそらすことになった。開戦にあたって、これまで第二インターナショナルにおいて主要な役割を演じてきた労働党の党内には分裂が生じ、反戦の姿勢をつらぬきとおしたのはマクドナルドらの少数派にすぎなかった。

当初はこの戦争が長期化することを予想するものが少なかったこともあって、政権を掌握していた自由党のアスキス内閣の戦争指導は徹底さを欠き、首相アスキスが兼務していた陸相にキッチナー将軍が任命された程度の内閣改造がおこなわれたにとどまった。「通常どおりの業務」体制をとることで十分であるという意識が、政府上層部には支配的であったのである。

　しかし翌年の春からそれにたいする批判が高まり、自由党単独内閣にかわって、アスキス首相のもとに連立内閣が組織されて、それには労働党からもはじめてヘンダソンが教育相として参加した。この連立内閣において新設された軍需相にロイド＝ジョージが就任したことによって、本格的な軍需生産の態勢がととのえられるとともに、経済活動にたいする国家の介入度がいっそう高められ、しだいに総力戦態勢がとられるようになってきた。開戦当初は国民の戦争熱に支えられて順調に進んでいた募兵にかわって、徴兵制の導入が不可避となると、一五年七月には、十六歳から六十五歳までのすべての男女にその職業を登録する義務を課した「国民登録法」が施行され、さらに翌年一月から十八歳から四十一歳までの独身男性全員に徴兵制が導入されて、一部に批判の声があったものの、ようやく国をあげて応戦する姿勢がかためられた。

フランス戦線のインド人兵士を激励するロイド=ジョージ(1916年9月)

　しかし連立政府で軍需相と陸相（キッチナーが戦死したあとをうめていた）を兼務していたロイド＝ジョージは、依然として伝統的な政治手法にしばられていたアスキスの戦争指導の非能率性に強く反発して、戦争遂行のための強力な中核をつくるべきであるとの進言をおこなった。一時は両者のあいだに妥協が成立するかにみえたが、一六年十二月、アスキスが戦争指導体制の議長にとどまることに固執《こしゅう》したため、アスキス内閣は倒れ、かわってロイド＝ジョージを首相とする連立政権が成立した。大陸に派遣されたイギリス軍はフランス軍に協力して西部戦線においてもっとも激しい戦闘をくりひろげていたが、同年の七月から十一月にかけてのソンムの戦いで、四十万の死傷者をだすという多大の損害をこうむり、そのため批判がいちだんと高まったことがこの政変の背景にあった。

ロイド＝ジョージはこれまでの議会中心の政治運営にかえて、重要な政策決定は直接担当責任をもたない少数者からなる戦時内閣がおこなうことにして、戦争遂行に全力をあげた。しかしそれによってもかならずしも戦局は好転をみせなかった。ところが一七年の一月にドイツが無制限潜水艦作戦を宣言して、イギリスと通商する船舶に無差別な攻撃を加えたことが契機になって、これまで態度を決めかねていたアメリカ合衆国に、同年四月、参戦を決意させることになった。そのうえこの年に勃発したロシア革命によって、ロシアが連合軍から脱落したため、東部戦線から解放されたドイツ軍は全力を西部に集中させ大攻勢をかけてきた。しかし、装備にすぐれたアメリカ軍の参加をえた連合軍が猛反撃にでたため、ついにドイツ軍も一八年十一月、休戦を申しでて、ここに第一次世界大戦はようやく終結することになった。

王室改革

ところで戦争も末期にさしかかった一九一七年の春から夏にかけて、国王ジョージ五世は二つの重要な選択にせまられた。一つは革命によって囚《とら》われの身になっていたロシア皇帝ニコライ二世を国内にうけいれる問題であった。皇帝は、ヴィクトリア女王がヨーロッパにはりめぐらした王室の婚姻網によって、ジョージ五世にとっては、いとこにあたっていた。この問題をめぐって世論は分裂したが、最終的には亡命うけいれ拒否の決定がくだされ、ニコライは処刑場の露と消えた。この事件はイギリスの王室といえども、国内の世論の動向を無視して、血縁的な関係を優先させることができないことをはっきり示したのであった。

ジョージ五世のもう一つの選択は、一七年七月に王家の名称を、これまでのサックス・コバーク・ゴータ家からウィンザ家に改めたことであった。大戦中の抗戦相手のドイツ皇帝ヴィルヘルム二世は、これまた国王といとこの関係にあり、王室のドイツとの血縁関係は、戦争が難航して、国民の犠牲者数がふえるとともに、とかく論議をよびがちであった。ジョージは、王家の改姓と同時に王族のすべての男子にドイツ系の栄誉と称号を放棄するよう命じ、王族の処遇をイギリス貴族なみとし、さらに王族同士の結婚しか認めなかった原則を破棄して、今後は国王の子供も臣下との結婚を認めるむねの原則の大転換をおこなった。

これらの決定は、イギリス王室を大陸の王室から切り離して、真にイギリスのものにするための選択であったといえよう。世界の君主制が消えつつあった第一次世界大戦後においても、イギリスの王室が安泰であった理由の最大のものは、ジョージ五世とその側近による、これらの一連の選択に負うところが大きかったことを認めねばなるまい。

総力戦下の国民と帝国

四年あまりの歳月をかけて戦われたこの戦争は、歴史上はじめての総力戦であった。そのため国民生活にも多大の影響がおよんだ。とりわけ食糧事情が悪化して、配給制が実施され、国民はその生活のすべての面で耐乏をしいられた。労働者階級も当初は軍需品の生産を強化するために、ストライキをひかえて、戦争に協力する姿勢を示したが、戦争が長引くにつれて、しだいに彼らのあいだにも不満が生じてきたし、またロシア革命の影響もあって、戦争末期にはスコットランドのクライド川沿岸を中心にした軍需工場や、南ウェールズの炭鉱において大規模なストライキがおこったこともあった。しかしながら労働者階級も結局のところ戦争遂行政策にとりこまれてしまい、体制を根本からゆるがすことはできなかった。この総力戦態勢において婦人も戦場や職場に進出して、戦争の遂行に大きな役割をはたした。これまで過激な手段に訴えて、世間の反発をかうこともあった婦人参政権運動家の多くも、戦争に協力する姿勢を示した。そこで休戦の近いことをみてとった政府は、このような国民のあらゆる階層をあげての協力にこたえて、三十歳以上の婦人に参政権を与えることとし、成年男子の普通選挙権をもふくめた法案が、一九一八年二月に成立した。

また第一次世界大戦は、イギリス本国の民衆だけでなく、イギリス帝国内の民衆をも戦争にかりたてた。その物資と人員が、戦争遂行のために広範にわたって動員されたのである。したがって戦争が終結すると、戦争に協力したことを理由として、帝国内の自治領や植民地に自立を求める声が高まるのをさけることはできず、それによって本国との関係にも大幅な変化がうまれてこざるをえなかった。とはいえ、帝国のすべてが戦争に協力的であったわけではなかった。自治領のなかでもオーストラリアとニュージーランドは戦争協力の姿勢をくずさなかったが、フランス系の住民の多かったカナダやオランダ系の住民の多かった南アフリカ連邦においては、イギリスへの反感がときに噴出することもあり、自治領内において深刻な対立へと発展することもあったからである。

ロイド＝ジョージは自治領の戦争協力にこたえて、それらの首相を招いて帝国戦時内閣とよばれる会議を開き、戦後のパリ講和会議にも自治領の代表を参加させた。しかし最大の難点は、インドとアイルランドの処遇にあった。インドは戦争に膨大な人員と物資をおくり、被害も多大であったので、これを機会にかねての宿願である独立を達成しようとする声がいちだんと高まりをみせた。この動きにたいしてインド担当相モンタギュが声明をだして、自治権の拡大を約束したものの、それもインドの帝国からの離脱をふせぎ、帝国の解体を阻止しようとする政策的な配慮からでたものにすぎず、インドの独立運動を否定しようとする基本的な姿勢にはかわりはなかった。

アイルランドにおいては、一六年四月に独立の達成を目的にした「イースター蜂起」がおこった。それは、ダブリンをはじめとする全島で一斉に蜂起して民衆の支持のもとに独立を実現しようとするものであったが、肝心の民衆の支援がえられず、ダブリンでの蜂起は孤立して、一週間の戦いののち

「イースター蜂起」で破壊されたダブリン市街

に鎮圧されてしまった。そしてその指導者は軍事裁判によって即座に処刑された。しかしこの本国政府のとった強硬な姿勢は、さらに独立運動の激化を招くことになる。

この大戦中に外相バルフォアは、ドイツ側についたオスマン帝国（トルコ）を攻撃するために、一七年、その支配下のパレスティナに移住していたユダヤ人の支持を獲得しようとして、戦争終結後にその地にユダヤ人国家の建設を約束する「バルフォア宣言」を発表していたが、これよりもさきの一五年に同じ地域に住むアラブ人にたいしても独立を支持する約束をしていた。このような二重外交は、現在にいたるまでつづくことになるユダヤ人とアラブ人の激しい対立をひきおこす原因となった。

第一次世界大戦直後の変動

大戦終結直後の一九一八年十二月、ロイド＝ジョージは総選挙を実施した。この総選挙は、連立内閣を支持する候補者にはロイド＝ジョージと保守党党首のボナ・ローからの推薦《すいせん》書簡が与えられたため、戦争中の食料品などの配給切符を連想させて「クーポン選挙」というあだ名でよばれたが、予想どおりに連立政権支持派が大勝して、自由党のアスキス派は議席を減らし、かわって労働党が五十九議席を有する地位に躍進した。その労働党では戦後にマクドナルドとヘンダソンの協力によって再建の努力が進められ、一八年の党大会において、これまでの労働組合と社会主義団体を単位とする構成を改めて個人党員の加入を認め、さらに「労働党と新社会秩序」と題する新綱領を発表して、議会主義に立って社会主義の漸進《ぜんしん》的な実現を期すことになった。

ロイド＝ジョージは戦時中の連立内閣による体制を維持しながら、ゆるやかに戦時から平時への移行を進めようとした。しかし動員された兵士の復員作業は、ロシア革命への干渉戦争もあって、遅々として進まなかった。このような政治情勢のなかで、ロイド＝ジョージはバルフォア、ボナ・ローら五人の代表を従えて、パリで開かれた講和会議にむかった。このパリ講和会議の結果結ばれたヴェルサイユ条約によってイギリスは、ドイツの商船隊と多額の賠償金を獲得することになり、またかつてのドイツ領植民地を委任統治領としたが、ドイツには巨額の賠償金を支払う能力がなく、現物による支払いを求めたフランスは二三年、ルール地方を占領した。ここでイギリスはこの賠償問題にアメリカの参加を求め、「ドーズ案」による賠償金支払いにアメリカからドイツへの借款を獲得することにも成功して、フランスはルールから撤兵した。

戦勝国であったにもかかわらずイギリスは、戦費のための多額の借金を背負い、失業者は増大し、深刻な経済不況にみまわれた。世界経済に占めるイギリスの地位は急速に下落し、世界の金融の中心地はロンドンのロンバード街からニューヨークのウォール街に移動した。戦後の経済の再建のために政府はデフレ政策を採用し、これに資本家は賃金の引下げによって対応したため、一九年初頭にはクライド川沿岸の造船業をはじめ、石炭業、製鉄業へとストライキが波及した。さらに政府がロシア革命にたいして干渉する姿勢をゆるめなかったことも、労働者階級の反発をかった。

この間アイルランドの情勢も急速に独立に傾いていった。一八年の総選挙において、独立運動を推進してきたシン・フェイン党が大勝したが、本国議会への出席をこばんで、一九年ダブリンにアイルランド国民議会をつくり、アイルランド自由国の独立を宣言した。本国政府はシン・フェイン党の解散を命じる一方で、アイルランドを北のアルスタ地方（正確にはアルスタ地方のなかの六州）と他の地域を分離することを骨子とする「アイルランド統治法」を実施したため、独立以外のいかなる妥協も認めないシン・フェイン党を中心とする勢力は武力闘争に訴え、ベルファストやダブリンは内乱状態になった。その結果二一年十二月、ついにアイルランド自由国の独立を認める条約が調印された。

一方、国際政治におけるイギリスの地位は、アメリカ合衆国の台頭を前に低下をみせていたが、軍事的には二一年のワシントン軍縮会議において、主力艦についてはアメリカと同量を保有することが認められ、また二九年にはロンドンに軍縮会議を開催して、補助艦についての協定の締結にも成功をおさめた。

労働党の躍進と自由党の没落

一九二二年の総選挙において労働党は、野党第一党に躍進し、さらに翌年末の総選挙では一九一人の議員を当選させて、二四年自由党の支持をえてはじめて政権を担当することになった。しかしマクドナルドを首相とするこの第一次労働党内閣は、少数党内閣のためにわずか九カ月の短命に終わった。十一月におこなわれた総選挙においては、ジノヴィエフの署名のある、コミンテルンの秘密文書なるものが公表されて、労働党は暴力革命を扇動しているとする批判のキャンペーンが功を奏し、保守党の圧倒的な勝利に終わり、保守党の第二次ボールドウィン内閣が成立した。この内閣の蔵相チャーチルは依然としてデフレ政策を堅持し、しかも翌年には金本位制への復帰を表明した。そのためポンドの価格が高くなり、競争力を失った炭鉱主は賃金の切下げにでた。

このころ失業者は毎年一〇〇万人をこし、深刻な社会不安が生じて、二六年、炭鉱労働者が中心となりゼネ・ストが決行された。五月四日、すべての交通機関はとまり、新聞も発行不能におちいった。しかし結局のところこのゼネ・ストは労働者側の全面的な敗北に終わり、さらに追いうちをかけた政府は、翌年「労働争議および労働組合法」を成立させて、ゼネ・ストを非合法とした。

このようなイギリス本国の社会的・経済的な弱体化は、当然のことながら、自治領や植民地の発言力を高め、帝国の結束にもかげりがみえはじめた。二六年に開かれた帝国会議は、本国と自治領との関係を「国王にたいする共通の忠誠」を軸とするゆるやかな関係に再構築しようとして、あらたに「イギリス連邦」に編成替えをおこない、それを三一年の「ウェストミンスタ憲章」によって成文化した。しかしながらこの本国と旧自治領・植民地との関係は、二九年の世界恐慌によって逆に強められることになった。すなわち金本位制を廃止し、輸入関税法を制定して、はっきりと自由貿易に決別する政策を採用したイギリスは、三二年オタワでイギリス連邦経済会議を開き、特恵経済協定を結んで、「ブロック経済」を強める方向をとったからである。

これよりさき、二九年五月の総選挙で労働党は二八七議席を獲得してはじめて第一党となり、マクドナルドは第二次内閣を組織した。しかしその直後に世界恐慌の嵐をまともにうけ、未曾有の財政危機にみまわれて、その処置をめぐって閣内の対立が激化したが、マクドナルドは挙国一致内閣を組閣して、この難局の打破をめざした。しかしそれは、労働党にとってはその政策の大幅な後退を意味するとうけとられ、彼は党首の地位を追われて、党からの除名処分をうけた。そして労働党じたいも三一年の総選挙ではわずかに四十六人の当選者をだすにすぎない地位に転落してしまった。労働党の台頭は急速であったが、またその退潮もはやく、党は緊迫の度合いを高めつつあった国際情勢のもとで、しばらく模索をつづけねばならなかった。

後継内閣を組織したのは、保守党のボールドウィンであったが、彼の決断が、第二次世界大戦後のイギリス政治に継承される基本的なパターンをつくることになった。というのもボールドウィンは、挙国一致内閣を組織する必要がうまれた場合には、その相手として歴史的なライヴァルである自由党ではなく、将来をみこして労働党を選ぶことにした。そして彼は労働党にたいする懐柔策の一つとして、三七年にイギリス内閣法案を提出した。それは政府の閣僚の給与をみなおすとともに、はじめて野党第一党の党首に国庫から大臣なみの給与をだす、というものであった。労働党が挙国一致内閣に加わることになるのは、第二次世界大戦が勃発したのちの一九四〇年をまたねばならなかったが、この法案の成立は、まさに「影の内閣」の制度を確立させて、労働党の政権担当能力を高めさせた。こうした一連の処置によって、第二次世界大戦終結後の現代イギリス政治が、保守党と労働党による二大政党政治のかたちをとって展開することになる基盤が、この時期にととのえられた。第二次世界大戦後のイギリスの政局にみられるように、保守・労働の両党は、いずれも政権を離れているときは、「影の内閣」をつくって、政権党の政策をきびしく批判するとともに、みずからが政権を奪取したさいにとるべき政策を明示して、総選挙にそなえるという、現代イギリスの議会制民主主義が、ここに制度的な保障を獲得したからである。

このボールドウィンの選択にもうかがえるように、イギリスの議会政治にとって決定的な変化といえるものは、第一次世界大戦後の短期間における自由党の急速な没落であった。そのはじまりは、前述した十九世紀末におけるアイルランド問題をめぐる分裂に認められるが、第一次世界大戦中も戦争指導をめぐってアスキス派とロイド＝ジョージ派が分裂した。しかし自由党にとっていっそう致命的であったのは、第一次世界大戦後の急激に変化した社会情勢のもとで、労働党の出現と台頭によって、進歩と改革という往年の自由党の理想と目標が奪われてしまい、政策の点でもその存在意義がうすらいだことにあった。かてて加えて、ロイド＝ジョージがその長期政権を担当しているあいだに、戦争への協力の謝礼の意味もあって、新興財閥を中心に大量の授爵をおこなったことが、スキャンダル視されて反発をかったことも、有権者の自由党離れに拍車をかけ、自由党がかつての地位を取りもどすことを不可能にした。

世界恐慌の影響

一九三〇年代後半以降のイギリスは、保守党のボールドウィンとネヴィル・チェンバレンをそれぞれ首班とする挙国一致内閣のもとで、世界恐慌による不況からの脱出とナチス・ドイツの台頭にたいする対応に追いまくられた。戦後世界の経済と政治の中心はヨーロッパを去ってアメリカ合衆国に移り、イギリスをふくむヨーロッパ諸国の経済復興もアメリカからの借款におうところが大きかった。帝国内の諸地域に独立を求める動きが高まったことも、イギリスの経済力が衰退したことを明確に示すものであったが、この衰退はイギリスの産業構造が第一次世界大戦を契機にして急激な変化をとげたことを反映したものでもあった。

これまで産業革命以来、「世界の工場」としてのイギリスを支えていた基幹産業は、鉄鋼業、造船業、綿織物業など、輸出指向の強いものであったが、そのいずれもが後発資本主義国の追いあげにあ

失業者のデモ(1931年) 世界恐慌によって大きな被害をうけた失業者たちが，ロンドンにむかって行進した。

って、急速にその競争力を失ってしまった。そして第一次世界大戦の終結後には、これらの基幹産業にかわって、電機や化学などの新興産業が急速な成長をみせた。このように産業構造に大きな変化がうまれたため、これまでの基幹産業の中心であった、スコットランドのクライド川沿岸の造船業や機械工業、それに南ウェールズの石炭業、金属工業は深刻な不況を経験することになり、いずれの地帯においても大量の失業者をかかえるようになった。かつてイギリスの帝国への発展を経済的に強力に支えた地域こそが、戦間期において過去の繁栄の代償を支払わねばならなくなったのである。

世界恐慌によってイギリス経済がうけた打撃は、アメリカ合衆国やドイツと比較すると小さかったともいえるが、相対的にそうであったにすぎず、イギリスのかつての基幹産業であった諸産業にははっきりとした衰退の徴候があらわれていた。失業者数は増大の一途をたどり、失業率が五〇％をこえる地域すらうまれていた。そのうえ過去において貿易収支の赤字をおぎなって国際収支を黒字に変えるのにおおいに役立っていた貿易外収支が激減したため、三一年以降は国際収支も赤字になってしまい、イギリス経済の前途には赤信号がともるようになった。

ファシズムとの対決

このような世界恐慌による混乱のなかから、世界の各国においてファシズムの運動が台頭してきたが、イギリスとてもその例外ではなかった。イギリスにおけるファシズムの指導者となったのは、モズリであった。彼はアイルランド政策を批判して保守党から労働党に転じ、第二次労働党政権においては失業問題を担当する大臣となったが、広範な社会改革をふくむ政策がいれられなかったため、「新党」という名前の政党を結成して、しだいにファシズムに傾斜していった。そして一九三二年十月には「イギリス・ファシスト連合」をつくって、活発な活動を展開した。しかしイギリスにおいては、このようなファシズムの運動は広範な支持を獲得することができなかった。その理由としては、他の国においてはファシズムの支持基盤となった中産階級がイギリスでは比較的安定を享受しており、またこの運動を支援する資本家がいなかったことがあげられる。

さきに世界恐慌による危機への対応として成立した「挙国一致内閣」の首相は、三五年にはマクドナルドにかわって保守党のボールドウィンがなった。ボールドウィン政権がぶつかったむずかしい内政問題は、三六年一月に王位をついだ独身の新国王エドワード八世が離婚歴のあるアメリカ女性シンプソン夫人と恋に落ち、その結婚に固執したことであった。この問題を国王の退位というかたちでたくみに処理したボールドウィンは、翌年チェンバレンに政権をゆずった。

しかしながらイタリアのエチオピア侵略、ドイツのラインラント進駐、スペインにおける内戦の勃発と、ファシズムの急速な展開の姿勢が露骨になったとき、大国としての自負にしがみついていたイギリスは、旧植民地の本国離れ、アメリカの孤立主義などと戦いながら、その脅威に立ちむかわねばならなかった。そこで国際的なファシズムの台頭に危機感を高めた人たちのあいだで、反ファシズム運動が急速な展開をみせた。とりわけコミンテルンによる反ファシズム人民戦線の提唱は、イギリスにおいても反響をよび、スペイン内戦へ参加する人たちがあらわれ、また国内では左翼的な出版物を会員に配布する「レフト・ブック・クラブ」も活発な運動を展開して、人びとの啓蒙に力をつくした。しかしイギリスにおける反ファシズム運動が、徹底したものにならなかった一つの要因として、労働党指導部の姿勢がかならずしも明確ではなかったことがあげられる。

三八年、首相チェンバレンの対イタリア友好政策を批判して、外相のイーデンが閣外に去ったが、ズデーテン地方の割譲を求めるヒトラーにたいして、チェンバレンみずから数度の交渉におもむき、結局は対ドイツ宥和《ゆうわ》政策をとって、九月末のミュンヘン会談においてヒトラーの要求をのんだ。この宥和政策をとったことの可否は評価のわかれるところであるが、チェンバレンにとっては、それによって危機を回避し、ヨーロッパの、ひいては世界の平和を確保しようとする苦肉の策であったとみられる。しかしこのことが結果においては、第二次世界大戦を不可避のものとしたのであった。

第二次世界大戦

第二次世界大戦は、一九三九年の対ドイツ宣戦布告によってはじまったが、翌年の四月までは、ドイツとイギリス・フランスのあいだでは本格的な戦闘がかわされることなく、「奇妙な戦争」の状態がつづいた。しかし四月突然ドイツ軍がノルウェーに侵入し、遅れてイギリス軍とフランス軍も上陸して反撃にでたが、ドイツ軍の激しい抵抗にあって撤退せざるをえなかった。この敗戦は大きな衝撃を与え、チェンバレンは労働党に入閣を求めて、挙国連立内閣を組織することによって苦境を脱しようとしたが、労働党がそれに応じなかったため、五月に辞職のやむなきにいたった。

かわって海相であったチャーチルがみずから首相と国防相を兼任して、保守党三名、労働党二名からなる少数精鋭の戦時連立内閣をつくり、この難局に対処することになった。労働党からはアトリーが副首相として入閣したほか、過去の教訓に学んで、労働者階級の協力をとりつけるために、労働運動の指導者として名声のあったベヴィンが労働問題を担当することになった。チャーチル内閣の成立と同じ日に、ドイツ軍はオランダ、ベルギーに侵入して両国を降伏させ、さらに北フランスにも兵を進め、英仏海峡沿岸に達したため、イギリス、フランス、ベルギーの諸部隊は、ダンケルクから撤退し、フランスはドイツと休戦条約を結んだ。

このフランスの崩壊《ほうかい》をうけて、ド゠ゴールを首班とする「自由フランス政府」がイギリスの援助のもとに樹立されたものの、チャーチル政権は最大の危機に直面した。勢いにのったドイツ軍はイギリス本土上陸作戦を可能にするための制空権の確保をねらって、七月からイギリス空襲を開始し、ロンドンや南部の沿岸に激しい爆撃を加えた。これにたいしてイギリス空軍は、新しく開発したレーダーの力を借りながら、戦闘機隊によって応戦した。この戦闘は、まさにイギリスの命運を決する「ブリテンの戦い」とよばれたが、九月から十二月にかけて、ロンドンをはじめとする大都市は連日空襲にさらされ、甚大な被害を生じた。しかし結局のところドイツ軍は制空権を奪取することができず、イギリス本土上陸作戦は延期され、ドイツはあらためてその攻撃目標をソ連にむけたため、イギリスは危機を脱することができた。

アメリカからの武器貸与をうけて、戦線の立てなおしをはかったチャーチルは、みずからは熱烈な反共主義者であったにもかかわらず、この世界大戦におけるソ連の役割を重視して、ドイツの対ソ開戦後、ただちにソ連を援助することを宣言するとともに、アメリカ合衆国大統領ローズヴェルトと会談して、将来の世界平和にかんする両国の共通原則を明らかにする「大西洋憲章」を発表した。これによってファシズムにたいする自由をまもるための戦いというかたちで、この戦争の性格が規定されることになった。そして戦時宰相《さいしょう》チャーチルは、その趣旨をラジオをつうじて国民に雄弁に語りかけ、国民に戦争への協力を訴えた。

イギリスとアメリカの両国の提携は、四一年十二月八日、日本が真珠湾を攻撃して、戦火がアジアに波及すると、いっそう緊密なものとなった。イギリスはマレー沖海戦で戦艦二隻を失い、四二年二月にはシンガポールを占領されて、極東軍は無条件降伏をした。さらにインドの離反をねらった日本軍はビルマ（現在のミャンマー）に侵入して、ラングーン（現在のヤンゴン）を陥落させた。

1940年ドイツ軍の爆撃によって破壊された下院議場跡　左はチャーチル。

この間、イギリス本国においては、総力戦態勢が、第一次世界大戦のときとくらべるとはるかに順調にととのえられていった。男女の徴用制が施行され、食料、衣料、ガソリンなどほとんどすべての日用品は配給制をとり、さらには所得税を増額して戦時利得にもきびしい課税をおこない、国民生活にたいする統制が強化された。しかしながら注目すべきことは、このような国民総動員態勢が実施される反面で、戦争の終結後をにらんだ大胆な社会改造プランが提示されたことであった。四二年末に発表されたベヴァリッジの報告にもとづいて、失業対策・健康保険計画が、「ゆりかごから墓場まで」の福祉国家像として提示され、また教育法によって義務教育の年限を十五歳まで延長するなど、戦争が終わったあかつきの明るい未来の生活が約束されたのであった。

第二次世界大戦の終結

戦況に大きな変動がおとずれたのは、一九四三年であった。太平洋地域における日本軍の進攻にかげりがみえはじめ、ヨーロッパにおいてはドイツのスターリングラード攻撃が失敗に終わり、イタリアも降伏した。この年の暮れ、チャーチル、ローズヴェルト、スターリンの三者はテヘランで会談して、ドイツと日本が無条件降伏するまで戦いぬくことを約束するとともに、最後の戦略をねった。その結果、翌年六月、連合軍がノルマンディに上陸して反抗にでたので、総退却をよぎなくされたドイツ軍を後方からソ連軍がはさみ打ちにする態勢をかためた。四五年二月、クリミヤ半島のヤルタで開かれた連合国首脳の会談において、降伏後のドイツの分割占領案が検討された。敗色が濃くなったドイツは、報復のために無人ロケット爆弾Ｖ１号によって、イギリス本土に連日爆撃を加えたため、多数の死傷者と住宅の被害が生じた。しかし四五年三月、アメリカ・イギリス軍はライン川をわたり、四月末にはソ連軍がベルリンを陥落させ、ヒトラーは自殺し、五月七日ドイツの無条件降伏によって、ヨーロッパにおける戦闘は終わりを告げた。

七月ベルリン近郊のポツダムで開かれた米・英・ソの三国首脳会談は、日本の無条件降伏とその民主化を要求する「ポツダム宣言」を発表したが、広島と長崎に原子爆弾を投下された日本はそれを受諾して、約六年もつづいた第二次世界大戦もここにやっと終結をみた。

このように二十世紀において戦われた二つの世界大戦においてイギリスは、多大の被害をこうむったとはいうものの、いずれにおいても戦勝国であった。しかし逆説的にいえば、敗戦の憂き目をみなかったがゆえに、イギリスは過去を清算して徹底的な改革を進める機会を失してしまい、その産業と社会構成にも古い要素が温存されて、世界の新しい情勢へ柔軟に対応することが遅れ、そこに「衰退する老帝国」という傾向がうまれることになる。しかし当面の問題は、戦時中に約束された社会改造計画が、はたしてイギリスの再生にどのように役立つか、にあった。

ジョージ・オーウェル

George Orwell
(Eric Arthur Blair)
(1903〜50)

　二十世紀のイギリス文化史を代表する人物としてジョージ・オーウェルをとりあげることには、異論が予想される。左翼ジャーナリストとしての活動をつづけた彼が、第二次世界大戦の末期に発表したのは、人間の支配をくつがえすためにたちあがった二匹の豚を主人公とする『動物農場』（一九四五年）という寓話《ぐうわ》の装いをとった全体主義批判の主張であった。そしてその延長線上に書かれたのが、人間の思想を根底から否定してしまう社会を描いた『一九八四年』（一九四七年）であった。これらの作品の背後にあったのは、彼自身が志願して参加したスペイン内戦で経験したイデオロギーにたいする深刻な幻滅にあったことは疑いえないところである。彼をしてそのような作品を発表させた原点はどこにあったのであろうか。

　ジョージ・オーウェル（本名エリック・アーサー・ブレア）は、インドの、現在はバングラデシュ領となっている町で、イギリスのアヘン局の下級官吏の子としてうまれ、本国で教育をうけるために帰国した。ところが彼が奨学金をもらって学ぶことになったのは、イギリスの支配階級の養成所の中核ともいうべきイートン校であった。彼の出身社会層は、彼みずからの定義によると、「上層中流階級の下《ロウア・アッパー・ミドル・クラス》」、しかもその底辺からあまりかけはなれてはいないところであった。いってみればはなはだ苦しい家計であったにもかかわらず「ジェントルマン」としての体面を保つことをしいられたのである。彼は「人が子供に加えることのできるもっとも残酷な仕打ちは、子供を金持ちの子弟のための学校にいれることである。自分が貧乏であることを意識している子供は、大人には想像もつかないような虚栄心からくる苦悩を味わうことになる」と書いている。彼の父親の年収は三〇〇ポンド程度であったらしいから、そのような「上層中流階級の下」の子弟である彼が、年収数千、数万ポンドという「中流階級」以上のジェントルマンや貴族の子弟と机をならべたイートンでの生活は、生涯ぬぐうことのできないような屈辱感を植えつけることになった。

しかし彼はこのイートンで学んだおかげで、卒業後にビルマ（現在のミャンマー）の警察官という地位につくことができた。そして彼は植民地における原地人にたいする支配機構の末端に位置した役割をとおして、イギリス帝国の植民地支配に加担することをしいられた。「帝国」を背負った「ジェントルマン」として植民地での生活をおくるという、屈折した意識が、以後の彼の生涯を決めたといえる。帰国後の彼がロンドンやパリ、さらには国内のランカシァやヨークシァの炭鉱や工業地帯で目撃したのは、「上層中流階級の下」の家庭で生まれ育った彼にも想像さえできなかった労働者階級の貧困ぶりであった。それを彼はいくつかのルポルタージュで報道しつづけた。

かつてビルマで体験した帝国主義の支配者として、国内における労働者階級にたいするジェントルマンとしての二重の罪悪感がかさなりあって、彼はそれからのがれる道を社会主義にみいだすことになったが、彼がスペイン内戦で体得したのは、イデオロギーにたいするぬぐうことのできない不信、そして共産主義にたいする幻滅感であった。『カタロニア賛歌』以降の作品はその産物である。こうみてくるとオーウェルの生涯は、「帝国」と「ジェントルマン」という、現代イギリスの過去からの相続物との戦いのそれであった、とみることができるであろう。

第12章　戦後のイギリス

労働党政権の成立

第二次世界大戦においてイギリスは三十六万人の死者をだしたほか、ドイツ空軍の爆撃でロンドンをはじめとする都市の被害も大きかった。そしてかつてヴィクトリア朝の黄金時代に蓄積された国富を使いはたし、アメリカを中心にして約三十三億ポンドの対外債務を背負うことになったために、平和は回復したものの、その前途には多くの困難が予想された。

前述したように、世界恐慌の影響をまともにうけて、いったん政権を離れた労働党は、しばらくのあいだ、政権掌握にそなえた模索の日々をおくっていた。しかしその間、主流派は一貫して反ファシズムの姿勢をまもりつづけ、第二次世界大戦が勃発すると、保守党のチャーチルからの政治休戦の申しいれを受諾し、アトリー、ベヴィンらの党首脳が挙国一致内閣に参加して、戦争指導の一翼を担った。しかし一九四五年五月、ドイツにたいする勝利が確定すると、ただちに労働党は内閣から閣僚を引きあげ、戦争によって延期されていた総選挙の準備をととのえた。なにしろ総選挙は三五年におこなわれたのが最後であって、戦争による困難な事態に対処するためとはいえ、異例の長い期間、総選挙の洗礼をうけない連立内閣によって国政は運営されてきたのである。

同年七月におこなわれた総選挙においてイギリス国民は、三九三対二一三の大差で戦勝のヒーローであったチャーチルをみすてて、戦後の政局を労働党にゆだねた。結党以来はじめて単独政権として社会主義に立脚する政策を実現する機会に恵まれた労働党のアトリー政権は、戦時中の協力と耐乏生活によって進められた国民の平等化という基盤に立って、重要産業の国有化と社会保障の充実を基本政策にかかげて、イギリスの再建という困難な課題に着手した。前者についてはかならずしも事前に十分な準備のないまま、イングランド銀行、民間航空、石炭、電信・電話、運輸、電力、ガスおよび鉄鋼の国有化を進め、鉄鋼においては若干の抵抗がみられたものの、ほぼ順調に国有化を実現することができた。一方、かねてから四二年の「ベヴァリッジ報告」によってその枠組みを提示していた社会保障については、四六年の「国民保険法」「国民保健サーヴィス法」によって、「ゆりかごから墓場まで」と称される画期的な福祉国家建設のスタートがきられた。しかしながら六年にわたる総力戦で国力を使いはたしたイギリスにとって、このような広範でしかも膨大な経費を必要とする政策を実現させるには、多くの困難がつきまとうことになる。

四七年の冬には猛烈な寒波が襲来し、燃料危機がうまれて産業界に深刻な影響を与えたばかりか、政府は財政的にも苦境におちいった。そこでアメリカにたいして財政援助を求める交渉を継続する一方で、国民には戦時中にもまさる耐乏生活をしいることになった。しかもこの福祉国家の建設期が冷戦によって国際的な緊張が激化した時期にあたっていたこと、さらには戦争が終わった段階で、かつてもっとも親密であった友邦アメリカとの関係がかならずしも円滑に運ばなかったことが、第二次世界大戦直後のイギリスの政治・経済の動向に深刻な影響をおよぼした。イギリス経済の復興には「マーシャル・プラン」によるアメリカからの巨額の借款が必要であったからである。そのうえソ連によるベルリン封鎖を契機にしてヨーロッパ防衛問題への発言権を強化したアメリカを中心にして、四九年四月に北大西洋条約機構（NATO）が成立すると、イギリスもその一員として冷戦に対応するための軍備を強化しなければならなかった。そのことがイギリス経済にいっそうの重荷となってのしかかってきて、社会福祉の充実にも重い制約を課した。四九年以来、世界の景気後退をうけてイギリス経済の危機も深刻化して、九月にはポンドの三〇％切下げをおこなわねばならなかった。

五〇年二月、任期満了に先がけておこなわれた総選挙においては、労働党が辛勝したが、第二次アトリー政権は成立後すぐに朝鮮戦争の勃発という難問題にぶつかった。アトリーはアメリカの韓国支持の案を承認して参戦し、派兵にふみきった。この政治的決断は、ヨーロッパにおいてもNATOを強化して共産主義勢力の浸透を阻止しようとするアメリカの冷戦戦略に、イギリスが全面的に加担することを意味した。そこで蔵相ゲイツケルは五一年度の予算案に巨額の軍事費を計上して、社会保障費を削減しなければならなかった。削減の対象となったのは、義歯や眼鏡の購入についての患者の一部負担であったが、その額じたいよりも削減そのものに労働党左派は憤激し、かつて保健相をつとめて福祉国家づくりに努力した労相ベヴァンや、商務相ウィルソンは辞表を提出して抗議の姿勢を示した。この内閣の危機に国際収支の悪化が追いうちをかけ、労働党はしだいに支持層を失っていった。そうした情勢にあったにもかかわらず、支持基盤の強化をねらったアトリーは、五一年十月、総選挙に訴えた。その結果、労働党は得票数においては保守党を上まわったものの、議席数においては二十六の差をつけられて敗北し、第二次世界大戦直後から六年つづいた労働党政権の時代は、いったんここで終わりを告げた。

チャーチル再登場

ふたたび首相に返り咲いたチャーチルは、すでに七十七歳の高齢であったが、戦時中の閣僚経験を有する老練な政治家に加えて、つぎの時代の保守党の担い手と期待されていた若手を配した閣僚によって、困難な政局を担当していく態勢をかためた。しかし保守党といえども、それまでに労働党が推進してきた戦後政治の基調を根本から否定するわけにはいかず、基幹産業の国有化と福祉国家の建設という二大政策は継承された。これをさして、労働党時代の蔵相ゲイツケルと保守党の新蔵

晩年のチャーチル(1953年)　彼は翌々年政界から引退する。

相バトラの名前をとって、「バッケリズム」という言葉が登場し、それはなによりも国民的な「合意の政治」を意味するようになった。しかも朝鮮戦争による景気の回復によって、国際収支は改善され、戦後十年間の耐乏生活をたえぬいた国民は、ようやく「自由と繁栄」の五〇年代を期待することができるようになり、それを象徴するかのように一九五三年六月にエリザベス二世の戴冠式が祝われた。

第二次世界大戦後、アジアにあったイギリスの旧植民地はつぎつぎに独立を達成した。すでに完全な自治権を与えることを公約していたインドを、本国につなぎとめておくことは、もはや不可能であったし、インドに内乱の危機もせまっていたので、政府はかねて設定していた時期をはやめて、四七年七月「インド独立法」を制定し、八月十五日、インドとパキスタンは自治領となった。インドは五〇年からは独立した共和国となったが、イギリス連邦にはとどまった。しかし四八年に独立したビルマは連邦から離脱した。セイロン（現在のスリランカ）も同じ年に自治領となったが、イギリス連邦にとどまった。また第一次世界大戦後イギリスの委任統治領であったパレスティナの委任統治期間が終了し、イスラエル共和国が誕生したのをうけて、五一年エジプトはイギリスとの条約を破棄し、また同年イランはアングロ・イラニアン石油会社を接収した。

このような植民地ナショナリズムの台頭は、イギリスがもはや「帝国」ないしは「連邦」に基礎をおくことができないことをはっきり示した。かてて加えて超大国アメリカとソ連のきびしい「冷戦」状況のもとにあって、イギリスの外交は動揺をよぎなくされ、その権益は大幅に後退した。五四年にイギリスはエジプトと協定を結んでスエズ運河地帯から撤兵し、イランとも協定を結んだ。

保守党政権下のイギリス

一九五五年に老齢のチャーチルが引退したあとの政局は、イーデン、マクミラン、ヒュームと、ほぼ十年間、三代の保守党内閣がつづくことになった。組閣したイーデンは国民の信を問うために総選挙をおこない、議席差七十ほどの安定勢力を確保することができたが、それには労働党の内部で再軍備をめぐって対立が激化したことがあずかって力があった。しかし保守党政権にもやはり経済の不況、国際収支の悪化という影が、前途に大きく立ちはだかっていた。それにたいして政府は、インフレが進行して国際収支が悪化すると、金融引締めをおこない、やがて情勢が好転すると景気刺激策をとるという、「ストップ・アンド・ゴー」政策をくりかえすだけで、いたずらに無策ぶりを印象づけるありさまであった。

しかしイーデンにとって致命傷になったのは、外交政策であった。すなわち五六年七月のエジプトのスエズ運河国有化宣言に対抗して、フランスと共同で出兵し、スエズ戦争をおこした。冷戦の激化をおそれたアメリカがそれに干渉して、撤兵をせまったため、スエズ出兵は失敗に終わり、国際政治の動向の鍵を握るのはアメリカであって、イギリスの帝国主義的な外交の時代は完全に時代遅れのものになったことがここにあらためて明らかにされた。

威信を失って退陣したイーデンのあとをついで首相になったのは、蔵相であったマクミランであった。経済状況は依然楽観を許さないほどきびしかったが、積極的な景気刺激策が思いもかけない効果をうんで、失業者がへり、実質賃金も上昇して、しだいに国民は「豊かな社会」の到来を実感するようになった。この状況をとらえたマクミランは、五九年総選挙を実施したが、予想どおりその結果は保守党の圧勝に終わり、「平和と繁栄」という保守党のスローガンは結実するかにみえた。

しかし六〇年代にはいると、イギリス経済にはふたたび赤信号がともるようになった。これまでくりかえしおこなわれてきた「ストップ・アンド・ゴー」というその場しのぎの経済政策のつけが、抜本的な改革の機会をいたずらに失わせて、イギリス経済の基礎を根底からむしばんでいたからである。増大する軍事費負担、ならびにイギリス連邦とポンドを基軸通貨として国際決済をポンドによっておこなっていたスターリング地域（イギリス連邦諸国ならびにアルゼンチン、スカンディナヴィア諸国）を維持するための費用の増大によって、対外収支の赤字に悩まされた政府は、金融引締め政策をとって、国内の生産投資を抑制したため、生産施設の老朽化はその限界に達し、生産性の向上はみられなかった。一方これに反して、完全雇用をかちとった労働組合の発言力がきわめて強かったために、賃金は生産性を上まわって上昇し、イギリスは他の諸国に比して経済の低成長率に悩まされるようになった。それを皮肉る「イギリス病」という表現が世界の新聞紙上をにぎわすようになったのも、このころからのことである。

この間、西ヨーロッパ六カ国のあいだではヨーロッパ経済共同体（ＥＥＣ）の建設が推進されていたが、保守党政権はそれに対抗して非加盟国を誘い、五九年ヨーロッパ自由貿易連合（ＥＦＴＡ）を結成した。しかし経済成長率の点で両者の格差がひろがることに自信を失ったマクミラン首相は、六一年ＥＥＣへの加盟を決意し、翌年八月加盟申請をおこなった。だが連邦の特恵関税制度を維持しようとするイギリス側の要求は、フランス大統領ド＝ゴールのきびしい拒否にあい、加盟交渉は中断させられてしまった。この加盟交渉の失敗によってイギリスはあらためて孤立感を深めざるをえなかった。

こうして五一年以来、四代の首相のもとで十三年間つづいた保守党政権は、その末期においてこのＥＥＣ加盟交渉の失敗、陸相プロヒューモのスキャンダル、それにマクミランの後任に貴族の十四代ヒューム伯を選んだ党首選考の不明朗さなどによって、その人気は低落していった。後任のヒュームは慣例に従い、爵位を放棄して下院に議席を移して、首相に就任した。

ウィルソン労働党政権

一九六四年の総選挙において労働党は、イギリスの社会と経済にみられる古い体質を改めて、技術革新の新時代に適応させることをねらいとする、「科学革命」を公約にかかげて、選挙戦を戦った。その結果、与野党間の議席差わずかに四という僅少差で、政権を奪還した。かつては世界の最先進国としての地位を誇りにしていたイギリスが、その自負をかなぐり捨てて、みずからの後進性を自覚し、その「近代化」を訴えねばならなかったところに、戦後のイギリスの苦悩がにじみでていたということができよう。

前年に急逝したゲイツケルのあとをうけて党首に選ばれたウィルソンの率いる労働党内閣は、国際収支の悪化という事態に対処するために、輸入の抑制、公定歩合の引上げによるデフレ政策をとった。これに不安を感じたヨーロッパ金融資本がポンドの投げ売りにでたため、再度のポンドの切下げをよぎなくされ、イギリスの前途にたいする悲観的な風潮が強くなった。しかし保守党政権下の十三年とみずからの十八カ月の成果を対比させて健闘ぶりを訴えた労働党は、六六年の総選挙において大勝をおさめ、一応の安定を確保したかにみえた。しかし経済の動揺はつづき、ストライキが続出し、失業者もふえて、国民の不満は高まった。そして依然として「二つの国民」に分裂したままで、流動性を欠いた社会構造や教育制度にたいする不信は、「怒れる若者たち」をうんだ。彼らの象徴としてビートルズが国民的な英雄の座を獲得したことは、伝統的な階層秩序にほころびがみえはじめたことを示すものであった。

しかしながら労働党の内部においては、議会労働党よりも外部の労働組合が政策決定において大きな力をもつ仕組みになっていたため、党執行部の意向に反した政策がおしつけられることが多くみられた。そこで再軍備や核兵器廃絶などの問題をめぐって、穏健で現実的な姿勢をとる右派と、イデオロギーに固執《こしゅう》して硬直した態度をくずさない左派の分裂がひろがり、党の体質の弱点があらわになり、政権の動揺と弱体化を招いた。この労働党とは対照的に、前回の党首選考の不明瞭さが多くの批判をうんだ保守党は、はじめて党所属議員による選挙を実施して、若いヒースを党首に選び、政権の奪還を期した。

七〇年代のイギリス

劣勢が予想されていたにもかかわらず一九七〇年の総選挙において、劇的な逆転勝利をかちとった保守党のヒース内閣は、ウィルソン労働党政権下にくりかえされた経済的な不安定に終止符を打ち、直面する危機から脱出するための手段として、あらためてヨーロッパの一員として生きる道を選択した。そのため棚上げのかたちになっていた、ヨーロッパ共同体（EC）への加盟の実現に全力を注いだ。政府提出の加盟動議は議会で僅少差で可決されて、これまで国論を二分したこの問題にもやっと決着がつけられた。それをうけて加盟条約が七二年一月ブリュッセルで調印されて、イギリスは翌年の一月からECに加わることになった。かつての老帝国の威信にこだわって孤立的な姿勢をとるのは、もはや時代遅れであるという認識が、ようやく国民のあいだにも定着しつつあったのである。

EC加盟の調印をするヒース首相（1972年1月）

ヒース政権に緊急の解決をせまった問題の一つは、北アイルランドにおける紛争が激化の一途をたどり、まさに破局をむかえようとしていたことにあった。北アイルランドでは、カトリック系住民とプロテスタント系住民の対立が、しばしば流血の惨事をひきおこしていたからである。紛争は六〇年代後半からカトリック系住民が自分たちにたいする差別の撤廃を要求して、公民権運動を展開したことにはじまったが、事態は過激派組織たるアイルランド共和国軍（ＩＲＡ）による武力闘争へと発展した。とりわけ七二年一月ロンドンデリでデモ隊に軍隊が発砲して多数の死者をだした「血の日曜日」事件にみられたように、本国政府が強硬な姿勢をとりつづけたために、しだいに泥沼に落ちこんでいった。ヒース政権は七二年、北アイルランドの直接統治にふみきったあとで、北アイルランド議会の選挙を実施するなど、事態解決への一歩をふみだしたものの、紛争の火種が完全に消えうせたわけではなかった。

またヒース政権は経済の再建を目標にして、ストライキの規制策を発表するとともに、景気刺激をはかった。しかしストライキと賃上げの自主規制を求められた労働組合側の反発は強く、七一年初頭には全国的に大規模なストライキがおこなわれ、とりわけ郵便のストライキは国民生活に深刻な影響をおよぼした。さらに第四次中東戦争の勃発をうけた石油危機もあって、もっとも強硬な姿勢をとった炭鉱労組はゆずらず、ヒースは対抗上非常事態宣言をだして、エネルギー使用を制限する処置をとった。

それでも依然として対決姿勢をくずさずにストライキに訴えた炭鉱労組に対抗して、ヒースは国民の審判をあおぐために、七四年二月に総選挙を実施した。ヒースが意図したのは、「イギリスを統治するのは、政府か、それとも労働組合か」の選択を国民にせまることにあった。ところがその結果は、ヒースの期待を裏切るもので、保守党は得票数では労働党を上まわりながらも、議席数では四の差をつけられて敗北を喫した。ヒースは躍進した自由党と組んで連合政権を組織することによって政権の維持をはかろうとしたが、自由党に拒否されて、退陣に追いこまれた。

再度政権の座に復活した労働党のウィルソンは、政権の発足直後に炭鉱労組との労使紛争を終わらせるために、政府が物価抑制の努力をするかわりに労組側も無理な賃上げ要求はつつしむという「社会契約」を提唱して、戦後最大の危機をのりきろうとした。しかし政権は少数与党のために議会運営に困難を感じることが多かった。そこで十月にこの年二度目の総選挙に訴えたが、労働党は第一党の地位をまもりはしたものの、野党との議席差はわずか三議席という窮地に追いこまれてしまった。

この選挙においては自由党、スコットランド国民党、ウェールズ国民党（プライド・カムリ）が議席を確保して、これまでのような伝統的な二大政党制にかわって複数政党による多党制にもとづく連合政権の時代がイギリスにおとずれるかと思わせる状況がうまれた。しかしいずれにしても政治的な不安定状況は依然として解消されなかった。

ウィルソンは、懸案のEC加盟継続の問題を、「国民投票《リファレンダム》」に問うという手段にでた。国民投票という方法は、間接民主主義をむねとして政治運営がおこなわれてきたこの国においては、なじみのうすいものであり、しかもECに残留か否かという問題は、国民の各層、それに政党をも縦断して賛否をわける問題であったため、激しい論議をうんだ。しかし七五年六月におこなわれたこの国民投票の結果は、賛成が六四・五％を占めて、イギリスのEC残留が決定した。また、なおも危機的な状況がつづいていた経済運営については、賃上げを強制的におさえるためのあらたな「社会契約」を提唱して、最悪の事態をさけることに成功した。

しかしウィルソンは六十歳の誕生日に突然引退を表明した。後進に道を開くというのがウィルソンがあげた理由であったが、この辞任は今なおさまざまの謎につつまれている。この突然の辞任をうけて、下院議員団の選挙で選ばれたキャラハンが組閣したが、少数与党としての困難にしばしばぶつかり、自由党との提携によってのりきりをはからねばならなかった。経済の停滞、インフレ、外貨危機には歯止めがきかず、「イギリス病」の病状は悪化の一途をたどった。キャラハンは前政権同様に、「社会契約」を結ぶことによって賃上げの抑制につとめたが、労働組合はこれに反発して七八年末から翌年にかけて、全面的なストライキを打ち、社会不安が高まった。

この間、三度つづけて総選挙にやぶれた保守党においては、党首ヒースにたいする批判が高まり、政権を担当していないときには毎年、党首を議員によって選挙するという新しい党規約が成立し、七五年初頭、この規約にもとづいて党首選挙がおこなわれ、保守党としてはまったく前例のない、女性でしかも中産階級出身のサッチャーが当選した。彼女は党首による任命制を利用して、強力な「影の内閣」を編成し、戦後政治の総決算が予想される八〇年代にそなえる布石を打った。

七〇年代にはいって北海油田の開発の成功は、イギリス経済にとって救世主の役割をはたすかと期待されたが、即効はえられなかった。逆に北海油田は、戦後におけるイギリスの経済構造の変動とともに、まさにふたたび「周縁」としての地位におとしいれられたとして不満の色を濃くしていたスコットランドのナショナリズムを高揚させることになり、ウェールズとともに、大幅な「権限委譲《デヴォリューション》」

を求める機運が高まった。これにたいして労働党政権はその賛否を問う住民投票を、七九年三月に実施したが、その結果はスコットランドとウェールズのいずれにおいても賛成票が有権者数の四〇％をこえなかった。この間の労働党政府の処置を怒ったスコットランド国民党が政権を支援する姿勢をやめたため、保守党の提出した政府不信任案が議会を通過し、キャラハン政権は総辞職をよぎなくされた。

サッチャーの登場

一九七九年五月の総選挙において保守党は、「イギリス病」の原因が社会福祉政策によって悪平等がひろがったことにあるとして、競争原理の導入による活性化をはかることを訴えて圧勝し、サッチャーがイギリスの歴史上最初の女性首相となった。

サッチャーは、福祉国家のぬるま湯につかりきっていた国民に「自助努力」を訴え、「強くて小さな政府」を看板にして、政策の主要な目標をイギリスを社会主義的な福祉国家から自由主義経済国家に復帰させることにおき、最優先事項としてインフレ抑制をかかげた。しかし失業者の増大傾向には歯止めがかからず、ロンドンをはじめリヴァプール、マンチェスタなどの都市においては、失業に人種問題がからんだ抗争がくりかえし生じた。というのも七〇年代から八〇年代にかけて、西インド諸島、インド、パキスタンなどからの移民が急激に増加し、とりわけロンドンなどの大都市は人種のるつぼとなり、イギリスがまさに「多民族複合国家」にほかならない性格をあからさまに示すようにな

ロンドン南部でおこった暴動で黒人の失業青年を逮捕する警官(1981年夏)

ったからである。劣悪な労働条件と差別にたいする移民たちの憤りが、失業中の白人青年の反発をかい、各地で都市暴動がおこったのであった。また議会においては国防政策をめぐって対立がつづいたため、サッチャーの人気も急落して、政権の前途は多難を思わせた。

その危機を救ったのが、八二年四月に勃発したフォークランド戦争であった。アルゼンチン軍が南大西洋のフォークランド諸島を占領し、その領有を宣言したのにたいしてサッチャーは、外交交渉による解決策に頼らず、機動部隊をおくりこみ、短期間の戦闘の末、アルゼンチン軍を撤退させることに成功した。この勝利によってサッチャーの人気は頂点に達した。

これにたいして労働党においては、党首をはじめとする議員集団を議会外の労働組合などの組織に従属させようとする左派と、国民政党としての性格をまもろうとする右派が、党組織のありかたをめぐって分裂した。このような労働党の状況にあきたらずに前年に脱党した右派の有力政治家「四人組」を中心にして社会民主党がつくられ、自由党と連合して総選挙にのぞむ姿勢を示したため、有権者の労働党離れの傾向にさらに拍車がかかった。

社会民主党の登場は、これまでの二大政党対立の図式に重大な修正をもたらす可能性をもつものとして、大きな期待がよせられたが、八三年の総選挙の結果は、サッチャーの率いた保守党が労働党に一八八議席の大差をつけて、戦後最大の圧倒的な勝利をおさめた。社会民主党と自由党の連合派は得票率においては労働党にわずかに二・二％少ない二五・四％を獲得しながら、二十三議席をえたにとどまった。小選挙区制度という壁が、社会民主党の進出をさまたげ、社会民主党と自由党の連合に投ぜられた票は、死票となってきりすてられてしまったのであった。

さらに自信を深めたサッチャーは、二度目の組閣をおこない、しだいに「鉄の女」という異名が高くなった。おりから失業率とインフレ率がやや低下するという好況をとらえた第二次サッチャー内閣は、「イギリス病」の元凶とみなしていた労働組合、とりわけそのなかでもっとも頑強であった炭鉱労組にたいして攻撃の矢をむけた。合理化を進めるために国内の生産性の低い炭鉱二十カ所を閉鎖すると発表すると、組合側は徹底抗戦を主張して、激しい紛争は一年有余におよんだ。しかしついに炭鉱労働者は職場に復帰して、サッチャーの勝利に終わり、「サッチャーリズム」の全盛期が到来した。かつて国有化された電信・電話、ガス、航空機製造などの産業が民営化され、これらの企業の株式の売却によって政府は膨大な収入を手にして、八七年度の国家財政はじつに十八年ぶりで黒字になった。多くの個人株主もうまれ、また個人の持ち家政策も促進され、所得税も引き下げられたことによって、国民の生活水準は向上したとみられたものの、失業率は依然として高く、福祉や教育などの公共部門への支出が大幅に削減されたので、「支払い能力に応じた福祉」をとなえるサッチャーリズムは弱者の切りすて政策であるという批判の声が高くなった。サッチャーは労働党急進派の拠点であった地方自治体にたいしても、改革のメスをいれ、八六年四月に大ロンドン市議会を廃止して、衝撃を与えた。八七年六月に総選挙を訴えたサッチャーは労働党に大差をつけて三四七議席を獲得して、首相三選をはたした。経済の活況を背景にして、第三次サッチャー政権は順調に船出したかにみえたが、八九年以降はインフレの高進、ポンド安、国際収支の赤字拡大から経済状態が悪化し、国内・国外の両面において、サッチャーはしだいに孤立の度合いを深めていった。

とりわけヨーロッパの統合が予想以上の速度で進展をみたのにたいし、サッチャーは一貫して国家主権の尊重という姿勢をくずさず、政治的統合どころか通貨の統合にも強く反対したため、EC加盟諸国との溝は深まり、欧州議会の選挙でも労働党にやぶれて、急速に支持率を低下させた。そのうえ国民医療制度の改定につづいて、九〇年四月、従来の固定資産にもとづく地方税にかえて、すべての住民に均等課税する「コミュニティ・チャージ」を採用し、それを地方自治体のサーヴィスの財源としたことは、歴史上悪名高い「人頭税」の再現を思わせるとして反発を招き、反対運動は暴動のかたちをとることもあった。

自説に固執するかたくなな姿勢をゆずらなかったサッチャーに反対して、政権成立以来の唯一の生き残りであった有力閣僚ハウも辞任して閣外に去った。十一月におこなわれた保守党の党首選挙に出馬したサッチャーは、過半数を確保したものの、規定による再投票をよぎなくされて辞任し、かわって労働者階級出身の四十七歳のメージャーが保守党党首として組閣し、ここに一一年あまりつづいたサッチャー時代もついに終わりを告げた。

サッチャー以後のイギリス

ジョン・メージャーは、貧しい家庭に育ってグラマー・スクール中退という学歴をもつだけであったが、当選わずか三回にもかかわらず外相から蔵相へと政権の中枢に昇りつめた、およそ保守党としてはこれまでに類をみない政治家であった。組閣にあたって彼は、サッチャー時代の末期に広がった政権内部の亀裂を埋めるために挙党体制をつくり、その上に立って徐々に、批判の多かったサッチャーの路線の軌道修正を図った。とりわけ統合の進みつつあったECにたいして依然として大国意識をふりかざして摩擦が絶えなかったサッチャーとは異なり、国内の統合反対派をおさえて対EC協調路線をとり、一九九一年末オランダのマーストリヒトで開かれた首脳会議に臨み、ヨーロッパ連合条約（マーストリヒト条約）の締結にこぎつけた。メージャーはイギリスのヨーロッパ大陸諸国との連携という選択肢を選びとったのである。

こうして新政権は当初は順調に滑りだしたかにみえたが、イギリス経済は九〇年代になると不況に転じ、失業と倒産が大幅に増大した。メージャー政権はこれにたいして積極的な景気刺激策をとることは避けて、ひたすら安定を志向した。この舵取りが功を奏して、九二年メージャー首相はその最初の総選挙に勝って政権を維持することができた。しかしキノック党首の率いる労働党も票をのばし、近い将来に政権を担うことのできる野党としての存在を確保した。ところが着実に進行していたヨーロッパ統合にたいして、政府与党は統一した姿勢をとることができず、とりあえず単一通貨と社会憲章にかんする事項は留保しながら、九三年八月、議会からマーストリヒト条約批准をかちとった。このころドイツ統一の余波としての経済的な混乱がイギリスにも波及し、国際収支は悪化し、ポンドも下落し、失業率も過去五年間で最悪の事態を招いた。この間、議会の多数派工作に追われて、肝心の緊急を要する政策課題を先送りするメージャーの政治姿勢には疑問符がつけられるようになった。そして保守党はヨーロッパ議会や地方の選挙で敗北を喫したばかりか、議会の補欠選挙においてもつぎつぎに敗れて、ついには議席差わずかに一の窮地に追い込まれ、メージャーの支持率は低下の一途をたどった。

いっぽう労働党では、保守党の長期支配体制に抵抗して党の改革を進めていた党首キノックが、二度の総選挙の敗北の責任をとって辞任し、後任のスミスは急死してしまった。そのあとをうけて新たに党首に選ばれたトニー・ブレアは、労働組合の支援によりかかり左翼教条主義に固執する党の体質にメスを入れる大胆な改革にのりだした。彼はこれまでの労働党の基本政策であった産業の国有化にも否定的な姿勢をとり、「ニュー・ブリテン、ニュー・レイバー」(新しいブリテンは新しい労働党で)を旗印にする政策を掲げて、保守党長期政権に飽き足らなかった国民に支持を広げた。その結果、一九九七年五月、任期ぎれでおこなわれた総選挙において、労働党は保守党の一六五議席にたいして四一八議席を獲得するという記録的な大勝利を収めて、一八年ぶりに政権の座に復帰することができ、ブレアは今世紀最年少の四十三歳で首相の地位についた。

この一九九七年は、イギリスの歴史におけるひとつの大きな転換点としての評価を将来うけることになるであろう。というのも、この労働党の政権復帰のほかに、七月に香港の中国への返還によってアジアにおけるイギリスの最後の植民地がその姿を消した。さらに八月末の元皇太子妃ダイアナの突然の事故死が、あらためてイギリスにおける王室のありかたと君主制の存続にかんする論議を高めることになったからである。

しかしそれよりも注目すべきは、「連合王国」内部でそれを構成する地域の再編成の波が高まったことである。スコットランドとウェールズでは、この年の九月に、独自の議会を設置する問題をめぐって住民投票がおこなわれ、否決された一九七九年の場合とは異なり、賛成票が多数をしめた。そしてそれをうけて九九年七月には、スコットランドとウェールズに地方議会がおかれることになった。外交や国防などの連合王国に共通の問題を除いて、スコットランド議会は、内政の広範な分野での立法権をもつほか、一定の範囲内での所得税率の変更権を付与された。いっぽうのウェールズ議会は立法・課税権はもたないが、地方自治にかんして幅広い政令をだす権利を認められた。この二つの議会の権限の違いは、それぞれの地域における議会制度の伝統の有無が生んだものといえよう。ブレア首相はこの二つの地域のみならず、全国土にわたって大幅な地方分権化を進めることを基本的な政策にして、その実現をはかっている。

また同年十一月、貴族院の世襲貴族議員をこれまでの六四〇人からいっきょに九二人に大幅な削減をする改革が断行された。この改革によって、序章でふれた「エスタブリッシュメント」の一角が崩れたことは、将来のイギリスの国制のありかたをめぐる論議をさらに活発にすることであろう。また難航を重ねていた北アイルランドをめぐる情勢においても、事態に大きな進展がみられた。同年十二月初頭、これまでいがみ合っていたプロテスタントとカトリックの両教徒が肩を並べて同席する自治政府が発足したからである。

この辺でわれわれの歴史の旅を終わることにしよう。顧みれば十五世紀末のテューダー朝の成立以降、島内の諸地域を統合することによって統一的な国家形成を推し進めてきたこの国の歴史は、明らかにひとつの大きな転機を迎えている。第二次大戦後のイギリスは、「帝国」を放棄して、幾多の紆余曲折の末、ヨーロッパ国家の一員となる道を選んだ。それはユーラシア大陸の西北の沖合に位置したこの島が、有史以来歩んできた来しかたを考えてみれば、当然の選択であったといえるかもしれない。しかしますます統合の度合いを強めているヨーロッパ連合(EU)にたいして、イギリスも結局のところは通貨統合に参加するにしても、まだ国内にはそれを潔しとしない世論がくすぶっている。サッチャー政権のもとで、一九八六年に断行されたロンドン株式市場の大改革(いわゆる「ビッグ・バン」)の結果、ロンドンが国際的な金融市場として息を吹き返しただけに、この問題にはさらなる困難が予想される。西暦二〇〇〇年の「ミレニアム」を機に「再生」のテンポを速めているイギリスは、はたしていずこに向かおうとしているのであろうか。

あとがき

大学でイギリスの歴史を講じるようになってから、早いもので三十年有余の歳月がたってしまった。いつのころからか、コンパクトでしかも学界の常識となっている見解を少しでも反映させたイギリス史の概説を、自分ひとりで書いてみたいという気持ちがうまれてきた。幸いにも数年前、TBSブリタニカの多田美代子さんから『ブリタニカ国際百科事典』の新版に「イギリス史」という項目を執筆してほしいという依頼をうけた。これまで主としてテューダー朝とステュアート朝の狭い時代と領域しか勉強していなかったわたくしにとって、それは予想以上にむずかしい課題であった。本書はそのとき書きためたノートやカードをもとにして、その原稿をおよそ三倍に拡張したものである。

執筆にあたって学恩をこうむった研究は枚挙にいとまない。概説という性格上、それらをいちいちあげることはできなかったが、感謝の気持ちでいっぱいである。よくいわれることであるが、個別研究において通説を批判することはある意味ではたやすいが、いったん概説を書こうとすると、既製の枠組みや構図が立ちはだかってくる。本書を書きながらいつもわたくしの脳裡につきまとったのは、このディレンマであった。

原稿ができてから、東京大学の木畑洋一、國學院大学の大久保桂子の両氏が、それぞれご専攻の時代を中心にして眼を通してくださり、数多くの貴重なアドヴァイスをしてくださった。それがなかったならば犯したであろう過ちが少なくなったのは、ひとえにおふたりのお蔭である。心から謝意を表したい。まだ残っているであろうミスがすべてわたくしの責任であることはいうまでもない。

ところどころ章の末尾につけた「イギリス文化史の十人」は、この十人でイギリスの文化を代表させるつもりは毛頭ない。これらの人物が生きて苦闘した時代をとおして、本文ではかならずしも意をつくすことのできなかった「歴史のひだ」を読みとっていただければ幸いである。

まったくの私事にわたって恐縮であるが、干支が五まわりしたころから、これまで大病をしたことがなかったわたくしの身体にも、ところどころ部品の傷みが生じてきた。大袈裟にいえば、生命永らえてこの仕事をまとめることができたのも、「焼け跡」と「欠食」の体験を共有する、心臓血管研究所付属病院の渡邊熙先生と、「声が商売道具だから」と保全に努めてくださった、国立がんセンター病院の海老原敏先生のお蔭である。お礼の言葉もない。ここに謹んでお名前を記すことをお許しいただきたい。

最初はできるだけやさしい読みものをという企画であったのを、わたくしのわがままをいれた執筆を許され、美しい書物に仕上げてくださった、山川出版社の内藤茂、斎藤幸雄、山岸美智子の三氏にもお礼を申さなければならない。

一九九三年三月

今井　宏

改訂新版あとがき

今回の改訂増補にあたり、旧版では一九九〇年で叙述を閉じていたのを、以後の一〇年ほどを加筆した。また参考文献と年表も補足し、一部の図版を改めた。本文中でも若干の訂正をおこなった。ていねいに眼を通して、矛盾する箇所を指摘してくださった立教大学の青木康氏に心から感謝する。

二〇〇〇年三月

ヒストリカル・ガイド
イギリス〔改訂新版〕

2000年 4月15日　1版1刷　発行
2018年 3月15日　1版7刷　発行

著　者　今井　宏

発行者　野澤伸平

発行所　株式会社　山川出版社

〒101-0047 東京都千代田区内神田1-13-13
電話　03(3293)8131(営業)　8134(編集)
https://www.yamakawa.co.jp/
振替　00120-9-43993

印刷所　明和印刷株式会社

製本所　株式会社　ブロケード

装　幀　菊地信義　製　図　小島秀隆

ISBN978-4-634-64570-7

著者紹介
今　井　　宏　(いまい・ひろし)
1930年生まれ．東京大学大学院博士課程満期退学．
元東京女子大学教授．専攻，イギリス近代史
著書：『イギリス革命の政治過程』(未来社，1984)，『絶対君主の時代』(河出書房版「世界の歴史」第13巻，1969，現在河出文庫に収録)，『明治日本とイギリス革命』(研究社出版，1974，ちくま学芸文庫，1994)，『日本人とイギリス』(ちくま新書，1994)
共編著：『イギリス史研究入門』(山川出版社，1973)，『概説イギリス史』(有斐閣，1982)，『世界歴史大系――イギリス史2（近世）』(山川出版社，1990)
訳書：トレヴァ-ローパー他『十七世紀危機論争』(創文社，1975)，R.C. リチャードソン『イギリス革命論争史』(刀水書房，1979)，ジョン・ケニヨン『近代イギリスの歴史家たち――ルネサンスから現代へ』(共訳)（ミネルヴァ書房，1988)

索　引

1977
イートン校 244, 245
イングランド銀行 134, 247
インド 8, 138, 140, 142, 157, 188, 192, 201, 229, 244, 250, 259
インド人傭兵の反乱 192
インド独立法 250
ヴァイキング 27, 29, 32, 33, 39
ヴィクトリア女王 8, 14, 15, 149, 185-187, 204, 216, 227
Victoria, Alexandrina 位1837-1901
ウィリアム1世 32, 33, 35, 53, 54
William I 位1066-87
ウィリアム2世 40
William II 位1087-1100
ウィリアム3世 120, 133-135
William III 位1689-1702
ウィリアム4世 177
William IV 位1830-37
ウィリアム王戦争 133
ウィルクス事件 150
ウィルソン 249, 254, 255, 257, 258
Wilson, Harold 1916-
ウィルバーフォース 182, 196
Wilberforce, William 1759-1833
ウィンザ家 8, 186, 227
ウィーン体制 170, 174
ウェジウッド 199
Wedgewood, Josiah 1730-95
ウェストミンスタ・クラブ 179
ウェストミンスタ憲章 233
ウェズリ 181
Wesley, John 1703-91
ウェセックス 24, 25, 27, 29, 31
ウェリントン 165, 176, 177, 179
Wellington, Arthur Wellesley, Duke of 1769-1852
ウェールズ 4, 7, 60, 61, 75, 80, 194, 228, 237, 258, 259, 263, 265
ウェールズ国民党(プライド・カムリ) 257
ウォトリング街道 28
ウォリック伯 84
Warwick, John Dudley, Earl of, Duke of Northumberland 1502?-53
ウォール街 232
ウォルシンガム 89
Walshingham, Sir Francis 1532-90
ウォルストンクラフト 163
Wollstonecraft, Mary 1759-97
ウォルポール 133, 137-139
Walpole Sir Robert, Earl of Orford 1676-1745
ウォレス 198
Wallace, Alfred Russel 1823-1913
ウルジ 77, 97
Wolsey, Thomas 1472?-1530
英仏通商条約 192
エグバート 25, 27
Egbert 位802-839
エジプト 206, 207, 250
エセックス 24
エセックス伯 94, 123
Essex, Robert Devereux, 2nd Earl of 1567-1601
エゼルベルフト 25
Æthelberht 位560-615
エゼルレット2世 30
Æthlred II 位978-1016
エディンバラ 105, 173, 222
『エディンバラ評論』 196
エドワード(黒太子) 66, 67
Edward (the Black Prince) 1330-76
エドワード懺悔王 31, 33, 41
Edward (the Confessor) 位1042-66
エドワード1世 52, 62, 63, 71
Edward I 位1272-1307
エドワード2世 71
Edward II 位1307-27
エドワード3世 57, 65, 67, 73

●カーコ

●サーソ

●ター卜

●ナーノ

●ハーホ

「ブリテンの戦い」 240
ブリトン人 18, 19, 23, 24
プリンス・オブ・ウェールズ 62
ブレア 264, 265
Blair, Anthony 1953-
ブレダ宣言 115, 116
フレンチ・アンド・インディアン戦争 133
ベイコン 123, 124
Bacon, Francis 1561-1626
ペイル 62
ペイン 151, 163
Paine, Thomas 1737-1818
ベヴァリッジ報告 242, 247
ベヴァン 249
Bevan, Aneurin 1897-1960
ベヴィン 240, 246
Bevin, Ernest 1881-1951
『ベオウルフ』 27
ベケット 45
Becket, Thomas 1118？-70
ヘースティングズの戦い 35
ペスト(黒死病) 66, 67
ベーダ 26
Beda 673ころ-735
ベルガエ人 18
ベンサム 180
Bentham, Jeremy 1748-1832
ヘンダソン 225, 231
Henderson, Arthur 1863-1935
ヘンリ1世 40, 61
Henry I 位1100-35
ヘンリ2世 42, 48, 54, 61, 62
Henry II 位1154-89
ヘンリ3世 48, 56
Henry III 位1216-72
ヘンリ4世 66
Henry IV 位1399-1413
ヘンリ5世 66
Henry V 位1413-22
ヘンリ6世 66, 71, 99
Henry VI 位1422-61, 70-71
ヘンリ7世 75, 76, 89
Henry VII 位1485-1509
ヘンリ8世 9, 76, 96, 99
Henry VIII 位1509-47
ボーア戦争 215, 216
ボアディケア女王 19
Boadicea ？-後62
ホイッグ(党) 117-119, 126, 128, 137, 152, 162, 171, 176, 178, 180, 196, 197
ホイッグ史観 196
ポイニングズ法 165
ボイン川の戦い 120
法学院 123
封建家臣団 73, 75, 84
冒険商人組合 69, 75
北部の反乱 89
北部評議会 75, 81
保守党 180, 185, 193, 209, 210, 212-214, 217, 233, 235, 240, 249, 251, 252, 254-256, 261, 262, 264
ボストン茶会事件 151
ボズワースの戦い 75
北海帝国 6, 29, 30
ボール 68
Ball, John ？-1381
ボールドウィン 233-236, 238
Baldwin, Stanley 1867-1947
香港 192, 265
ポンディシェリ 140

● マーモ

マクドナルド 224, 231, 233, 234
MacDonald, Ramsay 1866-1937
「マグナ・カルタ」 47-52, 54-56, 103, 104, 124
マクミラン 251-253
Macmillan, Harold 1894-1986
マコーリ 196, 197
Macaulay, Thomas Babington 1800-59
マーシア 24
マーストリヒト条約 264

● ヤーヨ

● ラーロ・ワ

Russell, William Howard 1820-1907
ラティマ 86
Latimer, Hugh 1485？-1555
ラニーミード 50
ランカスタ朝 66, 73
リヴァプール 11, 158, 159, 259
力織機 157
リチャード1世(獅子心王) 45, 61
Richard I (Lionheart) 位1189-99
リチャード2世 66, 67, 71
Richard II 位1377-99
リチャード3世 75, 99
Richard III 位1483-85
リフォーム・クラブ 179
リブ=ラブ 212
リルバーン 111
Lilburne, John 1614？-57
リンネ協会 198
ルウェリン・アプ・グリフィズ 61, 62
Llywelyn ap Gruffydd ？-1317
ルナ・ソサエティ 199
ルネサンス 92, 98, 144
冷戦 248, 250
礼拝統一法 83-85, 88, 116
レヴェラーズ 111-114, 127
ロー 231
Law, Andrew Bonar 1858-1923
ロイド=ジョージ 217, 225, 229-231, 235
Lloyd George, David, 1st Earl of Dwyfor 1863-1945
老王位僭称者→ジェイムズ・ステュアート
労働組合 254, 256, 258, 260, 261, 264
労働争議および労働組合法 233
労働代表委員会 217
労働党 15, 217, 219, 220, 224, 225, 231, 233-235, 239, 240, 246-248, 251, 253-257, 259-262, 264
六カ条法 82, 83
ロシア革命 226, 231, 232
ローズ 215
Rhodes, Cecil John 1853-1902
ロスチャイルド 204
Rothschild, Lieonel Nathan R. 1808-79
ロッキンガム 151
Rockingham, Charles Watson-Wentworth, Marquis of 1730-82
ロック 125, 126
Locke, John 1632-1704
露土戦争 205
ロード 104
Laud, William 1573-1644
ロバート1世(ロバート・ブルース) 64
Robert I (Robert de Bruce) 位1306-29
ロンドン 28, 98, 107, 115, 119, 130, 131, 138, 147, 148, 153, 159, 177, 184, 259, 262
ロンドン大火 116
ロンドン大学 189
ワーテルローの戦い 165
ワット 160, 173, 199
Watt, James 1736-1819

年　表

年号	事項
前55	カエサルのブリタニア侵攻(～前54)
後43	クラウディウス帝，ブリタニアに侵入．ローマの支配始まる
122	ハドリアヌスの壁，建設開始(～127)
367	ピクト人・スコット人・サクソン人の侵入
410	西ローマ皇帝ホノリウス，ブリタニア放棄を宣言．ローマ支配終わる
449	アングロ=サクソンの侵入本格化．ブリトン人との抗争激化
597	アウグスティヌスによるキリスト教布教/この頃「七王国」形成
664	ウィットビの宗教会議
802	ウェセックス王エグバート即位．ウェセックス王国台頭
871	アルフレッド大王即位．デーン人の侵入阻止
10C後半	イングランド王国の統一なる
1016	デンマーク王子カヌート，イングランド征服
1042	エドワード懺悔王即位．ウェセックス王朝復活
1066	「ノルマン人の征服」．ノルマンディ公，ウィリアム1世として即位
1085	『ドゥームズデイ・ブック』の作成．翌年，ソールズベリの誓い
1154	アンジュー伯アンリ，ヘンリ2世として即位．プランタジネット朝始まる
1189	リチャード1世，第3回十字軍に参加
1215	ジョン王「マグナ・カルタ」に調印．以後，国王と諸侯の争い激化
1265	議会に州騎士の他に都市からも代表を招集
1295	下級聖職者を加えた「模範議会」招集
1337	エドワード3世，フランス王位継承権を要求．百年戦争開始(～1453)
1340代	議会二院制の構成をとる
1348	黒死病の大流行
1381	ワット・タイラの農民一揆
1399	ランカスタ朝成立
1455	バラ戦争(～85)
1461	ヨーク朝成立
1485	ヘンリ・テューダー，ボズワースの戦いでリチャード3世を破り，テューダー朝を始める
1509	ヘンリ8世即位(～47)
1529	「宗教改革議会」招集(～36)
1533	上告禁止法

1534	国王至上法．イングランド国教会成立
1536	小修道院解散．ウェールズ，イングランドに統合
1549	礼拝統一法
1558	カレー喪失/エリザベス1世即位(～1603)
1587	スコットランド女王メアリ・ステュアート処刑
1588	スペイン無敵艦隊に対する勝利
1598	この頃よりアイルランドの植民地化促進
1600	東インド会社設立．翌年救貧法を集大成
1603	スコットランド王ジェイムズ6世，ジェイムズ1世として即位．ステュアート朝始まる
1611	欽定訳聖書刊行
1625	チャールズ1世即位(～49)
1628	権利請願の提出．翌年，国王は議会を解散，専制を始める
1637	ハムデン，船舶税の支払いを拒否．スコットランド人の抵抗始まる
1640	長期議会招集，一連の国制改革（ピューリタン革命）
1641	アイルランドの反乱
1642	議会派と国王派の間で内乱開始
1645	議会派「ニュー・モデル軍」を編成．第1次内乱終結
1647	独立派とレヴェラーズの「パトニ討論」
1649	チャールズ1世処刑．レヴェラーズの反乱．共和政宣言．アイルランド征服
1651	航海法制定
1652	第1次オランダ戦争(～54)/アイルランド植民法制定
1653	クロムウェル，長期議会を解散．護国卿に就任
1658	クロムウェル死去．無政府状態となる
1660	ブレダ宣言．王政復古．チャールズ2世即位
1661	「騎士議会」招集．以後，「クラレンドン法典」を制定
1665	ロンドンにペスト大流行/第2次オランダ戦争(～67)
1672	第3次オランダ戦争(～74)/第2次信仰自由宣言
1673	審査法制定．カトリック教徒を公職から排除
1679	王弟ヨーク公ジェイムズの王位継承排除法案，議会に上呈．それをめぐって「ホイッグ」「トーリ」ののちの二大政党の原型現わる
1685	ジェイムズ2世即位．専制とカトリック化の政策を推進
1688	ファルツ継承戦争(～97)/ジェイムズ2世の二度目の信仰自由宣言．オラニエ公ウィレム，招請に応えて上陸
1689	仮議会招集，権利宣言を提出．ウィリアム3世とメアリ2世即位．権利章典，寛容法を制定．名誉革命なる
1694	イングランド銀行設立/三年議会法制定
1701	スペイン継承戦争(～13)/王位継承法制定

1707	イングランド・スコットランド合同．グレート・ブリテン連合王国成立
1714	ジョージ1世即位．ハノーヴァ朝成立
1715	ジャコバイトの反乱(1745年にも)
1716	七年議会法
1720	南海泡沫事件
1721	ウォルポール，政権を掌握(～42)．最初の「総理大臣」といわれる
1732	北アメリカ13植民地完成
1744	インドにおけるイギリス・フランスの植民地戦争開始
1752	グレゴリウス暦を採用
1760	ジョージ3世即位(～1820)/この頃産業革命始まる
1763	ウィルクス事件/北アメリカ植民地との紛争激化
1775	アメリカ独立戦争開始(～83)
1783	パリ条約によってアメリカの独立を承認．第1次植民地帝国崩壊
1789	フランス革命勃発．急進主義運動の展開
1793	第1次対フランス大同盟結成．しだいに国内に反動化の傾向強まる
1801	アイルランド併合．グレート・ブリテンおよびアイルランド連合王国となる
1805	トラファルガーの海戦
1815	ワーテルローの戦い/穀物法制定
1819	ピータールーの虐殺
1828	審査法・都市自治体法を廃止
1829	カトリック教徒解放法制定/ギリシアの独立を承認
1830	リヴァプール・マンチェスタ間に鉄道開通
1832	第1次選挙法改正
1833	イギリス帝国内の奴隷制を廃止
1834	新救貧法制定/この頃よりトーリは保守党，ホイッグは自由党を名乗る
1837	ヴィクトリア女王即位(～1901)．「世界の工場」としての最繁栄期を迎える
1838	「人民憲章」公表．チャーティスト運動開始
1839	反穀物法同盟結成
1840	アヘン戦争(～42)
1845	アイルランドの大飢饉
1846	穀物法廃止
1848	チャーティストの最後の大請願/公衆衛生法制定
1850	オーストラリアの自治を承認
1851	第1回万国博覧会，ロンドンで開催
1857	インドの大反乱

1858	ムガル帝国滅亡．東インド会社解散．インドを本国政府直接統治
1867	第 2 次選挙法改正/カナダ自治領成立
1868	ディズレーリ首相に就任．この頃より二大政党対立による古典的な議会政治が展開
1870	アイルランド土地法制定/初等教育法制定
1872	秘密投票法制定
1875	ディズレーリ，スエズ運河株を買収
1877	ヴィクトリア女王，インド女帝の称号をとる
1883	選挙における「腐敗・不法違法行為」禁止法制定/社会民主連盟結成
1884	フェビアン協会結成．第 3 次選挙法改正
1885	議席再配分法制定(有権者の人口比による小選挙区制を導入)
1886	アイルランド自治法案否決．自由党分裂/ビルマ(ミャンマー)併合
1887	第 1 回植民地会議の開催
1891	初等教育の無料化実現
1893	独立労働党結成
1899	ボーア戦争(～1902)
1900	労働代表委員会成立
1902	日英同盟調印．「光栄ある孤立」政策の放棄
1904	英仏協商
1906	労働代表委員会，労働党と改称/ドイツとの建艦競争始まる
1907	英露協商
1910	「人民予算」成立/イギリス領南アフリカ連邦成立
1911	議会法制定(下院の貴族院に対する優位)．議員への歳費支給
1914	第一次世界大戦勃発（～18）
1916	徴兵制の導入．アイルランドにおける「イースター」蜂起
1917	王室，ウィンザ家と改称/バルフォア宣言
1918	議会改革法制定（成人男子と 30 歳以上の婦人に参政権付与）
1919	ヴェルサイユ条約調印/インド統治法制定
1921	日英同盟廃棄/アイルランド自由国成立
1924	マクドナルド労働党内閣，短命に終わる
1926	ゼネ・スト決行
1928	男女平等選挙法制定
1929	第 2 次マクドナルド内閣成立/世界大恐慌おこる
1931	第 3 次マクドナルド内閣(挙国一致内閣)成立．金本位制を離脱．連邦の枠組みを定めた「ウェストミンスタ憲章」を発表
1937	アイルランド自由国，エールと改称．独立主権国家となる
1938	ミュンヘン会談でチェンバレン首相，対ドイツ宥和政策をとる
1939	対ドイツ宣戦．第二次世界大戦勃発（～45）
1940	イギリス軍，ダンケルク撤退．ドイツ軍の空襲(「ブリテンの戦い」)

1941	対日宣戦
1942	「ベヴァリッジ報告」発表
1944	ノルマンディ上陸作戦．パリ解放
1945	ドイツ降伏/労働党，選挙に大勝．アトリー内閣成立/日本降伏
1946	イングランド銀行，国有化/チャーチルの「鉄のカーテン」演説/国民保険法・国民保健サーヴィス法制定
1947	炭鉱・電信・電話，国有化/インド・パキスタン独立
1948	鉄道・電力国有化/ビルマ独立/エール，イギリス連邦から脱退
1949	NATO 調印．ポンドの大幅切下げ
1951	鉄鋼業国有化/保守党，政権に復帰
1952	エリザベス 2 世即位
1955	チャーチル引退．後任にイーデン
1956	スエズ戦争．エジプトに派兵
1958	EEC 発足
1960	EFTA 発足/反核運動高まる
1961	EEC へ加盟申請/南アフリカ，連邦から脱退
1963	ド=ゴール，イギリスの EEC 加盟を拒否
1964	ウィルソン労働党内閣成立/マレーシア連邦成立
1965	シンガポール独立
1969	北アイルランドで暴動勃発
1970	北海油田発見/ローデシア共和国，連邦離脱
1972	炭鉱スト．電力危機/北アイルランドを直接統治
1973	EC 正式加盟/IRA の爆弾テロ頻発
1975	国民投票で EC 残留を決定
1979	スコットランドとウェールズに対する地方分権住民投票不成立/総選挙で保守党勝利．サッチャー，初の女性首相となる
1982	フォークランド戦争
1983	総選挙で保守党大勝．サッチャー再選/香港の 97 年返還に調印
1985	炭鉱労働者のスト．ロンドンなどで都市暴動頻発
1987	総選挙．サッチャー三選
1989	「人頭税」導入によってサッチャー政権への批判高まる
1990	サッチャー首相，保守党党首選挙で規定票を獲得できず下野．後任にメージャー就任/「ベルリンの壁」崩壊
1991	ソ連邦解体
1992	総選挙で保守党勝利
1993	イギリス・アイルランド和平共同宣言/マーストリヒト条約批准．ユーロトンネル開通
1994	労働党党首にトニー・ブレア就任/IRA テロ活動停止を宣言
1996	IRA，ロンドンで爆弾テロ再開/チャールズ皇太子の離婚成立

1997	総選挙で労働党圧勝，ブレア内閣成立/香港を中国に返還/元皇太子妃ダイアナ事故死/スコットランドならびにウェールズに議会を設置する住民投票で賛成多数
1999	スコットランドとウェールズに地方議会設置/貴族院の世襲議員を大幅に削減/北アイルランド自治政府発足

参考文献

この参考文献のリストは，さらにイギリス史への理解を深めようとする読者の便宜のために，比較的入手しやすい図書を選んだ。より詳しい文献目録はAの(2)〜(4)につけられているので参照されたい。なお文庫・新書版のものは省略した。

A　イギリス史全般に関する概説

(1)　青山吉信・今井　宏編『概説イギリス史』有斐閣　1982

(2)　青山吉信編『イギリス史　1——古代・中世』(世界歴史大系)　山川出版社　1991

(3)　今井　宏編『イギリス史　2——近世』(世界歴史大系)　山川出版社　1990

(4)　村岡健次・木畑洋一編『イギリス史　3——近現代』(世界歴史大系)　山川出版社　1991

(5)　大野真弓編『イギリス史』(新版)(世界各国史)　山川出版社　1965

(6)　川北　稔編『イギリス史』(新版世界各国史)　山川出版社　1998

(7)　G. M. トレヴェリアン，大野真弓監訳『イギリス史』3巻　みすず書房　1974〜75

(8)　G. M. トレヴェリアン，藤原　浩・松浦高嶺・今井　宏訳『イギリス社会史』2巻　みすず書房　1973・83

(9)　中村英勝『イギリス議会史』(新版)　有斐閣　1972

(10)　浜林正夫『イギリス宗教史』大月書店　1987

B　第1章から第4章までに関するもの

(1)　青山吉信『イギリス封建王政の成立過程』東京大学出版会　1978

(2)　田中正義『イングランド封建制の形成』(改装版)　御茶の水書房　1977

(3)　富澤霊岸『イギリス中世史——大陸国家から島国国家へ』ミネルヴァ書房　1988

(4)　城戸　毅『マグナ・カルタの世紀』東京大学出版会　1980
(5)　M. M. ポスタン，保坂栄一・佐藤伊久男訳『中世の経済と社会――中世イギリス経済史』未来社　1983

C　近世（第5章から第9章）の全般に関するもの

(1)　村岡健次・川北　稔編『イギリス近代史――宗教改革から現代まで』ミネルヴァ書房　1986
(2)　C. ヒル，浜林正夫訳『宗教改革から産業革命へ』未来社　1970
(3)　越智武臣『近代英国の起源』ミネルヴァ書房　1966
(4)　越智武臣『近代英国の発見――戦後歴史学の彼方』ミネルヴァ書房　1990
(5)　柴田三千雄・松浦高嶺編『近代イギリス史の再検討』御茶の水書房　1972
(6)　村岡健次・鈴木利章・川北　稔編『ジェントルマン――その周辺とイギリス近代』ミネルヴァ書房　1987
(7)　水谷三公『英国貴族と近代――持続する統治　1640〜1880』東京大学出版会　1987
(8)　近藤和彦『文明の表象　英国』山川出版社　1998

D　第5章「国家的統治の進展」に関するもの

(1)　大野真弓『イギリス絶対主義の権力構造』東京大学出版会　1977
(2)　八代　崇『イギリス宗教改革史研究』創文社　1979
(3)　八代　崇編『イングランド宗教改革』(「宗教改革著作集」第11・12巻)　教文館　1984・86
(4)　J. E. ニール，大野真弓・大野美樹訳『エリザベス女王』I・II　みすず書房　1975
(5)　E. M. W. ティリヤード，磯田光一・玉泉八州男・清水徹郎訳『エリザベス朝の世界像』筑摩書房　1992
(6)　小松芳喬『イギリス農業革命の研究』岩波書店　1961
(7)　R. H. トーニー，浜林正夫訳『ジェントリの勃興』未来社　1957
(8)　J. サークス，三好洋子訳『消費社会の誕生』東京大学出版会　1984
(9)　J. フィッシャー，浅田　実訳『一六・七世紀の英国経済』未来社　1971

⑽ 『イギリスの航海と植民』(「大航海時代叢書，第2期，第17〜18巻)
岩波書店 1983・85

E 第6章「イギリス革命」に関するもの

⑴ 浜林正夫『イギリス市民革命史』(増補版) 未来社 1971
⑵ 今井 宏『イギリス革命の政治過程』未来社 1984
⑶ 水田 洋編『イギリス革命——思想史的研究』御茶の水書房 1958
(増補版 1976)
⑷ 田村秀夫編『クロムウェルとイギリス革命』聖学院大学出版会 1999
⑸ 大澤 麦・渋谷 浩訳『デモクラシーにおける討論の生誕——ピューリタン革命におけるパトニー討論』聖学院大学出版会 1999
⑹ 平井正穂編『ミルトンとその時代』研究社出版 1974
⑺ R. C.リチャードソン，今井 宏訳『イギリス革命論争史』刀水書房
1979
⑻ E. W.アイヴズ編，越智武臣監訳『シンポジオン英国革命 1600〜1660』ミネルヴァ書房 1974
⑼ 浜林正夫『イギリス名誉革命史』上・下 未来社 1981・82
⑽ G. M.トレヴェリアン，松村 赳訳『イングランド革命 1688〜1689』みすず書房 1978

F 第7章「植民地帝国の形成」に関するもの

⑴ B.ベイリン，田中和か子訳『アメリカ政治の起源』東京大学出版会
1975
⑵ 川北 稔『工業化の歴史的前提』岩波書店 1983
⑶ 青木 康『議員が選挙区を選ぶ——18世紀イギリスの議会政治』山川出版社 1997
⑷ E.ウィリアムズ，中山 毅訳『資本主義と奴隷制』評論社 1968
⑸ 中野好之『評伝バーク——アメリカ独立戦争の時代』みすず書房
1977
⑹ 小松春雄『イギリス政党史研究——エドマンド・バークの政党論を中心に』中央大学出版部 1983
⑺ H. J.ハバカク，川北 稔訳『十八世紀イギリスにおける農業問題』
未来社 1967

(8)　P. J. マーシャル・G. ウィリアムズ，大久保桂子訳『野蛮の博物誌――18世紀イギリスがみた世界』平凡社　1989

G　第8章「二重革命の時代」に関するもの

(1)　T. S. アシュトン，中川敬一郎訳『産業革命』岩波書店　1973
(2)　小松芳喬『英国産業革命史』（普及版）　早稲田大学出版部　1991
(3)　E. J. ホブズボウム，安川悦子・水田　洋訳『市民革命と産業革命』岩波書店　1968
(4)　P. マサイアス，小松芳喬監訳『最初の工業国家』（改訂新版）　日本評論社　1988

H　近世・近代の社会史に関するもの

(1)　K. ライトソン，中野　忠訳『イギリス社会史　1580～1680』リブロポート　1991
(2)　P. ラスレット，川北　稔他訳『われら失いし世界』三嶺書房　1986
(3)　A. マクファーレン，酒田利夫訳『イギリス個人主義の起源――家族・財産・社会変化』リブロポート　1990
(4)　川北　稔『民衆の大英帝国――近世イギリス社会とアメリカ移民』岩波書店　1990
(5)　ジョナサン・バリ，クリストファ・ブリックス，山本　正監訳『イギリスのミドリング・ソート――中流層をとおしてみた近世社会』昭和堂　1999
(6)　近藤和彦『民のモラル――近世イギリスの文化と社会』山川出版社　1993
(7)　井野瀬久美恵『大英帝国はミュージック・ホールから』朝日新聞社　1990

I　第9章「『改革』と『工業化』の進展」に関するもの

(1)　E. J. ホブズボーム，浜林正夫他訳『産業と帝国』未来社　1984
(2)　村岡健次『ヴィクトリア時代の政治と社会』ミネルヴァ書房　1980
(3)　D. トムソン，古賀秀男・岡本充弘訳『チャーティスト――産業革命の民衆政治運動』日本評論社　1988
(4)　古賀秀男『チャーティスト運動の構造』ミネルヴァ書房　1994

(5) 都築忠七編『資料イギリス初期社会主義——オーウェンとチャーティズム』平凡社　1975
(6) A. ブリッグズ，村岡健次・河村貞枝訳『ヴィクトリア朝の人びと』ミネルヴァ書房　1988
(7) 吉岡昭彦『近代イギリス経済史』岩波書店　1981
(8) 毛利健三『自由貿易帝国主義』東京大学出版会　1978
(9) M. J. ウィーナー，原　剛訳『英国産業精神の衰退——文化史的接近』勁草書房　1984
(10) W. D. ルービンステイン，藤井　泰・平田雅博・村田邦雄・千石好郎訳『衰退しない大英帝国——その経済・文化・教育　1750-1990』晃洋書房
(11) P. J. ケイン，A. G. ホプインズ，竹内幸雄・秋田　茂訳『ジェントルマン資本主義と大英帝国』岩波書店　1994
(12) P. J. ケイン，A. G. ホプインズ，竹内幸雄・秋田　茂訳『ジェントルマン資本主義の帝国　I——創世と膨張　1688-1914』名古屋大学出版会　1997

J　第10章以下の現代史に関する全般的なもの

(1) A. J. P. テイラー，都築忠七訳『イギリス現代史』(新版)　みすず書房　1987
(2) 松浦高嶺『イギリス現代史』(世界現代史 18)　山川出版社　1992
(3) P. J. ケイン，A. G. ホプインズ，木畑洋一・旦　裕介訳『ジェントルマン資本主義の帝国　II——危機と解体　1914-1990』名古屋大学出版会　1997
(4) A. ギャンブル，都築忠七・小笠原欣幸訳『イギリス衰退100年史』みすず書房　1987
(5) B. サイモン，成田克矢・岩本俊郎訳『イギリス教育史』I〜III　亜紀書房　1977〜84

K　現代史に関する個別的研究

(1) 村田邦夫『イギリス病の政治学——19〜20世紀転換期における自由主義による危機対応過程』晃洋書房　1990
(2) 木畑洋一『支配の代償——英帝国の崩壊と「帝国意識」』東京大学出

版会　1987
(3)　木畑洋一編『大英帝国と帝国意識——支配の深層を探る』ミネルヴァ書房　1998
(4)　関　嘉彦『イギリス労働党史』社会思想社　1969

L　事典・地図など

(1)　青山吉信・今井　宏・越智武臣・松浦高嶺編『イギリス史研究入門』山川出版社　1973
(2)　松村　赳・富田虎男編著『英米史辞典』研究社　2000
(3)　田中英夫（編集代表）『英米法辞典』東京大学出版会　1991
(4)　安東伸介・小池　滋・出口保夫・船戸英夫編『イギリスの生活と文化事典』研究社出版　1982
(5)　M. フォーカス・J. ギリンガム編，中村英勝・森岡敬一郎・石井摩耶子訳『イギリス歴史地図』（改訂版）　東京書籍　1990
(6)　クリストファ・ベイリー編，中村英勝・石井摩耶子・藤井信行訳『イギリス帝国歴史地図』東京書籍　1994

写真引用一覧

1——*The Prehistoric Temples of Stonehenge & Avebury*, Pitkin Pictorials, 1980.
2——Christopher Haigh, ed., *The Cambridge Historical Encyclopedia of Great Britain and Ireland*, Cambridge University Press, 1985.
3——Kenneth O. Morgan, ed., *The Oxford Illustrated History of Britain*, Oxford University Press, 1984.
4——Milza et Berstein, *Histoire 5e Publiée*, Ferand Nathan, Paris, 1973.
5——*The Dissolution of the Monasteries*, Pitkin Pictorials, 1975.
6——*Queen Elizabeth I*, Pitkin Pictorials, 1972.
7——*The National Portrait Gallery Collection*, National Portrait Gallery Publications, London, 1988.
8——*The Banqueting House Whitehall*, Department of the Environment, 1983.
9——Ivor Brown, *London*, Studio Vista, London, 1965.
10——Kenneth Clark, *Civilisation*, BBC Books and John Murray, 1969 (1991).
11——『市民革命』(世界歴史シリーズ　16)　世界文化社　1970
12——*Queen Victoria*, Pitkin Pictorials, 1976.
13——*Trevelyan's English Social History*, Longman, London and New York, 1978.
14——R. H. Evans, *Government, A Visual History of Modern Britain*, Vista Books, London, 1964.
15——Joseph R. Strayer, Hans W. Gatzke and E. Harris Harbison, *The Mainstream of Civilization Since 1500*, Harcourt Brace Jovanovich, Inc., New York, 1969 (1974).
16——Jean-Baptiste Duroselle, *L'Europe, Histoire de ses peuples*, Perrin, Paris, 1990.

グラビアページ p 1～3——WPS 提供
グラビアページ p 4——オリオンプレス提供

p. 18——**1**, p. 3
p. 22——**2**, p. 51
p. 28——**2**, p. 73
p. 35——WPS 提供
p. 49——**3**, p. 132
p. 56——**4**
p. 66——**4**
p. 68——**3**, p. 191
p. 77——**3**, p. 239
p. 81——**5**, 表紙
p. 90——**6**, p. 19
p. 92——**7**, p. 31
p. 102——絵はがき
p. 105——**2**, p. 211
p. 111——**8**, p. 10
p. 112——絵はがき
p. 131——**9**, p. 69
p. 137——**3**, p. 365
p. 157——WPP
p. 163——絵はがき
p. 167——**10**, p. 248
p. 170——**2**, p. 249
p. 184——**11**, p. 118
p. 186——**7**, p. 113
p. 187——**12**, p. 16
p. 190——**13**, p. 464
p. 204——**7**, p. 139
p. 206——絵はがき
p. 210——**14**, pl. 195
p. 225——**3**, p. 531
p. 230——**2**, p. 307
p. 236——**9**, p. 145
p. 241——**15**, p. 775
p. 249——**16**, p. 394
p. 255——**2**, p. 320
p. 260——**3**, p. 583

カヴァー——PPS 提供